Preaching Christian Doctrine

William J. Carl III

감동을 주는 교리 설교

감
동
을 주
   는

교리 설교

윌리엄 칼 3세 지음 | 김세광 옮김

새세대

목 차

이 책은 설교에 대한 사랑과 교리에 대한 깊은 관심에서 비롯되었다. 어떻게 하면 설교를 더욱 효과적으로 하면서도, 교리에 대해서 좀 더 확실히 알 수 있을지 탐구하는 자세로 썼다. 이 책의 목적은 교리 설교에 대한 조직 신학적 접근이 설교자들의 설교 작성에 새로운 통찰을 줄 것이라는 점을 밝히는 데 있다. 이러한 접근은 설교자들뿐 아니라 결국은 교인들이 바라던 설교가 될 것이다.

이 책은 신학교를 염두에 두고 교재 형식으로 쓰였지만, 실상은 목회자들을 위한 것이다. 내 신앙여정에서 그러했던 것처럼, 이 책에서도 신학교의 목회적 차원과 목회의 신학적 차원을 함께 추구하려고 하였다. 나는 이 책에서 소개하고 있는 통찰을 버지니아 주 리치몬드의 리버 로드 장로교회와 텍사스 주 댈러스의 제일장로교회, 이 두 곳에서 실제로 적용하여 목회했다. 나는 이 교회의 교인들이 내가 준비한 교리 설교를 경청하고 설교의 요지를 물으면서, 오늘날 교인들이 믿음의 교리에 대한 설교를 듣고 싶어 한다는 것을 내게 확신시켜준 데 대해 깊이 감사한다.

이 책의 대부분의 자료는 피츠버그 신학대학원, 프린스턴 신학대학원, 맥코믹 신학대학원, 와트버그 신학대학원, 버지니아 유니온 신학대학원, 콜로라도에 있는 록키스의 루터 아카데미(Luther Academy of the Rochkies)에서 행한 강의와 연수회에서 다루었던 내용이라는 걸 덧붙여야겠다. 이 책은 1984년에 처음 출간되었는데, 그 후에도 교리 설교에 대한 나의 생각은 바뀌질 않았다. 오늘날에도 여전히 동일한 이슈와 도전이 계속되고 있다.

많은 학생들과 목회자들이 교리 설교에 대한 내 생각을 구체화시키는 데 도움을 주었다. 특별히 내게 설교학을 가르쳐준 조지 아더 버트릭(George Arthur Buttrick) 교수와 데이비드 버트릭(David G. Buttrick) 교수는 이 주제에 대한 영감을 주었다. 이 책을 저술하도록 용기를 준 포트리스 출판사(Fortress Press)의 존 홀라(John Hollar)와 이 책이 재출간되도록 권면해준 포트리스 출판사의 마크 살로(Mark Salo)와 조시 메스너(Josh Messner)에게 감사드린다. 아내 제인과 아들 제러미, 데이비드는 내가 여러 책을 집필하는 동안 계속해서 영감과 격려와 지원을 아끼지 않았으며, 이 책을 쓸 때 특히 그러했다.

바람직한 교리 설교에 대한 어렸을 때의 기억이 아직도 생생하다. 나

는 목사이신 아버지께서 회중들의 영혼에 이야기하는, 견실한 신학적 가
르침과 교리적 내용을 설교하셨던 것을 지금도 기억하고 있다. 하나님의
말씀에 헌신하셨던 아버지께 이 책을 헌정하는 바이다.

1장

설교와 신학

교회 역사에서 기독교 교리를 설교하는 것(preaching Christian doctrine)은 언제나 최우선적 과제였다. 토마스 아퀴나스, 존 칼빈, 마르틴 루터, 폴 틸리히와 같은 신학자들이 유명해진 것은 그들의 탁월한 신학적 업적뿐 아니라 자신들의 신학을 주일 설교로 표현해내는 능력이 있었기 때문이다. 그들은 교리를 모르는 경우에 교회가 무기력해질 수 있다는 것, 따라서 성직자나 평신도들이 기독교 신앙으로 살고 성장하기 위해서는 건전한 교리가 확고히 선포되어야 할 필요가 있다는 것을 알았고, 그러한 교리를 설교했다.

이러한 교리 설교는 신앙의 지성적인 성장을 위한 학문적 노력 이상의 의미가 있다. 교리 설교는 교인들이 신학적 정체성 확립에 힘들어하고 있다는 것을 고려한 설교다. 교인들로 하여금 그리스도인으로서의 정체성을 발견하도록 돕는 것이 교회의 역할이 아닌가! 오늘날 자신들이 믿고 있는 바가 무엇인지 알지 못하는 교인들이 많다. 다음과 같이 생각하는 이들이 적지 않은 것이다. '종교는 본질적으로는 다를 바 없다. 무언가 믿고 있다는 사실이 중요하지 무엇을 믿는지는 그렇게 중요한 것은 아니다.'

분명 오늘날 교회의 가장 심각한 문제는 신학적 정체성의 위기다. 현대 교회의 모든 문제가 바로 이 위기에서 비롯되기 때문이다. 교인들이 자신들이 믿고 있는 바를 확실히 알지 못할 때, 그리스도의 이름으로 행해지는 예배, 양육, 선교, 봉사를 기대할 수 없다. 신학과 제자도의 관계를 식물과 원예(gardening)의 관계로 설명하자면, 원예에 대한 지식이 있을 때 가지치기(pruning)와 잡초제거의 차이를 구별하게 된다. [1] 교리와 경험은 뗄 수 없는 관계로 여겨져 왔다. 교리 없는 양육은 이단에 빠지기 쉽다. 신앙 없는 행함은 빗나가기 십상이다.

교회가 신학적 정체성의 위기에 처하게 된 원인이 무엇일까? 그 원인은 세속적인 다원주의 증가와 성인을 위한 교회 교육의 축소에 있다. 최근 교회 상황을 보면 교인들이 자신들이 무엇을 믿고 있는지 알기란 매우 어려운 환경이다. 교인들은 일상에서 대부분 각종 문제들에 부딪치는데, 이것들을 신앙적으로 해결할 능력이 부족하다. 그럴 수밖에 없는 것이 정식으로 신앙 교육을 받은 것이라고는 어릴 때 교회학교 교육

---

1) Eric Baker, *Preaching Theology* (London: Epworth Press, 1954), 7.

이 전부인 경우가 많기 때문이다. 어깨너머 배운 기독교 신앙과 가치관을 가지고 일상에서 부딪치는 모든 문제들을 해결해야 하는 상황인 것이다. 가끔 신앙심 좋은 부모님이나 멘토들로부터 배우는 경우도 있다. 또 성인반 성경공부에 참석하는 이들의 경우는 그보다 낫지만, 여전히 성경 자체만 배우든지, 아직 건전한 기독교 교리로 정리되지 않은 뜨거운 사회적 이슈들을 놓고 토론하는 정도인 것이다.

교회가 신학적 정체성 위기에 처하게 된 또 다른 이유를 보면, 20세기 내내 미국교회에 건전한 교리 설교가 절대적으로 부족했다는 점을 들 수 있다. 20세기에 들어와서 미국 설교에 급격한 변화가 있었다. 주석적, 신학적 설교로부터 주제별, 심리치료적 설교로의 전환이 일어났는데, 대표적으로 해리 에머슨 포스딕(Harry Emerson Fosdick)이 1928년에 잡지 「하퍼스」(Hapers)에 기고한 논문, '설교, 무엇이 문제인가?'(What is the Matter with Preaching?)이다. 교인들은 그 옛날 여부스 족속에게 있었던 일에 대해서는 별 관심 없이 교회에 나온다고 포스딕은 말한다. 포스딕은 자신의 '문제 해결'(problem-solution) 설교 방식을 택한 목회자들보다는 신학적 기반을 더 가지고 있지만, 회중들의 문제에 대한 그의 해결방식은 매우 새로운 형태의 인본주의(neo-humanistic)였다. 그는 회중들의 다양한 문제를 해결하기 위해 복음을 제시하면서 자주 위대한 예술과 음악, 그리고 최고의 문화적 표현들을 사용했다. 이러한 주제 설교가 대세가 되면서 소수의 루터교회와 장로교회 이외에는 주석적 설교(exegetical preaching)와 신학적 설교(theological preaching)가 주제 설교(topical sermon)

로 바뀌기 시작했다. 주제 설교가 회중들의 삶에 더 밀접하게 다가설 수 있을 것 같았기 때문이었다.

나는 여기서 1928년 이전의 회중들이 1928년 이후의 회중들보다 더 수준 높은 믿음을 지니고 있었다고 말하는 것이 아니다. 포스딕이 옳을 수 있다. 실제 19세기와 20세기 초 교인들은 교회에서 신학적 강론이나 주석적 논문들만 들었다. 대부분의 사람들은 삶의 정황을 반영하지 않은 교리에 대해 제대로 이해하지 못했고, 따라서 지루해했다. 이러한 무미건조한 설교에 대한 대책으로 많은 설교가들은 소위 '행복한 가정 만드는 법', '자신을 긍정적으로 보는 법' 등 'how to' 설교를 선호하기 시작했다. 이러한 현상에 대해 1953년에 영국 목사 생스터(W. E Sangster)는 다음과 같이 날카롭게 지적했다. "모든 설교를 분석해보면, 지금까지 목사들은 복음의 지엽적인 것들(marginal things)만 설교해왔다는 것을 알 수 있다."[2] 생스터의 분석은 그 후 30년이 지나도 여전히 적용된다. 오늘날 교회는 초대교회, 종교개혁, 두 번의 대각성 운동처럼 믿음의 교리에 대한 분명하고도 건전한 설교가 필요한 때를 맞이했다.

---

2) W. E. Sangster, *Doctrinal Preaching: Its Neglect and Recovery* (Birmingham, England: Berean Press, 1953), 4.

교리 설교의 정의

교리 설교(Doctrinal Preaching)란 무엇인가? 먼저 모든 설교는 참된 기독교 설교가 되기 위해서 적어도 성경에 기반을 두어야 한다. 즉, 모든 설교는 직접적이든지 간접적이든지 성경에 의한 것이어야 한다. 이와 동시에 설교는 교리적이다. 설교의 성경적인 차원은 서술적(descriptive)이며 규범적(prescriptive)인데 비해, 설교의 교리적 차원은 전적으로 서술적이다. 설교자는 강단에서 설교를 하고 있을 때 교리를 제시하고 있는 것이다. 이때 설교자는 교리를 전하고 있다는 것을 의식하지 못할 수도 있지만, 분명히 교리는 제시되고 있다. 이단적이든 인본주의적이든, 설교는 항상 교리적 성격을 지니고 있는 것이다. 교리는 설교의 예화 자료 안에 (때로는 생생하게) 나타나거나 (성서, 신조 등의) 전통과 삶의 경험을 해석하는 다양한 방법으로 나타난다. 이때 회중이 그 교리가 어떤 교리인지 알 수도 있고, 아니면 모른 채 지나갈 수도 있다. 그러나 만약 그 교리를 이해할 수 있도록 구체적으로 언급해준다면, 일상에서 기독교적 가치관을 지니고 사는 그리스도인으로 성장해가는 데 도움이 될 것이다.

교인들이 메시지를 듣는 방식은 적어도 다음 두 가지 전제 또는 숨겨진 주제(agenda)에 의해 좌우된다. 첫 번째 전제는 설교자가 설교에서 나타내려고 하는 신학적 주제가 무엇인지에 대한 것이다. '설교에서 무엇이 드러나고 있는가?' '나는 지금 무엇을 하고 있는가?' '이 설교가 은혜에 도움이 되는 말씀이라고 할 수 있는가?' 아니면 '은혜를 쏟는 메시지인가?' 설교자가 이런 질문들을 스스로 할 수 있다면 좋은 출발이다. 마르틴 루터에게 설교란 의롭게 하는 말씀이다. 칼빈에게 있어 설교는 교훈적 분위기의 구원 메시지와 율법의 강조, 특히 율법의 제3용법이다. 바로 여기서 그리스도인들은 하나님의 은혜에 응답하는 믿음으로 성장한다. 존 웨슬리의 경우, 성화 메시지다. 설교할 때마다 질문할 수 있다. '나는 지금 무엇을 하고 있는가?' '교훈을 주는가?' '영감을 주는가?' '신학적으로 이것을 어떻게 하려고 하는가?'

두 번째 전제 또는 숨겨진 주제는 교인이 가져온다. 교인은 교회에 올 때 설교에 대한 다양한 기대감을 가지고 온다. "예수 그리스도와 개인적으로 깊이 만나고 싶어요", "위로 받고 싶습니다", "적극적으로 헌신하고 봉사하고 싶습니다", "신선한 통찰을 얻고 싶습니다" 같은 이런 기대를 의식적으로 생각하고 있지는 않지만, 질문을 받는다면 각각 위와 같이 대답할 것이다. 교인들은 각기 다른 주제들을 가지고 나온다. 교인들이 기대하는 주제들 중 많은 것은 설교자에게 득이 될 수도 있고 해가 될 수도 있다. 다음 장에서는 왜 이렇게 많은 주제/전제들을 가지게 되는지를 다루게 될 것이다. 지금 여기서는 교회에 나와 회중석에 앉아있는 교인들이 각각 기독교인의 여정 가운데 어느 한 단계를 지나고 있음을 주지하는 것으로 충분하다. 이들은 부지불식간에 교리적 질문들을 하고 있고, 어떤 답변을 기다리고 있는 것이다.

설교자의 임무에는 설교에 담겨있는 교리적 해석학(doctrinal hermeneutics)을 분명히 드러내는 일이 포함된다. 어떤 설교자는 요한복음이나 히브리서와 같은 고등기독론(high Christology)을 선호해서 설교 때마다 그것을 나타내고, 성경 본문이나 교리를 제시할 때도 그것을 강조한다. 또 어떤 설교자는 요한복음에 나타난 세계관을 다각도로 조명한다. 또 다른 설교자는 죄와 십자가에 대한 교리적 해석학에 집중한다. 어떤 경우이든 설교에 색을 더하는 교리, 즉 설교에 내용과 윤리성을 부여하는 교리를 분명히 밝힐 필요가 있다. 교인과 문화 속에 숨겨진 교리나 질문들이 있음을 간파하고 이에 대해 적극적으로 밝힐 필요가 있는 것이다.

지금까지 언급한 것을 정리하면, 모든 기독교 설교는 교리적(doctrinal)이며 성서적(biblical)이어야 한다. 이 명제에 대한 혼란은 이 두 가지 성격을 마치 두 가지 설교형식이 있는 것으로 오해할 때 비롯된다. 이 두 가지는 따로 있는 것이 아니라 함께 이해되어야 한다.

교리적인 것과 성서적인 것을 분리해서 생각할 경우, 설교 준비과정에 대해서 다음과 같이 말하는 경향이 있다. 설교를 위한 성경 본문 또는 중요한 교리를 먼저 설정했는가? 성경 본문으로부터 시작했을 경우, 그 설교가 본문 해석에 충실하든지 아니면 충실하지 않든지 그 설교를 성서적 설교(biblical preaching)라고 규정한다. 반대로 교리로부터 시작했을 경우는 그 설교가 대부분 본문 주해를 다루고 있다고 해도 그 설교를 교리 설교(doctrinal preaching)라고 규정한다.

사실 설교는 본문 설교(textual preaching)와 주제 설교(topical preaching), 이 두 가지 형식만이 있을 뿐이다. 그러므로 설교자는 성경 본문으로 시작하고 교인과 함께 본문을 살피는 본문 설교를 하든지, 아니면 특별한 상황에서 나온 교리나 주제 또는 교인이나 교인이 처한 문화 환경에서 제기된 질문이나 명제로 시작되는 주제 설교를 한다. 말씀 해석의 전문가로서 설교자는 자신이 다루기로 결정한 사회적 이슈로 주제 설교를 시작할 수 있다. 어떤 경우에 설교자는 특별한 교리나 사회적 이슈에 관한 자신의 관점을 제시할 뿐 아니라 그 주제에 대한 성서와 신학적 전통 속의 광범위한 자료들을 제공한다. 따라서 주제 설교는 본문 설교보다 더욱 많은 연구가 요구되기 때문에 매주 설교하기란 부담이 될 것이다.

설교 준비과정에서 그 이슈나 특별한 교리에 대한 설교의 준거로서 한 본문 또는 가능한 두 본문이 선정된다. 본문을 선정할 때 주의해야 할 것은 설교자가 어떤 특정한 이슈에 대해 자신만이 "특별히 적용해왔던" (baptize) 본문들을 택하는 방식을 경계해야 한다. 설교자는 성서적으로 확실히 근거를 갖지 못한 교리 설교를 하고 싶은 유혹을 뿌릴 칠 수 있어야 한다.

성경 본문을 선정할 때 교회의 특별한 상황이나 교인들의 상황이 영향을 줄 수 있다. 예를 들면 율법과 복음에 대한 설교나 믿음과 행함에 대한 설교를 해야 할 필요가 있을 때, 만일 설교자가 바울 서신 본문을 선택한다면, 마태복음이나 야고보서 본문을 선택했을 때와는 전혀 다른 교리 설교가 될 것이다. 이것은 단지 신약성서 안의 교리의 다양성 문제만을 말하는 것이 아니다. 설교자와 회중과의 관계, 그리고 회중의 문화에 대한 해석을 보여주는 것이다. 설교자 자신의 신학적 전통 또한 여기에 영향을 준다. 예를 들면 루터파 설교자는 율법/복음, 믿음/행함 교리에 대해 바울 서신을, 반면 개혁주의나 토마스주의적(Thomistic) 전통을 따르는 설교자는 마태복음과 야고보서를 택할 것이다. 따라서 어떤 경우이든지 성경 본문은 교리 설교의 차원에서 진지하게 검토되고 다루어질 필요가 있다.

그러면 성서정과(lectionary)에 따라 본문을 선택하는 경우는 어떤가? 많은 설교자들은 이러한 선택 성서정과(lectio selecta)를 사용할 때 매우 해방감을 느낄 수 있다. 그들은 설교할 필요가 있는 특별한 주제(교리 또는 사회적 이슈)가 있는 경우 외에는 정해진 성서정과 본문을 사용하면 되는 것이다. 연속 성서정과(lectio continua)―성경을 책별로 한 문단 단위(pericope)로 따라가는 방식―를 사용하는 설교자들도 정해진 본문을 갖게 된다. 설교가 어떤 본문으로 시작했다고 해서 성서적 설교가 되는 것은 아니다. 성경 본문을 읽어놓고 그 본문과는 관련 없는 내용으로 채우는 설교도 많다. 책임 있는 설교자라면 회중과 함께 본문을 따라가며 본문에 충실한 설교를 하는데, 이 경우 강해 설교(expository preaching)라고 한다. 강해 설교는 설교를 전개하는 데 있어서 한 구절씩 차례로 설명하기도 하고, 본문을 두 가지 또는 네 가지 요점으로 구분하여 설명한다. 혹은 본문에 질문하고 들으면서 대화식 접근으로 설교를 진행한다.

주석적 작업 과정에서 알 수 있는 것은 서사적 구절(narrative passage)이라도 어떤 교리를 지니고 있다는 사실이다. 설교자가 월요일 아침에 어떤 성경 본문을 택하여 강해설교를 준비한 것이 주일 아침 강단에서는 완전한 교리 설교로 나타날 수도 있다는 말이다. 그러므로 기독교 설교에서 "교리적"(doctrinal)이라는 용어와 "성서적"(biblical)이라는 용어 사이에는 중복되는 것이 많다는 것을 알 수 있다.

다음 도표는 설교의 과정을 보여준다. 설교의 최우선 과제가 예수 그리스도의 복음을 전하는 것이라고 할 때, 예수 그리스도의 복음에 대한 성서적 증언과 그 복음을 교리적으로 명료화하는 작업으로 시작하고자 한다. 이것이 모든 설교의 기초(ground)다. 성경 본문과 주제가 정해졌으면, 다음 단계로 강해 설교든지 교리 설교든지 구조를 정한다. **그렇다면 교리 설교는 예수 그리스도에 대한 성서적 증언에 기초를 둔 기독교 설교다. 교리 설교는 성경 본문, 교리, 문화적 질문들로 시작하지만, 결국 한두 가지의 기독교 교리를 중점적으로 다루는 경향이 있다.**

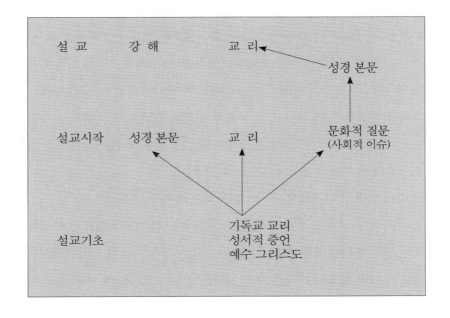

목적과 계획

이 책의 목적은 설교자들로 하여금 기독교 교리를 설득력 있고 효율적으로 선포하도록 돕는 것이다. 조직 신학이 신학을 적절한 방식으로 구성하고 제시하는 것처럼, 이 책은 설교학(homiletics)을 조직 신학적 방식으로 구성하고 제시한다. 2장에서는 교인 분석과 강단에서 사용될 수 있는 신학적 언어의 문제를 다룬다. 설교자가 교리를 전하는 대상은 사회적으로 세분화되어 있고 신학적으로 다양한 관점을 지닌 교인들이다. 3, 4, 5장에서는 교리 설교를 위한 세 가지 출발점, 즉 성경 본문, 교리, 그리고 교회와 문화에서 발견되는 질문이나 명제들을 체계적으로 다룬다. 그러므로 주경신학(exegetical theology)을 다룬 후에 논쟁적 주제(polemics), 교리문답, 변증론, 목회적 돌봄, 윤리, 복음 전도를 다루는 것이다. 이렇게 단계별로 준비하는 것은 교리 설교를 성경에 확실히 기반을 두게 하고, 미시적 문제로부터 거시적 문제로 점진적으로 옮겨가게 한다.

교리 설교가 성경에 기반을 두도록 하는 가장 쉬운 방법은 성경으로부터 출발하는 것이다. 역사적으로 기독교 설교는 성경 본문으로부터 출발하는 것을 당연시했으나, 교리 설교의 자료로 성경 본문만을 다룬 것은 아니었다. 그래서 3장은 성서적 교리를 결정하는 방법들을 조사하는데, 이를 위해서 성서 신학의 열매와 과오 및 교리 설교에서 양식 비평과 편집 비평의 영향을 탐구한다.

교리문답적(catechetical) 설교나 논쟁적(polemical) 설교는 교회 역사에서 항상 있었다. 교리문답 준비를 하는 입문자들은 성례전과 신조에 관한 설교와 강의를 통해 신앙을 키웠다. 논쟁적 설교는 변증학 이상으로 교회 울타리, 믿음 공동체 안에서 내부적 질문에 집중하는 경향을 보인다. 변증학처럼 논쟁학은 믿음에 관한 올바른 사고를 목표로 한다. 믿음 안의 이단적 사고를 노출하고 뿌리 뽑는 역할을 한다. "이단"(heresy)이라는 단어가, 과거에는 종종 일어나곤 했으나 현대 교회에서는 좀처럼 나타나지 않는 이단 사냥과 재판을 떠올리게 만드는, 우리시대의 빨간 딱지처럼 받아들여지는 것은 안타까운 일이다. 오늘날과 같은 시대에 사람들이 "자신의 일에만 몰두"하고 "자신의 관심사만 신경 써야" 한다고 믿을 때(물론 온통 종교 생각만 하는 이들도 없지는 않지만), 논쟁이라는 신학적 담론의 형식은 확실히 합당하다. 논쟁적 성격을 지니고 있는 교리 설교는 회중을 설교적 린치를 가하는 폭도로 만들려는 것이 아니라, 그들 자신의 정체성을 분명히 이해하도록 돕는 역할을 한다.

확실히 교회 역사에서 이것은 논쟁의 주요 역할이었다. 신약에서의 예는 사도행전과 바울 서신, 특히 로마서, 고린도전서, 갈라디아서에서 발견된다. 이레나이우스 (『이단에 대항하여』[*Against Heresies*]), 테르툴리아누스, 아우구스티누스(『도나투스주의자들과 펠라기우스에 대항하여』), 토마스 아퀴나스(『신학대전』[*Summa Theologica*]과 『신학요강』[*Compendium Theologiae*]), 루터, 칼빈, 조나단 에드워즈에게서도 발견할 수 있다.

이런 설교의 유익은 분명하다. 세례, 성령, 천국과 지옥의 의미와 같은 교리는 너무 복잡하고 견해가 다양해서 교인 개개인을 당황하게 할 수 있고 교회를 분열시킬 수도 있기 때문에 분명하고 정확한 논쟁적 설교가 반드시 필요하다. 4장은 이 주제에 대해 자세히 다룰 것이다.

5장은 문화에서 시작하는 교리 설교, 말하자면 변증학(apologetics)의 관점에서 문화를 다루는 교리 설교를 살핀다. 변증학은 학문적 영역에 속한 신학적 담론을 다루는데, 기독교 신앙의 진리를 인간의 이성적 관점으로 조사한다. 변증학은 일반 세계의 영역에서 기독교 신앙을 변호하는데, 때로는 논점을 위해 세상 논리를 차용하기도 한다. 변증학의 대상은 믿지 않는 사람들이지만 그들에 대해 그렇게 배타적인 어조를 띠지는 않는다. 이런 점에서 변증학(apologetics)과 복음전도(evangelism)는 공통적 요소를 지닌다. 사도행전 2장에서 볼 수 있듯이, 이 둘은 때로 만난다. 사도행전 2장에서 유대인들은 오순절에 성령 충만한 그리스도인들의 모습에 대해 질문한다. 베드로는 이 사건을 통해서 그리스도인들은 유대인들과는 구별되는 사람이라는 것을 분명히 한다(변증학). 그리고 그리스도에 대해서 증거한다. 동시에 그들로 하여금 회개하도록 촉구한다(복음전도). 이렇게 복음전도는 적어도 은연중에 변증학을 포함하고 있는 것이다.

사도행전 2장은 신학과 설교에서 변증학이 어떻게 포함되는지를 보여주는 예다. 또 다른 예로 사도행전 17:16-34을 보면, 누가는 아테네에서 바울이 정교한 수사적 용법의 설교를 사용하는 모습을 전하고 있다. 한편으로 기독교 신앙을 구별하고 변호하면서 동시에 교인들로 하여금 관점을 바꾸기를 재촉하고 있다. 여기서 바울은 에피쿠로스 학파와 스토아 학파 철학자들에게 연설하는데, 이때 그는 변증적(apologetic)이며 또한 복음전도적(evangelistic)인 교리 설교의 형태를 사용했다. 적어도 두 사람이 개종했는데, 아레오바고의 디오니시우스(Dionysius the Areopagite)와 다마리스(Damaris)라고 불리는 여인이다. 바울은 사도행전 26장에서도 기독교를 변증적이며 복음전도적으로 변호하고 있다(28-29절을 보라).

변증학의 전통은 신학적 담론의 역사를 통해 알 수 있다. 순교자 유스티누스의 그리스-로마의 이교 사상 및 유대교와의 담론, 믿음이 없는 자들을 위한 오리게네스의 『제일 원리에 대하여』(On First Principles), 아우구스티누스의 마니교에 대한 담론, 아퀴나스의 『철학대전』(Summa Contra Gentiles, 이교도에 대한 반론), 프리드리히 슐라이어마허의 『종교론: 종교를 멸시하는 교양인을 위한 강연』(On Religion: Speeches to its Cultured Despisers), 쇠렌 키에르케고르, 라인홀드 니버와 폴 틸리히의 설교나 저술과 같은 신학자들의 풍부한 전통에서 기독교 신앙에 대한 본질적인 것이 무엇인지 알 수 있다. 교리 설교에서 변증학은 회중에게 기독교인들이 믿는 신앙이 일반 세상의 신념이나 신앙들과 어떻게 다른지를 알 수 있도록 도와준다. 분명한 선을 그어주고 암묵적으로 믿어왔던 신앙의 분명한 근거를 제공해준다. "모든 종교는 유사하다" 또는 "당신이 무엇을 믿든지 그것은 중요한 것이 아니다"와 같은 명제는 변증적 설교를 위한 좋은 명제들이다.

교리 설교는 주경신학, 논증학, 변증학 외에 윤리학도 함께 다루어야 한다. 전통적으로 학문 분과로서의 윤리학은 인간을 정의하고 "도덕만이 아니라 전체 인간문화"(the whole human culture, not morality alone) [3]에 관한 지식을 정리하기 때문에 철학적 신학의 범주에 속해왔다. 그러나 여기서는 실천신학(또는 교리신학의 실천적 측면)의 맥락에서 다루려고 한다. 왜냐하면 교리 설교는 윤리학 분야의 철학적 논쟁보다 회중의 도덕적 질문에 더욱 관심을 둘 것이기 때문이다. [4] 변증학과 논쟁술을 통해서 설교자가 신자들이 자신이 믿고 있는 바를 이해할 수 있도록 돕는 데 관심을 갖고 있다면, 윤리학을 통해서 설교자는 어떻게 해야 할지에 대해 이해하도록 돕는 데 관심을 둔다. 성경은 다음과 같은 패턴, 곧 신학은 윤리로 이어지고, 직설법(indicative)은 명령법(imperative)으로, 믿음은 행함으로 이어지는 패턴을 보여준다. 로마서를 기록할 때 바울이 어떤 패턴으로 배열했는지 살펴보자. 1장부터 11장까지는 신학을 말한다. 12장부터는 윤리적 교훈을 말한다. 교리의 역사는 이러한 패턴의 기록이다. 교의(dogma)는 실천(praxis)으로 이어진다. 그런데 오늘날 이와는 반대로 의도적으로 실천(praxis)-신학(theology)의 배열을 택하는 이들이 있다. 특별히 해방신학자들이 그런 경우일 것이다. 그러나 전통적으로 서구에서 교의(dogma)는 항상 윤리(ethics)보다 앞서며, 믿음(belief)은 항상 행동(action)에 선행한다.

책임 있는 교리 설교는 신앙의 진리와 삶에 나타난 신앙의 근거들을

---

3) Fredrich Schleiermacher, *Brief Outline on the Study of Theology*, trans. Terrence N. Tice (Atlanta: John Knox Press, 1977), 116.
4) 위의 책, 79-80.

살필 뿐 아니라, 현대 회중들이 품고 있는 도덕적 질문을 충실히 다룬다. 교리 설교에 이러한 도덕적 차원이 없다면, 설교 강단은 회중 개개인의 삶이 문화적으로 변혁을 일으키도록 역사하는 복음을 선포하지 못하는 것이다.

지금까지 현대 교회가 당면한 가장 심각한 문제 중의 하나가 대부분 교인들이 경험하고 있는 신학적 정체성 위기라는 점을 살펴보았다. 이 문제의 해결점은 다음 두 가지다. (1) 균형 잡히고 진지한 성인 교육 계획, (2) 예수 그리스도의 기본 진리를 선포하고, 회중들이 그리스도의 주 되심 아래에서 어떻게 살아야하는지 분명히 밝히는 책임 있는 교리 설교 (doctrinal preaching).

더 생각할 문제

1. 평소 당신의 설교에 대한 신학은 무엇인가? 어떤 방법으로 본문을 해석하고 복음을 선포하는가? 그동안 설교한 설교들을 구체적으로 분석해보라.

2. 회중들에게 전달된 설교의 신학이 있다면 무엇인가? 설교에 대한 회중들의 질문과 반응으로 당신의 신학이 더욱 분명해진 것이 있는지 살펴보라.

3. 현대 교회에서 다음 주제에 대해 잘못된 관점들이 있는지 살펴보자.
   (a) 믿음과 행함, (b) 죄와 구원, (c) 예수 그리스도의 성육신, (d) 교회의 본질과 목적, (e) 선과 악, (f) 성령의 역사, (g) 기독교와 문화, (h) 자유의지, (i) 종말론, (j) 기도.

더 읽어볼 자료

Eric Baker, *Preaching Theology*. London: Epworth Press, 1954.

Gerhard Ebeling, *Theology and Proclamation: Dialogue with Bultmann*. Philadelphia: Fortress Press, 1966: 13-21.

Heinrich Ott, *Theology and Preaching*. Philadelphia: Westminster Press, 1965: 17-28.

Herman G. Stuempfle Jr., *Preaching Law and Gospel*. Philadelphia: Fortress Press, 1978: 11-19.

Ian Pitt-Watson, *Preaching: A Kind of Folly*. Philadelphia: Westminster Press, 1976: 1-35.

Richard Lischer, *A Theology of Preaching*. Nashville: Abingdon Press, 1981: 13-29.

Robert W. Duke, *The Sermon as God's Word: Theologies for Preaching*. Nashville: Abingdon Press, 1980: 97-112.

Theodore O. Wedel, *The Pulpit Rediscovers Theology*. New York: Seabury Press, 1956: 3-31.

W. E. Sangster, *Doctrinal Preaching: Its Neglect and Recover*. Birmingham, England: Berean Press, 1953: 3-13.

2장

강단에서의 신학적 언어

홀륭한 교리 설교는 신학적 언어 문제에 항상 진지하다. 이 사실은 신약성서 저자들의 글을 통해 잘 드러난다. 그리스도 사건은 복음서 기자들과 서신서 저자들이 표현한 새로운 언어로 묘사되었다. 이미 사용되고 있던 용어에 새로운 생명이 더해졌다. 세상이 그리스도의 생애, 죽으심, 부활의 조명 아래 새롭게 명명되었다. "칭의"(justification)와 "양자됨"(adoption)과 같은 용어가 지중해 연안 도시들에 퍼져 가면서 새로운 의미가 더해졌다. 이 언어들로 인해 촉발된 새로운 자극, 그 도시의 분위기를 바꾸는 새로운 자극이 있었다.

교인 이해

신학을 적절히 전유(appropriating, '자기 것으로 소화')하고 설교하기 위한 과정에서 첫 번째 단계는 교인을 아는 것이다. 레지널드 풀러(Reginald Fuller)가 이를 잘 설명하고 있는데, 그는 신약시대의 교회들이 가지고 있던 기독론에 대한 다양한 접근방법의 예들을 제공한다. [1] 성서 기자들은 팔레스타인 유대인, 헬라파 유대인, 헬라파 이방인에게 복음을 효율적으로 전하기 위해서 그리스도를 표현하는 이미지와 용어들을 사용하였는데, 이것은 단지 교인들을 이해시키기 위해서만 그런 것이 아니라 그들의 의지를 움직이고 감정을 만짐으로써 복음을 밀접하게 느낄 수 있도록 하기 위함이었다.

'현대 교회의 청중은 어떤 사람들인가?' '그들의 관심, 상처, 종교에 대한 자세는 어떠한가?' '어떤 질문들을 하고 싶어 하는가?' 이러한 질문들에 대해 신학자들마다 각기 다른 방식으로 대답한다. 존 칼빈은 교인들이 주일에 교회에 올 때 가지고 오는 질문은 "우리가 하나님과 우리 자신에 대해서 무엇을 배울 수 있을까? 우리가 어떻게 하나님께 영광을 돌릴 수 있을까?"라고 단언한다.

칼 바르트는 회중석에 앉은 교인들이 겸손하고 진지하게 다음과 같이 묻고 있다고 믿었다. "하나님에 관한 메시지가 과연 사실일까?" "신은 존

---

1) Reginald Fuller, *The Foundations of New Testament Christology* (New York: Charles Scribner's Sons, 1965).

재하는 것일까?" "삶의 의미와 목표란 있는 것일까?" 바르트는 교인들은 다른 어떤 질문보다 하나님에 대한 질문에 답을 하는 설교자에게 관심 있다고 확신한다. 그는 대부분의 설교자들이 둘러말하든지 회중을 즐겁게 하려고 하든가 졸게 만든다고 말하면서, 그런 무관심한 일에 집중하는 우를 범하지 말아야할 것을 강조한다. [2] 교인들의 이면에는 그리스도를 알고 싶어 하고 만나고 싶어 하는 깊은 갈망이 있다. 왜냐하면 가지고 있는 모든 질문에 대한 긍정적인 답변을 얻고 싶을 뿐 아니라, 하나님을 대면하고 싶어 하기 때문이다.

폴 틸리히의 경우, 교인들은 존재의 본질에 관한 질문들을 가지고 있다고 믿는데, 삶과 죽음의 문제, 애통, 근심, 자포자기에 관한 문제들이 바로 그런 문제들이다. 목회 상담가들이 심리학적 근심에 대한 문제들(problems)을 다루는 반면, 설교자들은 존재론적 질문들(questions)을 다룬다. 바르트와는 달리, 틸리히는 항상 성경 본문으로부터 출발하지는 않았다. 그 대신 이러한 회중적 그리고 문화적 질문들로 시작하곤 했다.

슈베르트 옥든(Schubert Ogden)의 경우, 교인들이 주로 하는 질문은 "우리가 지적인 희생 없이 어떻게 하나님을 믿고 진실 되게 살 수 있는가?" 라고 말하곤 했다. 이것은 현재 과학과 테크놀로지 시대의 질문이다. 또한 이 질문은 콘스탄티누스 이후, 기독교 세계 이후의 질문이다.

19세기 자유주의 신학은 회중석의 교인들이 "우리가 어떻게 세계를

---

2) Karl Barth, *The Word of God and the Word of Man*, trans. Douglas Horton (Gloucester, Mass.: Peter Smith, 1978), 107-12.

구할 수 있을까?" 묻고 있다고 보았다. 알브레히트 리츨과 아돌프 폰 하르낙의 자유주의 신학은 인간에게는 결코 희망이 없다는 사실을 간과하고, 오히려 인류의 희망에 대해서 다루었다. 19세기 자유주의 신학은 인류가 발전한다고 보았고, 따라서 교인들은 인류의 발전에 어떻게 참여할 수 있는지를 묻고 있다고 확신했다. 바르트 및 니버와 같은 신정통주의자들은 이러한 흐름은 잘못되고 오도된 질문이라고 생각했다. 예를 들어 니버는 교인들이 묻고 싶은 문제는 다른 것이 아니라 그리스도라고 확신했다. 교인들이 묻는 질문은, "그리스도라고 불리는 예수와 함께 나는 무엇을 해야 하는가?"라는 것이다. 니버에게 이것은 윤리적이며 신학적 질문이다.

위의 여러 견해들에 각각 일리가 있지만, 한 가지 분명한 사실은 오늘날 교인들은 단 하나의 특정한 질문만을 하는 특정 그룹이 아니라는 것이다. 사실 교인은 다양한 그룹으로 구성되어 있다. 리앤더 켁(Leander Keck)은 오늘 그리스도인들은 적어도 다음과 같은 7가지 유형으로 나눌 수 있다고 지적한다. (1) 헌신적 교인(superpatriots), (2) 냉소적 교인(cynical citizens), (3) 관망하는 교인(tourists), (4) 문화적 교인(resident aliens), (5) 낙심했던 교인(expatriates), (6) 개혁적 교인(reformers), (7) 성직자들(church bureacrats). 모든 교회에는 이와 같은 교인들이 어우러져 있음을 직시해야 한다. [3]

---

3) 리앤더 켁은 1977년 7월 버지니아 유니온 신학교에서 한 강연에서 이러한 내용을 제시했다.

리앤더 켁의 분석한 분류 가운데 빠진 그룹이 있는데, 기독교 신앙의 본질에 충실한 소수의 신실한 성도(the faithful fews)다. 이 그룹은 교회 리더십의 핵심인력들로서 적극적으로 활동하고 도움을 주며, 믿음에 있어서 지적으로, 영적으로, 도덕적으로 계속 성장하고 있는 이들이다. 그들은 대학시절 혹은 삶의 위기의 순간에 믿음에 관한 질문들을 많이 했던 이들일 수 있다. 그러나 오랫동안 기독교 안에서 성장하며 그리스도와 교회의 삶으로 엮여온 이들이다. 이들 중에는 불행한 사고로 아들을 잃었지만 여전히 신앙생활을 잘하고 있는 이들도 포함된다. 또 암 투병 중이면도 신앙을 지키고 있는 여인도 있다. 또한 한 번도 나쁜 소문을 낸 적도 없고 교회와 교인들에 대해 언제나 긍정적이며 "사랑으로 진리를 말하는"(speak the truth in love) 지혜로운 이들도 있다. 이들은 위에서 말한 7가지 유형의 사람들보다 세상과 교회에 대해 더 넓은 관점을 가지고 있다. '소수의 신실한 성도'(the faithful few)라는 지칭은 '소수'(few)라는 것이 강조되어서 이들에게 적절한 이름일 것 같다. 이들을 '침묵의 성도'(the silent saints)라고 부를 수도 있다. 그들이야말로 교회의 기둥이다.

이렇게 교인들을 신앙별로 구분한 아래의 도표는 이러한 다양한 그룹들을 더욱 분명히 알 수 있도록 도와줄 것이다. 맨 왼쪽은 한 번도 신앙을 가져보지 못한 이들이고, 오른쪽 끝은 광신적인 교인들이다.

불신자 (Never believed)	낙심자 (Once believed)	소극적 교인 (Half-believe)	일반 교인 (Believe)	광신도 (Fanatical)
	낙심했던 교인 (expatriates)		소수의 신실한자 (faithful few)	
문화적 교인 (resident aliens)		냉소적인 교인 (cynical citizens)		헌신적 교인 (superpatriots)
	관망하는 교인 (tourists)		개혁적 교인 (reformers)	

    강단에서 신학적 언어를 사용할 때 문제가 되는 것은 너무 다양한 사람들이 자기 나름대로 받아들인다는 사실이다. 헌신적 교인이나 개혁적 교인들이 주일 설교 때 '죄'라는 단어들 들을 때, 문화적 교인, 관망하는 교인, 낙심했던 교인들과는 다른 의미로 받아들인다. 헌신적 교인들에게 죄는 죄를 짓는 다른 이들의 행위를 언급함으로써 자신들의 의로움을 격려하는 것으로 받아들이게 된다. 문화적 교인에게 '죄'는 특별한 의미가 없든가, 흥미로운 기독교 개념 정도로 들릴 수 있다. 사실상 이 특별한 단어는 문화적 교인들에게 다른 어떤 기독교 용어나 교리보다 더 무겁게 다가올 수 있다. 니버가 지성적이고 정치적인 교인들에게 이 단어를 어떻게 사용했나 세심하게 살펴보라(인간에 대해 가장 가볍게 바라보는 관찰자라도 죄는 성화보다 증명하기 더 쉽다는 것을 알 수 있다). 관망하는 교인과 낙

심했던 교인들에게 죄라는 단어는 거짓되고 불필요한 죄의식을 갖게 할 수 있다. 불행히도 이들 중 누구도 설교자나 성경과 기독교 교리에서 이 단어를 사용하여 실제로 말하려고 하는 것들을 이해하거나 경험하지 못할 것이다.

그러면 여기서 문제는 무엇인가? 이 질문에 답하는 것은 교인들이 얼마나 세속적인가 혹은 신앙적인가에 따라 달라진다. 세속적인 교인(문화적 교인이나 관망하는 교인)일수록 적어도 하나의 문제와 하나의 가능성이 있다. 게하르트 에벨링, 폴 뷰렌(Paul van Buren), 그리고 신의 죽음을 말하는 신학자들("death of God" theologians)에 의하면 문제는 '하나님'(God)이란 단어가 이 시대에 의미를 잃고 있다는 것이다. 우리 시대는 신의 실재성에 대한 감각을 잃었다. 그 결과 믿음의 언어는 불투명한 언어가 되었다. 또 신학자에게만 이해되는 "게토 언어"(ghetto language)가 되었다. 일반 사회는 이와 같은 교회 언어를 약간의 호기심을 갖는 정도로 받아들인다. 가장 잘 받아들인다고 해도 하품하는 정도다.[4] 아마 이것이 현대 사회에서 행해지는 설교의 실패를 말하고 있고, 또한 현대 후기 계몽주의시대의 면모를 보여주는 것일 것이다. 어찌 됐든 신학적 언어를 적절한 해석, 설명, 예화 없이 사용한다면 문화적 교인이나 관망자들에게는 거의 소용없는 언어일 뿐이다. 그들은 신학적 언어에 전혀 귀를 기울이지 않는다.

---

4) Gerhard Ebeling, *God and Word* (Philadelphia: Fortress Press, 1967), 34-35.

이 그룹의 사람들에게 존재하는 가능성은 그들이 성직자가 알고 있는 것보다 더 많은 것을 듣고 싶어 한다는 것이다. 그 이유는 사람은 보통 생각하는 것보다 더 종교적인 성향이 있기 때문이다. 통계 수치를 내지 않고 너무 확신 있게 단정하는 것 같은데, 사람은 궁극적으로 종교적인 존재다. 인간은 초월적인 "거룩한 타자"(Holy Other)와의 관계를 필요로 한다. 그런 면에서 무신론자가 된다는 것은 어려운 일인 것이다. 이에 대해서 자크 엘룰은 다음과 같이 말한다. "무신론자가 된다는 것은 더 많은 지성, 지식, 실천 그리고 방법을 필요로 한다. 그것은 덕목, 영웅주의, 위대한 영혼을 요청한다. 무신론자가 되는 것은 예외적인 개인적 심미주의를 취하는 것이다."5) 엘룰은 이런 정도의 무신론을 지니려면 강력한 의지적 행동이 필요하다고 생각한다. 대다수의 사람들은 전적으로 독립적으로 살아갈 용기를 갖지 못한다. 대부분의 사람들은 어떤 "영혼 보조물"(soul supplement) 없이 살 수 없다.

엘룰은 더 나아가 현대인에게 하나님은 더 이상 의미 있는 존재가 아니라고 말한다. "무엇보다 확실한 것은 현대인이 하나님을 버렸다는 것, 그리고 하나님이란 단어가 더 이상 현대인에게 어떤 의미를 지니지 않는다는 것이다." 신 문제는 세속적인 사회의 다양한 지적인 이슈 중 가장 민감한 이슈가 아니지만, 신의 임재는 "지금까지 그랬던 것처럼 여전

---

5) Jacques Ellul, *The New Demons*, trans C. Edward Hopkin (New York: Seabury Press, 1975), 205.

히 활력 있고, 도전적인 주제다."[6] 현대인의 인간성은 성숙한 단계에 와 있다고 볼 수 있지만, 종교에 관한 한 '두려운 신비'(*mysterium tremendum*)에 관심 있는 정도다. 이러한 사실은 젊은 사회주의자들이 러시아정교회의 부활절 전야 예전을 그토록 매력 있게 관심을 가지고 바라보는 것을 봐도 알 수 있다. 또 시카고의 수많은 일반인들이 매년 헨델의 메시아를 부르기 위해서 모이는 모습을 생각해보라. 그들은 무엇을 추구하고 있는가?

교회 역사를 살펴보면 이러한 사람들을 발견할 수 있다. 아우구스티누스의 경우가 바로 그런 경우다. 그가 개종하기 전까지 유명한 수사학자로서 매주일 암브로시우스의 교회를 기웃거렸다. 프레드릭 뷰흐너(Frederick Buechner)도 그렇다. 그는 천재적인 소설가로서, 매디슨 애비뉴 장로교회의 조지 버트릭(George Buttrick)의 설교를 듣고—분명 그리스도께서 말씀하신 걸 들었다고 할 수 있을 것이다—결정적인 영감을 얻었다.

나다나엘의 경우, 빌립이 나사렛 예수를 만난 사실에 놀라워하고 확신하는 것에 대해 '나사렛에서 무슨 선한 것이 날 수 있느냐'하고 의심스러워했지만, 가서 만나볼 만큼 관심과 호기심이 있었다. 고넬료의 경우 그의 재산과 신분을 보면 한 가지 드는 질문은 이것이다. '그는 왜 종교에 관심을 보였을까?' 그는 이미 모든 것을 가지고 있었다. 그러나 베드로를 초대해서 자기 앞에서 설교할 것을 요청했던 것이다. 오늘날로 말하면

---

6) 위의 책, 40.

장래가 촉망받는 미혼 남자 내과의사일 수 있다. 그는 교회에 등록하지는 않고, 예배에 참석한다. 그는 "종교적"으로(religiously) 교회에 다닌다.

바르트가 옳을 수 있다. 그들은 "하나님에 관한 그 이야기는 사실입니까?"라고 묻고 싶을 것이다. 물론 이 질문이 유일한 질문은 아니지만, 적어도 이 질문은 세속적인 그리스도인의 가장 일반적이고 기본적인 질문이다. 이 질문은 옥든(Ogden)의 질문인 "지적인 희생 없이 내가 어떻게 하나님을 믿고 참된 삶을 살 수 있는가?"보다 중요한 질문이다.

만일 믿음의 언어가 세속적인 그리스도인에게 비지성적으로 보인다면, 그것은 그들이 믿음에 관심이 없어서 그렇게 생각하는 것이 아니다. 이와 반대로 그들은 오히려 우리가 생각하는 것보다 훨씬 더 관심을 가지고 있다.

종교적 교인(소위 '선데이 크리스천')에게는 두 가지 문제와 적어도 하나의 가능성이 있다. 첫 번째 문제는 **믿음의 언어**(language of faith)**가 너무 모호하다는 점**이다. 이것은 교인들이 믿음에 대한 관심이 부족하기 때문이 아니라 교리(doctrine)가 지성적인 방식으로 설교되지 않고 있기 때문이거나 교리들이 전혀 설교되지 않았기 때문일 수 있다. 이 문제에 대해 설교자의 주장만 들어서는 안 된다. 설교자들은 지루해질 수 있는 것, 즉 교리들을 피하기 위해 성경 이야기나 바울 서신의 사건을 소재로 한 구절들을 설교하는 경향이 있다. 꼭 필요한 믿음의 교리라도 설교하려고 할 때마다 교인들 가운데 눈의 초점이 흐려지는 이들을 보게 되기 때문에 꺼려하게 되는 것이다. 혹은 어떤 경우에는 자신도 모르는 가운데 교리를 틀리게 설교하는 경우도 있을 것이다. 바울 서신에 나타난 "은혜" (grace)의 교리를 "행함"(works)의 교리로 잘못 설교할 때가 있는 것이다. 이럴 경우 교인 가운데 자신은 그 메시지를 따라 결코 살 수 없다고 판단하고 교회를 떠나는 이들이 생기게 된다. 교인 가운데는 "값싼 은총" (cheap grace) 이상의 어떤 것을 원하는 이들이 있을 텐데, 그러면서도 야고보서 같은 책의 의무와 율법의 긍정적 용법에 대해서는 한 번도 듣지 못하는 수도 있을 것이다. 그럴 경우 그들은 결국에는 교회를 떠난다. 그들에게 교회는 너무 가볍게 보이기 때문이다.

낙심했던 교인들이나 냉소적인 교인들은 세속적인 그리스도인들처럼 무언가 추구하는 것이 있다. 그런데 이들에게도 믿음의 언어는 모호하게 들리는 것이 문제다. 그들이 너무 세속적이어서가 아니라, 그것을 한 번도 듣지 못했든가 아니면 올바로 듣지 못했기 때문이다.

두 번째 문제는 **믿음의 언어가 너무 친숙하다**(familiar)는 점이다. 이것은 프레드 크래독(Fred Craddock)이 『복음 엿듣기』(Overhearing the Gospel)에서 지적한 점이다. [7] 키에르케고르가 19세기 덴마크를 두고 말한 것처럼, 20세기 미국에서 믿음의 언어는 영향력을 잃어버렸다고 프레드 크래독은 말한다. 그 이유는 냉소적인 교인, 헌신적 교인, 그리고 많은 교회 기관 종사자들이 믿음의 언어를 너무 많이 들어왔기 때문이다. 이 교인들은 믿음의 언어의 의미보다는 소리(sound)에 익숙하다. 크래독이 말한 고

---

7) Fred Cradddock, *Overhearing the Gospel* (Nashville: Abingdon Press, 1978).

아의 경우처럼, 그러한 교인들은 배가 고프지 않다. [8] 세속적인 그리스도인들과는 달리 그들은 추구하는 것도 없고, 그들이 믿고 있는 바를 다 알고 있다고 이미 생각하고 있다. 설교 시에 핵심 단어를 단순히 열거하는 것만으로 충분히 알아들었다고 생각하는 것이다. 그들에게는 강단으로부터 나오는 핵심 단어 몇 개만 반복해도 충분하다. 물론 말씀을 듣는 것만으로도 중요한 의미가 있지만 계속해서 말씀을 들어야 생명이 자랄 수 있다. 말씀 선포는 매주일 반복된다.

제임스 파울러(James Fowler)는 이 교인들을 그의 신앙성장발달의 세 번째 단계, 즉, 종합적-인습적 단계(synthetic-conventional stage)에 있는 것으로 보았다. 여기서 그 교인들은 기독교 신앙의 "암묵적 지식"(tacit knowledge)에 의존한다. 그 믿음의 권위는 그들의 부모나 다른 어떤 중요한 모델로부터 온다. 그들은 그 모델들로부터 믿음을 유산으로 받는데, 믿음이 무엇인지는 알지만 믿음의 이유(whys)를 알지 못하고, 또 그 믿음에 근본적인 질문을 하는 데에는 관심이 없다. [9] 사실 비판적 성찰은 불협화음을 일으킨다. 그 예를 어느 로마 가톨릭 여성에게서 볼 수 있는데, 그녀는 "때로 저는 신부님이 신학적인 의구심들을 환기시키지 말고, 그저 제가 믿는 것만을 말씀해주셨으면 좋겠다는 생각을 자주해요"라고 말한다. 바로 이것이 전형적인 체제 순응적 단계에 속한다. 헌신적 교인은

---

8) 위의 책, 33-34.
9) James W. Fowler, *Stages of Faith* (New York: Harper & Row, 1981, 『신앙의 발달단계』, 한국 장로교출판사 역간), 151-73.

바로 여기에 해당한다. 교회는 그들이 믿음에 대해 질문을 하지 않기 때문에 이들과 가장 잘 조화를 이룬다. 그들은 또한 TV나 인터넷 복음전도의 주요 대상자들이다. 그러나 헌신적 교인들은 원하는 일이 제대로 이루어지지 않을 때 혹은 믿음에 따라 행한 결과가 나오지 않을 때에는 냉소적인 교인이 된다. 냉소적 교인이 되어서도 여전히 교회에 열심히 출석하고 사도신조를 암송하지만, 믿음은 더 이상 진실로 받아들여지지 않는다. 아마도 그 믿음의 언어들이 너무 친숙했기 때문일 것이다. 그들은 어린이들이 "예수 사랑하심은"(Jesus Loves Me)이란 찬송을 부를 때, 왜 그것이 자신들에게 아무런 느낌을 주지 않는지 답답해한다. 그들은 호텔에 놓여 있는 성경을 펼쳐들고 기드온 이야기를 읽을 수 있지만, 그 이야기가 매일의 삶에 영향을 주지는 않는다. 하나님은 언젠가 무척 친했던 친구일 뿐이다.

냉소적인 교인은 제임스 파울러의 네 번째 단계, 개별적-반성적 단계(individuative-reflective stage)에 속해 있는데, 이 단계에서는 어떤 위기나 상처 입는 사건이 닥칠 때 유산으로 물려받은 신앙에서 모순점을 발견하게 된다는 것이다. [10] 대학 시절일 수도 있고, 비극적인 죽음이나 이혼의 시기에 경험할 수도 있다. 당연시해왔던 믿음이 흔들려서 그 믿음에 대해 재고하든가 아니면 아예 버리는 경우도 발생한다. 냉소적 교인이 개혁적 교인이 되거나 반대로 헌신적 교인이 되기도 한다. 바로 그때 그들

---

10) 위의 책, 174-83.

은 완전히 새로운 방식으로 믿음의 언어를 듣게 된다. 이때 제임스 파울러의 세 번째 단계인 종합적-인습적(synthetic-conventional) 단계에 있는 사람보다 더욱 깊은 차원으로 믿음의 언어의 의미를 받아들인다. 아우구스티누스의『고백록』을 보면 더욱 확실해진다. 그리고 보면 이런 교인에게 믿음의 언어는 그렇게 익숙한 것만은 아니다. 변화란 항상 그렇게 급진적으로 오지 않는다. 절제되지 않은 자기 의에 대한 것만을 들어온 교인들 앞에서 설교자는 믿음의 교리를 올바로 해석해서 전해야 할 새로운 도전에 임하게 된다.

믿음의 언어는 결국 소수의 신실한 교인에게만 익숙하다는 것을 알 수 있다. 왜냐하면 그들은 지적으로, 영적으로, 도덕적으로 계속 성장하고 있고, 그리스도인으로서의 삶의 새로운 가능성을 계속 찾고 있기 때문이다. 그들은 물려받은 신앙을 가지고 안일하게 앉아있는 것도 아니고, 그렇다고 해서 자기 의에 도취될 수 있는 상황에 대해 질문하고 도전하는 것도 아닌 상태로 있다. [11]

지금까지 언급한 다양한 계층의 교인들에게 교리를 설교할 경우, 설교자들에게 다음 세 가지 기회가 주어진다. (1) 유산으로 물려받은 신앙을 가진 교인들에게 교리를 새로운 의미로 바라보게 할 수 있다는 점, (2) 회

---

11) 비록 이들이 제임스 파울러의 다섯 번째 단계에 접근하고 있지만, 나는 다른 방식으로 말하고 싶다. 나는 파울러의 이론에서 기록하거나 이해하기 가장 어려운 단계가 다섯 번째와 여섯 번째라고 생각한다. 그 둘 사이의 구분에서 모호한 점이 있다. 또 다른 곳에서도 문제점이 발견된다. 예를 들면, Craig Dykstra, *Vision and Character: A Christian Educator's Alternative to Kohlberg* (Ramsey, J. J.: Paulist Press, 1981)를 보라. 대체로 파울러는 종교적 경험의 현상에 대해 적절한 설명을 하고 있다.

의적 신앙을 가진 교인들에게 그들의 영적 상처를 치유하고 그리스도에 대한 더 깊은 신앙으로 나아갈 수 있도록 도울 수 있다는 점, (3) 소수의 신실한 교인들의 믿음이 계속 성장할 수 있도록 도울 수 있다는 점.

이러한 기회를 부여잡고 그것을 극대화하기 위해서 설교자는 신학적 언어를 어떻게 사용해야할 것인가?

설교 형식(Matter of Style)보다 중요한 것

신학적 언어는 다른 외국어처럼 습득해야 할 대상이다. 이 점에 있어서 신학적 언어는 과학자에게 있어서 공학 용어, 의사에게 있어서 의학 용어, 변호사에게 있어서 법률 용어와 다를 바 없다. 신앙인의 언어는 신학적 언어다. 어떤 사람은 그것을 세상이 말하는 방식을 의미하는 바벨론의 언어와 구별하여 가나안의 언어(language of Canaan)라고 부른다. [12]

설교자에게 주어진 과제는 이것이다. '어떻게 신학적 언어를 설교할 수 있는가?' 보다 자세히 말하면, '어떻게 기독교 교리를 사용하여 그리스도를 설교할 수 있는가?'이다.

20세기의 유명한 신학자 세 사람, 즉 칼 바르트, 폴 틸리히, 에밀 부르너는 다른 방식으로 이 질문에 접근했다. 칼 바르트는 교리를 설명할 때

---

12) Ian Pitt-Watson, *Preaching: A Kind of Folly* (Philadelphia: Westminster Press, 1976).

바벨론 언어를 전혀 사용하지 않는 방법을 사용했다. 첫째, 바르트는 "설교는 하나님 자신의 말씀이다" [13]라고 말하면서, 설교할 때 하나님이 친히 말씀하신다는 점을 분명히 한다. "또 다시 강조하지만 설교는 계시에 설교자가 어떤 것을 덧붙이는 시도가 아니다"라고 쓰기도 했다. [14] 둘째, 자연신학에 대한 바르트의 혐오는 그로 하여금 번역하려는 시도에 등을 돌리게 만들었다. 실제로 바르트는 설교자가 자기 자신의 경험을 가지고 계시를 설명하려 해서는 안 된다고 주장했다. [15] 어떤 사람은 교리 설교는 지루하고, 추상적이며, 기계적이 될 수 있다고 생각한다. 하지만 그렇지 않다. 바르트의 경우가 그 경우다. 그는 하나님의 말씀을 설교했지만, 신학 강연처럼 생명력 없고 사변적인 설교가 아니었다. 바르트의 설교는 복음의 활력이 넘치고, 인간의 죄에 대한 비극과 열정을 담고 있으며, 하나님의 놀라운 은혜의 은총을 표현하고 있다. 놀라운 것은 이런 설교를 기독교 교리의 단어만을 사용해서 설교했다는 점이다! 바르트가 설교자의 과제에 대해 얼마나 세심하게 설명하고 있는지 다음의 글을 보면 알 수 있다.

> 설교자는 강단에서 외국인이 말하는 것처럼 가장하기보다 자신에게 맞는 언어로 자연스럽게 설교해야 한다. 성경의 단어나 시

---

13) Karl Barth, *The Preaching of the Gospel,* trans, B. E. Hooke (Philadelphia: Westminster Press, 1963), 54.
14) 위의 책, 21.
15) Karl Barth, *Prayer and Preaching* (London: SCM Press, 1964), 100.

적 언어를 감명 깊은 어조로 전한다고 해도 그것이 설교자의 과제를 제대로 수행했다고 말할 수 없다.

설교자는 단순하게 말할 수 있어야 한다. 설교자는 성경이 인도하는 길을 따라 걸으면서 그 안의 어떤 것들을 있는 그대로 볼 수 있어야 한다. 이것은 별로 중요하지 않은 교리적 학식을 나열하는 것으로부터 성경의 사건들을 보호하는 방법이다. 기독교 진리는 매일의 삶 속에 있을 때 항상 새로운 것이다. [16]

바르트 자신의 설교들이 가장 좋은 예다. 그는 복음을 해석할 때 언어를 바꾸지 않았다. 바르트는 확실히 어떻게 설교해야 할지 알고 있었다. 그의 설교에는 하나님의 무한한 은총이 넘쳐흐른다.

폴 틸리히의 접근은 이와 현저히 다르다. 그는 20세기의 사고방식의 심리 치료적 방식에 부응하는 언어를 사용했다. 그러므로 그에게 죄(sin)는 소외(estrangement)이고, 구원(salvation)은 치유(healing)였다. 새로운 존재로서 그리스도는 "그리스도 자신이 소외되지 않았기 때문에 소외를 극복하는 치유적 힘이다." [17] 틸리히의 설교집, 『흔들리는 터전』, 『새로운 존재』, 『영원한 지금』(이상 뉴라이프스타일 역간)에 있는 그의 설교들을 보면 강단으로부터 현대 문화를 향해 신학적 언어를 잘 변화시키기 위해 어떻게 노력했는지 쉽게 알 수 있다. 그가 이렇게 지속적으로 노력한 것은 교

---

16) Barth, *The Preaching of the Gospel*, 52.
17) Paul Tillich, *Theology of Culture* (New York and London: Oxford University Press, 1972, 『문화의 신학』, 대한기독교서회 역간), 212.

인들 중에는 소수의 헌신적 교인보다 문화적 교인, 관망하는 교인, 냉소적 교인, 낙심했던 교인들이 더욱 많다고 생각했기 때문이다. 그가 볼 때 이러한 교인들은 주문처럼 들리는 신학적 언어를 이해하지 못하고 있을 뿐더러 결코 이해할 수도 없다.

틸리히의 노력에 대해 이의를 제기할 사람은 없을 것이다. 그의 설교는 매우 설득력이 있기 때문이다. 그러나 그 접근방법에는 다음과 같은 하나의 문제가 있다. 더욱 상황에 맞는다고 해서 선택한 언어가 적실성 (relevance)을 잃게 될 때 또는 그럼에도 이해하지 못하는 교인이 있을 때는 어떻게 되는가? 틸리히는 교리에 대해서는 별도로 다른 언어를 사용하지 않았다. 죄는 여전히 죄다. 하지만 동시에 교리적 설교를 위한 모델로 교리를 멋지게 비유했다.

에밀 브루너는 바르트와 틸리히의 중간노선을 취했다. 그는 바르트처럼 수세기 동안 사용해왔던 신학적 언어를 그대로 유지하고 싶어 했다. 그러면서도 틸리히처럼 그 언어가 인간 경험의 상황에서 들려지도록 해석하는 방법을 추구했다. 이러한 작업을 그의 유명한 "접촉점"(point of contact)의 견지—하나님의 형상이 죄악된 인간성에 남아있고 선포된 말씀을 들을 수 있는 가능성을 열어주는 접촉점이 된다—에서 수행했다. 브루너와 함께 이안 핏왓슨(Ian Pitt-Watson)은 설교자들이 신학적 언어를 살려내기 위해서 개인 상호 간의 경험과 교인의 도덕적 의식을 추구해야 한다고 주장했다. [18] 교리 설교에서 교리의 명칭 자체를 자꾸 반복해서 말하지 않도록 경계할 필요가 있는 것이다.

교인 상호간의 경험을 추구해가는 것이 어떤 설교자에게는 약간 모호하고 신비한 경험처럼 들릴 수 있다. 교인을 분석하는 방법으로는 목회자가 규칙적으로 교인들을 대면하는 방법이 있을 수 있는데, 어떻게 다른 사람의 경험을 살피고 그것을 설교에 적용할 것인가에 대해서는 여전히 과제로 남는다.

나는 핏왓슨이 말한 교인의 공통 경험이 도움이 될 것이라고 생각한다. 모든 교리의 근저에는 교인의 공통 경험이 있다. 오랜 시간이 지나면서 하나의 이름, 즉 교리로 형성되는데, 예를 들면 '죄', '성화', '중생' 등이 바로 그것이다. 교리는 하늘에서 떨어지는 것도 아니고, 어떤 한 사람 또는 한 신앙 공동체, 또는 종교개혁이나 초대교회와 같은 한 시대의 감정적 도취로 형성되는 것이 아니다. 교리는 오랜 세월을 거쳐 형성되어 온 것이다.

설교자들이 해야 할 책임은 교리를 형성케 했던 경험을 이해하는 방법들을 찾고, 교인들이 그 경험을 지적으로, 영적으로, 도덕적으로 되살리는 일을 돕는 일이다. 책임감 있는 신학자들은 항상 이러한 과제를 인식한다. 아우구스티누스, 루터, 칼빈, 에드워즈, 슐라이어마허를 살펴보면, 그들은 항상 신학적 개념과 인간 경험 사이의 접촉점을 짚어주고, 기

---

18) Pitt-Watson, *Preaching*, 37-40.

독교 교리가 그리스도인 개개인의 삶에 영향을 미치도록 했다. 존 스미스(John Smith)는 기독교에서 인간 경험을 강조하는 것은 매우 중요한 것으로 생각했는데, 그 이유는 기독교에서 하나님은 인간의 몸을 입고 역사로 들어오셨지 개념이나 철학으로 들어온 것이 아니기 때문이라는 것이다. 그리스도는 진공 상태에서 시작된 것이 아니다. 그리스도는 말씀이 육신이 되어 우리 가운데 거하신 분이다. 스미스는 그리스도 사건을 의미하는 교리들을 이해할 수 있는 유일한 방법은 인간 경험 안에서 그와 비슷한 것을 발견함으로서 가능하다고 강조한다. [19]

더 나아가 스미스는 주장하기를 설교자들은 교리를 설교할 때 과학자가 사실적 질문에 대한 응답으로 사실적 정보를 주는 것처럼 교인들에게 진리를 단순히 전하는 것이 아니라고 한다. 오히려 "다른 것을 제시함으로써 진리를 보고, 이해하고, 깨달을 수 있도록 하는 것이다…목표는 교인들로 하여금 '대화를 통해서'(converse with) 설교자가 믿는 바를 자신들이 직접 볼 수 있는 가능성을 여는 것이다." [20]

이제 다시 처음으로 돌아가 보자. 교리 설교에는 단지 겉으로 느낄 수 있는 교리에 대한 이해 이상의 것, 즉 교리를 형성한 공통 경험이 있는데, 그것을 어떻게 전할 수 있을까? 크래독은 단순히 정보를 주는 것이 아니라 간접적인 커뮤니케이션 방법으로, 곧 교인 안에서부터 능력과 행동을 이끌어내는 방법으로 전할 수 있다고 생각했다. 책의 경우에는 글을 통

---

19) John Smith, *The Analogy of Experience* (New York: Harper & Row, 1973), xi-xx.
20) 위의 책

해서 우리 자신의 경험과 관련시켜주는 거리와 공간을 제공하는 것처럼, 설교의 경우에 말을 통해서 그렇게 할 수 있다. [21] 나는 조지 버트릭의 설교를 들은 적이 있는데, 주제가 '화성인에게 기독교 예배에 대해서 어떻게 말해야 하는가'였다. 처음 들을 때는 어떻게 저런 설교가 있을까 의아해 했는데, 끝날 즈음에는 그 교리 설교를 '엿듣고'(overhear) 있었고, 그 내용에 빠져들어 있다는 것을 깨달았다. 귀 기울여 듣는 기회를 주는 설교는 교인들에게 복음을 더 깊은 차원으로 이끄는 여유와 기회를 제공한다.

틸리히는 교리를 뒷받침하는 공통 경험을 설교하는 것에 대한 질문에 답변하면서, 설교자 부분에 속하는 "정체성"과 "참여"를 제안한다. "복음을 전달하는 설교자는 교인(the other)을 이해해야 합니다. 설교자는 어쨌든 교인의 실존에 참여해야 합니다…설교자가 그들의 관심에 참여할 수 있는 방법은 겸손이 아니라 나눔뿐입니다." [22] 한 젊은 부인은 제3자(another)에 대해서 말하기를, "나는 내가 어디 있는지 그녀가 알기 때문에 그녀에게 말할 수 있다"고 했다. 설교에서 제3자(another)가 어디에 있는지 아는 것은 두 가지, 곧 회중 가운데 속한 개개인이 무엇을 경험하고 있는지 아는 것과 기독교 교리로 규정된 보편적인 인간 경험들도 아는 것을 의미한다.

만일 교리가 하나님의 행위에 대한 교회의 응답이며 추상적 명사에 담긴 하나님의 행위에 대한 교회의 경험이라면, 설교자로서의 책임은

---

21) Craddock, *Overhearing the Gospel.*
22) Tillich, *Theology of Culture*, 202, 207.

추상적 명사 안에서 말라붙은 하나님의 행위의 피(blood)를 회복하는 방법들을 찾는 것이다. 설교자가 속죄 또는 은혜에 대해 설교할 때 교인들이 마음에 어떤 그림을 그릴 것으로 기대하는가? 에드먼드 스타임리(Edmund Steimle)는 추상개념(abstraction)을 행위(action)로 해석해야 한다고 주장한다. "하나님은 지금 이곳에서 활동하신다." 어떤 것이 단지 말로 끝나는 것이 아니라 행해진다. [23] 교리는 삶으로 이어져야 한다. 성경의 비유와 이야기를 보면 알 수 있다. 곳곳에서 교리적 추상 개념에 극적인 모습이 더해진다. 하나님은 우리에게 교의(dogma)로 오신 것이 아니라 행위(action)로 오셨다. 하나님은 명제(proposition)가 아니라 말구유에 오셨다. 하나님은 결론(conclusion)이 아니라 십자가에 달리셨다.

스타임리에 의하면 설교자는 믿음을 설명하는 것이 아니라 믿음을 이끌어낸다! 다시 말하면 설교자는 교리를 뒷받침하는 경험을 극대화하는 은유적 언어와 이야기를 사용함으로써 교인들에게 살아계신 하나님을 드러낸다. 설교자는 하나님을 설명하는 것이 아니라, 교인들이 하나님을 만날 수 있는 기회를 제공한다. 설교는 하나님과 교인의 만남을 주선한다. 믿음에 대해 설교하는 것이 아니라 믿음으로 이끄는 것이다. [24] 언어를 통해서 이러한 믿음이 교인들의 의식 속에 일어나도록 기회를 만든다.

예를 들면, 논리학을 주제로 한 책이 최초로 어떤 것에 정의를 내리는 방식을 생각해보자. 발견, 가리킴, 명명(definition), 즉 어떤 사람이 최초

---

23) Edmund Steimle, "The Preached Word in Action" (강의 녹음, 1960).
24) 위의 책

로 한 동물을 발견하고, 가리키며, '개'(dog)라고 부른다. 많은 사람들이 그 이름을 부르게 되면, 그것은 공통 경험이 된다. 오늘날 우리가 베토벤 교향곡을 듣고 그 곡을 걸작이라고 말하는 것처럼, 여전히 공통 경험을 가리켜 명명한다. 메릴 애비(Merrill Abbey)가 지적한 것처럼, 이를 위해 우리는 다시 그 음악을 듣고 공통 경험을 확인해야 한다. 그렇게 함으로써 이 베토벤 작품이 왜 걸작인지, 음악 이론가들이 그렇게 생각하는 이유는 무엇인지, 그리고 어떤 차이가 있는지 충분히 이해할 수 있기 때문이다. [25]

물론 기독교 교리들은 개를 명명할 때나 어떤 음악을 걸작으로 결정할 때처럼 그렇게 구체적이지 않다. 그러나 설교자가 교리를 설교할 때, 다음과 같이 지칭하여 말한다. "자, 바로 이것이 창조 교리입니다." 어떤 사람은 다음과 같이 주장할 수 있다. 너무 지나치게 확실히 가리키기(pointing)때문에, 만일 은유적 언어를 적절히 사용하고 교인의 이야기를 성경 이야기 속에서 볼 수 있도록 도와주었더라면 교리는 더 잘 드러날 수 있을 것이라고 말이다.

그러나 나는 어느 정도의 "가리킴"(pointing)은 필수적이라고 생각한다. 특별히 문화적 교인, 방관하는 교인, 냉소적 교인, 낙심했던 교인들은 잘 빚어지고 복잡 미묘한 이야기 설교의 미세한 차이를 잡아내지 못하기 때문에 더욱 필요하다. 이러한 '가리킴'은 다음과 같이 설교 구조에

---

25) Merrill R. Abbey, *Living Doctrine in a Vital Pulpit* (Nashville: Abingdon Press, 1964), 59.

대한 여러 다른 접근들을 통해서 일어난다. (1) 고전적 요점 방식으로서, 설교자는 이렇게 시작한다. "오늘날을 위한 교리는…." 그러고는 그 다음 요점으로 쉽게 나눈다. 이 방법의 위험은 효과적인 예화가 없다면, 설명으로 끝날 수 있다는 것이다. (2) '가리킴'은 설교자가 잘못 이해하고 있는 교리와 그로부터 비롯된 갈등 상황에서 그 교리를 더 깊이 이해하려고 시도할 때 일어난다. 이렇게 하기 위해서는 설교 중간중간에 교리를 언급하고 예화를 삽입해야 한다(한 아이가 어둠 속에서 울고 있을 때, 어머니가 어둔 방에 들어와서 그 아이를 팔로 껴안으며 말하기를, "괜찮아, 괜찮아, 엄마가 여기 있잖아"라고 말한, 성육신 교리에 대한 월터 브루그만의 예화가 그 예다). (3) 설교자는 칭의 같은 교리를 표현하면서, 설교가 끝날 때까지 칭의라는 단어를 사용하지 않으면서 더 은유적 방법을 사용할 수 있다. 이 경우는 로마서 5:1-5을 본문으로 하는 설교에서 사용될 수 있다. 이 구절이 개정표준역본(RSV)에는 "믿음으로 의롭게 되다"(justified by faith)인데 현대인의 성경(Today's English Version)에는 "하나님과 바른 관계를 맺다"(being right with God)로 번역되어 있는 것과 같다. 이 설교에서 설교자는 가족과 사회와 하나님과의 관계에서 의로움(rightness)의 차원은 물론 "하나님과 의로움을 얻어"(get right with God)야 하는 언급의 문제를 탐구했다. 설교자는 또한 교인을 옳게 만드는 방법이라면 무엇이든지 시도해야 한다고 생각하고 있지만, 바울이 말하고 있는 것은 교인들은 "의로워질"(get right) 필요가 없다는 것을 말하고 있다고 주장했다. 그들은 이미 하나님으로부터 의롭다함을 입었기 때문이다. 그 설교의 마지막 문장은 다음과 같다. "그러므로 우리가 믿음으로 의롭다 하심을 받았으니 우리 주 예수 그리스도로 말미암아 하나님과 화평을 누립시다. 바로 이것이 의롭다함을 받는 것을 의미합니다. 하나님께 감사합시다."

교리 설교에서 교리를 효율적으로 강조하기 위한 가장 좋은 방법 중의 하나는 교리를 뒷받침할 이미지를 사용하는 것이다. 이 이미지를 사용함으로써 교리를 삶으로 이끌 수 있다. 이 점에 관해 데이비드 버트릭은 다음과 같이 말한다.

> 신학적 방법은 보통 사람들이 늘 가지고 있는 시각을 사용하는 이미지, 은유, 상징, 꿈, 자기의식을 뛰어 넘는다. 그들은 이미지, 은유, 상징보다는 개념적 선언문을 만든다. 이것이 인지적 환원행위(reduction)다. 그러나 설교학자는 조직 신학자와 반대다. 그 역시 신학적 선언과 훌륭한 실제적 경험의 관계에 크게 관심을 갖지만, 그것을 어느 정도까지 확대하여 표현할지에 더욱 관심을 갖는다. 믿음이란 개념을 놓고 보자. 그것을 어떻게 이미지로 표현할까? 어떤 은유적 표현이 있을까? 믿음이란 추상적 언어를 생생한 경험으로 받아들이도록 하기 위해 어떤 상징과 꿈 이야기와 리듬을 사용할 수 있을까? 설교학자는 믿음을 새롭게 이미지로 표현하는 역(逆) 조직 신학자(reverse theologian)이다.

> 당신은 속죄의 교리를 현대 교인들에게 어떻게 말하겠는가? 희생 제사에 대해 어떻게 말하겠는가? 최근 어린양을 잡아보았는가? 노예에 대해 설교할 수 있는가? 노예를 구입한 적이 있는가? 이러

한 옛 이미지들은 더 이상 사용할 수 없다. 그러면 새로운 이미지들은 어떤 기준에서 결정하는가? 믿음에 대해서 어떤 이미지를 사용하겠는가?[26]

설교자는 이미 있는 교리들을 새로운 이미지로 표현하고자 노력하는 "역(逆) 조직 신학자"(reverse theologian)이다. 설교자는 언어를 바꾸는 것이 아니라, 그 언어를 표현하는 이미지를 바꾸는 것이다. 그 이미지들은 교인들로 하여금 경험을 바라보도록 돕는다. 바로 이것이 스타임리가 언어그림(word pictures)에 대해서 말하면서 강조한 바다. 설교학적 문제의 도표는 다음과 같다.

교 리	속 죄	섭 리
신학적 언어	하나님의 희생적 사랑	하나님의 지속적인 돌보심과 지도
이미지	값을 주고 산 어린양	요셉과 그의 형제들
경 험	새로운 삶이 주어짐	하나님의 돌보심을 신뢰하기

요셉과 그의 형제들의 이야기처럼 친근하고 강력한 성서적 이미지들은 교리를 뒷받침하는 경험들을 설정하려는 시도에 여전히 효과적이다.

---

26) David G. Buttrick, "Homiletics and Rhetoric"(피츠버그 신학대학원에서 한 강의, 16 April 1979).

그러나 버트릭이 언급한 새로운 이미지들은 어디 있는가? 나는 그것들을 다음 두 군데 중 한 군데서 발견할 수 있다고 생각한다. (1) 신학자들의 저술, (2) 문헌, 특히 시, 연극, 소설. TV 프로그램이나 영화라고 하는 이들도 있을 것이다. 속죄 뒤에 있는 새로운 이미지들은 유진 로젠스탁 휴시(Eugen Rosenstock-Huessy)의 십자가에 대한 묘사―우리 존재의 영속적인 고통의 뜻을 이해하는 십자가―에서 발견될 수도 있다. [27] 한스 큉 또한 현 시대를 위한 십자가의 의미에 대한 분석에서 고통의 이미지에 대해 언급한다. [28] 그것은 아마도 위르겐 몰트만이 말하는 십자가에 달리신 하나님의 고통스런 희생제사일 것이다. [29] 또는 그레이엄 그린(Graham Green)의 『권능과 영광』(The Power and the Glory)이라고 말할 수 있다. 수많은 소설과 연극들이 희생제사를 주제로 다루고 있으며, 현대 인간성의 의미를 다루고 있다. [30]

---

27) Eugen Rosenstock-Huessy, *The Christian Future* (New York" Harper & Row, 1966), 166.
28) Hans Küng, *On Being a Christian*, trans. Edward Quinn (New York: Doubleday & Co., 1976), 576-81.
29) Jürgen Moltmann, The Crucified God (New York: Harper & Row, 1973).
30) 로버트 하워드 클라우젠(Robert Howard Clausen)은 아서 밀러(Arthur Miller)의 *After the Fall*과 *The Price*, 존 제임스 오스본(John James Osborne)의 *Inadmissible Evidence*, 에드워드 앨비(Edward Albee)의 *A Delicate Balance*, 프랭크 길로이(Frank D. Gilroy)의 *The Subject Was Roses*와 유진 이오네스코(Eugene Ionesco)의 *Exit the King in The Cross* in the *Cries of Human Need* (Minneapolis: Augsburg Publishing House, 1973)를 통해 그러한 주제들을 다루고 있다.

설명과 환기(Evocation)

교리 설교를 위한 또 다른 접근은 설교학적 차이를 직선적으로 그려서 표시할 수 있다. 한쪽 끝에는 이야기 설교(narrative sermon)가 있고, 다른 쪽 끝에는 교훈적 설교(teaching sermon)가 있다. 이야기 설교는 설명 대신, 청중의 마음 속에서 교리의 의미를 드러낼 경험을 일으켜줄 시적 이미지의 사용을 추구한다. 교훈적 설교는 모든 것을 설명하려는 설교다. 종교적 스피치의 다양한 형태에 대한 슐라이어마허의 분석은 이런 도표를 분명히 하는 데 도움을 줄 수 있다. 그는 시적인 것(the poetic), 수사적인 것(the rhetorical), 교훈적인 것(the didactic) 사이를 구별했다. 시적인 형태에서 설교자는 "교인 각자가 자기만의 방식으로 완성한 이미지와 형식들을" 창조한다. 이것 때문에 설교자는 교인의 마음과 영혼에 일어나는 실제적 경험에 덜 좌우된다. 스피치의 수사적 형식은 설명이 덜하고 보다 자극을 줌으로써 "특별히 확실한 결과"를 추구한다. 교훈적 형식은 가장 명료한 방법으로서, 신자들을 교육할 때 교리적인 명제들을 제공하는 데 사용된다. [31]

만일 교훈적 형식의 목적이 지적 가르침이고, 시적 형식의 목적은 정적인 교감, 수사적 가르침의 목적이 의지적 결단이라면, 그리고 이 세 가지 목적이 설교에서 모두 중요하다면, 이 세 가지 형식은 모두 교리적 설

---

31) Friedrich Schleiermacher, *The Christian Faith* (Philadelphia: Fortress Press,1976; Edinburgh: T.& T. Clark, 1968, 『기독교 신앙』, 한길사 역간), 78-79.

교에서 사용되어야 한다. 에드워즈가 자신의 설교에서 청교도의 단순 형식을 사용한 것은 확실히 이러한 조합에 대한 가장 좋은 예가 된다(다음 장에서 이것에 대해 자세히 다룰 것이다).

설교의 차이를 직선적으로 표시하면 다음과 같다. 신학적 언어가 교리적 설교에 사용되어온 다양한 방법들을 보여준다.

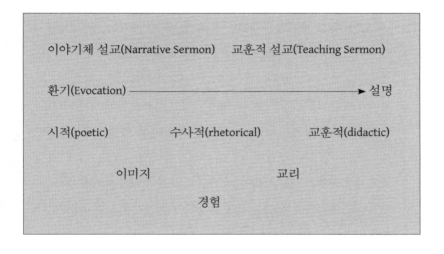

교리적 설교가 신학적 언어를 그렇게 진지하게 사용하는 이유는 교리가 지금까지 교회를 세워온 단어들로 구성되어 있기 때문이다. 이안 램지(Ian Ramsey)가 말한 대로, "'칭의'라는 단어는 기독교인들이 목숨을 걸고 지키려 했고, 많은 개혁자들이 죽으면서까지 지켜왔던 것이다."[32] 이

32) Ian Ramsey, *Religious Language* (New York: Macmillan Co.; London: SCM Press, 1957), 180.

런 교리들을 설교하지 않고서 영적인 소생이나 도덕적이고 영적인 성장을 기대할 수는 없을 것이다. 교리들은 언제나 그리스도를 가리키고 있기 때문이다.

더 생각할 문제

1. 위의 글을 읽고 교인들이 주일 아침 예배드릴 때 가지고 오는 질문을 정확히 파악하고 있는 신학자들이 누구인지 다시 살펴보라.

2. 교리에 대한 바르트적인 설교와 틸리히적인 설교를 읽고, 당신이라면 신학적 언어를 어떻게 사용할지, 그리고 어떤 교리를 택할지 생각해보라.

3. 죄에 대한 교리를 예로 들어서, 당신이 이 주제에 대해 오해한 데서부터, 부딪치고, 결국 깊은 이해를 갖게 되는 과정을 정리하고, 설교를 작성해보라.

4. 창조에 대한 교리를 예로 들어서, 신학적 언어와 그 뒤에 놓여있는 옛 이미지와 새 이미지를 고찰해보라.

5. 로버트슨의 설교 "거울에 담긴 수수께끼"(부록 참조)를 읽고 그가 특별한 교리를 설교하기 위해서 사용한 여러 가지 이미지들을 찾아보라

더 읽어볼 자료

Andrew W. Blackwood, *Doctrinal Preaching for Today*. Grand Rapids: Baker Book House, 1975: 17-38, 184-96.

Elizabeth Actemeier, *Creative Preaching*. Nashville: Abingdon Press, 1980: 97-103.

Gerhard Ebeling, *Introduction to a Theological Theory of Language*. Philadelphia: Fortress Press, 1973: 15-80.

Ian Pitt-Watson, *Preaching: A Kind of Folly*. Philadelphia: Westminster Press, 1976: 51-63.

Ian Ramsey, *Religious Language*. London: SCM Press, 1957: 151-86.

John Smith, *The Analogy of Experience*. New York: Harper & Row, 1973.

Merrill R. Abbey, *Living Doctrine in a Vital Pulpit*. Nashville: Abingdon Press, 1962:52-70.

Robert W. Funk, *Language, Hermeneutic, and Word of God*. New York : Harper & Row, 1966:72-122.

Ronald E. Sleeth, *Proclaiming the Word*. Nashville: Abingdon Press, 1964: 72-73, 77-81.

Thomas Fawcett, *The Symbolic Language of Religion*. Minneapolis: Augsburg Publishing House, 1971: 13-68.

3장

교리와 성경

제임스 스튜어트(James Stewart)는 1950년대 설교학 강의에서 성경적 교리 설교에 대해 언급했다. 거기서 그는 고린도전서 1:22-24을 본문으로 하는 설교의 가능성과 문제점들을 토의했다. 스튜어트는 이 본문에서 십자가 교리에 대한 설교를 할 수 있는 좋은 기회를 가질 수 있다고 했다. "유대인은 표적을 구하고 헬라인은 지혜를 찾으나 우리는 십자가에 못 박힌 그리스도를 전하니 유대인에게는 거리끼는 것이요 이방인에게는 미련한 것이로되"(22-23절). 그는 바로 이런 본문이 기본적으로 강해 설교이면서 교회의 중대한 교리를 제시할 수 있다고 역설했다.

어느 목회자가 교리 설교에 대해 질문하자, 스튜어트 교수는 다음과 같이 대답했다. "가장 좋은 교리 설교는 본문 자체에 충실한 주해적 방법으로 전개되는 설교입니다." [1] 이것은 전통적인 개신교적 답변인데, 교리 설교의 가능성을 어떤 성경 본문 상황 안에서 진지하게 고찰하는 방식이다.

유명한 두 개신교 목사, 도널드 밀러(Donald G. Miller)와 앤드류 블랙우드(Andrew Blackwood)도 성경적 교리 설교(preaching scriptural doctrine)의 중요성에 대해 이와 비슷한 용어로 말한다. [2] 도널드 밀러는 로마서 8:28-39에 있는 승리에 대한 바울의 긴 연설에서 그렇게 이야기하고 있다. 여기에서 그는 다음과 같은 교리를 발견한다. (1) 하나님의 사랑, (2) 속죄, (3) 섭리, (4) 그리스도의 신성. 이 교리들은 모두 (5) 성도의 보호라는 맥락 안에 놓여있다. 물론 밀러는 이 모든 교리를 한 편의 설교에 담거나 한 교리만 설교하지는 않았을 것이다. 그러나 중요한 것은 성경적 교리 설교는 기독교 설교의 정통적(legitimate)형식이라는 점이다.

성경 본문을 중심으로 출발한 교리 설교는 대부분 개신교의 정통적 방법일 뿐 아니라, 어떤 교단에서는 절대적인 방법이다. 앞서 언급한 대로 설교의 출발점으로 본문(text), 교리, 그리고 이슈(질문이나 교회나 사회의 선언문), 이 세 가지가 있다. 개혁주의 전통, 루터파 전통, 재침례파 전통은 특별히 교리 설교에서 본문으로 시작하는 경향이 있고, 화란 개혁교

---

1) James S. Stewart, "Expository Preaching," *Preaching from Doctrine* (버지니아 주 유니온 신학대학원에서 한 강의, August 1955).

2) Andrew W. Blackwood, *Doctrinal Preaching for Today* (Grand Rapids: Baker Book House, 1975), 125과 Donald G. Miller, *The Way to Biblical Preaching* (Nashville: Abingdon Press, 1957), 72-75.

회 같이 신조를 설교하는 교단이나 로마 가톨릭교회는 교리로 시작하는 경향이 있다. 그 밖에 또 다른 여러 교단은 이슈 중심으로 교리 설교를 시작한다. 미국 연합감리교회(UMC)와 회중교회 계열의 연합그리스도교회(United Church of Christ)는 이 세 가지를 고루 사용한다고 볼 수 있는데, 이 그룹에 미국 여러 장로교회들도 포함시킬 수 있다.

제2차 바티칸 공의회 이래로 로마 가톨릭교회 안에서도 성경에 대한 관심이 커지고 있다. 레이먼드 브라운(Raymond Brown), 조지프 피츠마이어(Joseph Fitzmyer), 롤런드 머피(Roland Murphy) 같은 학자들의 훌륭한 업적은 에큐메니칼 운동의 특징인 성서정과(lectionary)를 따라 설교하는 것에 대한 강조와 함께 소개되었는데, 이러한 작업은 성경을 가톨릭교회의 전면으로 가져오는 계기가 되었다. 따라서 이런 관심의 변화가 적어도 교리 설교에 있어서는 가톨릭교회가 개신교회에 더 가까이 오게 되었다고 할 수 있다. 그러나 전통적으로 가톨릭교회의 설교자들은 교리로 설교를 시작해왔고, 대다수는 여전히 그런 경향이 있다.

교리 설교를 성경 본문으로부터 시작함으로써 나는 에밀 부르너가 교리의 세 가지 근원을 자리매김하는 데 사용한 순서를 바꾸었다. 부르너가 제시한 순서는 논쟁적 요소, 교리문답적 요소, 그리고 주석적 요소인데, 이 순서는 아우구스티누스의 『기독교 교육론』(*De doctrina Christiana*, 크리스챤다제스트 역간)과 필립 멜란히톤의 『신학총론』(크리스챤다이제스트 역간. 영어 원문은 *Loci communes*의 영역본인 *Dogmatics*를 가리키고 있다—편집자주)에서도 볼 수 있다. [3] 브루너가 말하는 이 순서들은 교리를 위한 중요도 순서대로 배열한 것이다. 나는 이것을 설교를 위한 중요도 순서대로 다음과 같이 재배열하고자 한다. 즉, 주석적 요소, 교리문답적 요소와 논쟁적 요소, 그리고 변증적 요소다. 이러한 순서를 통해 나는 바람직한 교리 설교를 만드는 세 가지 방법을 설명하려고 하였다.

무엇보다도 성경 본문으로 교리 설교를 시작하는 것을 강조하고 싶은데, 대부분의 설교자들이 이렇게 설교를 시작하는 것은 다음 두 가지 이유 때문이라고 생각한다. (1) 성경 본문으로 시작할 때 설교자들로 하여금 예수 그리스도 안에 있는 하나님의 계시에 대한 1차 증거에 가까이 있다는 확신을 갖게 한다. 모든 설교는 이 증거에 기초해야 한다. 1차 증거에 기반을 두는 방법 중 성경 본문으로 시작하는 것보다 더 좋은 방법은 없다. 또 설교자 자신의 사견으로 빠지는 위험을 피하기 위해서 이보다 더 좋은 방법은 없다. 성경으로 시작하는 것이 현재 많은 교회에서 발견되는 것처럼 목표를 벗어나는 설교가 되지 않을까 염려할 필요 없다. 진지한 주해적 작업이 전제가 된다면 그럴 가능성이 적어질 것이다. (2) 성경으로 시작하는 것은 교리나 이슈로 시작하는 것보다 쉽다. 논쟁적 요소나 교리문답적으로 시작하는 것은 엄청난 준비가 필요하다. 그래서 교리에서 이슈 단계로 넘어갈 때, 그 부담은 기하급수적으로 늘어난다. 따라서 매주일 교리와 이슈로 설교하는 것은 거의 불가능하다. 성경 본문

---

3) Emil Brunner, *The Christian Doctrine of God*, trans. Olive Wyon (Philadelphia: Westminster Press, 1950), 1:93-96.

으로 시작하는 설교에서 설교자가 준비해야하는 것은 본문 자체와 그 안에 담긴 교리뿐이다. 막연히 교리나 이슈를 먼저 다루는 것을 경계해야 한다.

성서 신학(Biblical Theology): 전통과 현대

성경 안에서 교리를 찾는 것은 결국 성서 신학적 과제다. 이 과제를 위해 성서 신학의 논쟁의 역사와 내용을 다시 되풀이할 필요는 없다. 브레바드 차일즈(Brevard S. Childs) 같은 학자들이 이미 도움이 될 만한 이런 작업을 철저히 했기 때문이다. [4]

우리는 영원한 진리들—교리적인 내용이 거의 없는 특별한 어느 한 구절—을 추구하는 성서 신학에 나타나는 위험과 함정을 알고 있다. 이는 19세기 자유주의의 의심스런 선물이다. 우리는 윌리엄 에번스(William Evans)와 벤저민 워필드(Warfield) 같은 이들이 쓴 "성경의 교리들"에 대한 책을 알고 있다. [5] 이 책들은 성경 본문들을 택해서 저자의 신학적 성향에 따른 제목 아래 정리해놓았는데, 성서 비평은 거의 고려하지 않았다. 이 책들

---

4) Brevard Childs, *Biblical Theology in Crisis* (Philadelphia: Westminster Press, 1970, 『성경신학의 위기』, 크리스챤다이제스트 역간).
5) William Evans, *The Great Doctrines of the Bible* (Chicago: The Bible Institute Colportage Association, 1912); Benjamin Breckinridge Warfield, *Biblical Doctrines* (New York: Oxford University Press, 1929).

은 주제별 연구서들인데, 주제 관련 본문들을 제공하지만 그 본문에 대한 역사적이고 문학적 상황에 대해서는 다루지 않았다. 루돌프 불트만, 밀라 버로우스(Millar Burrows), 발터 아이히로트(Walter Eichrodt), 게하르트 폰 라트 같은 성서 비평학자들은 신학적 주제를 연구하면서 성서 본문의 진정성에 대해 탐구한다. [6] 그런데 버로우스와 다른 학자들은 성경 이외의 자료들을 다루는 체계적 작업을 시도하지 않았다. 1940년대에서 1960년대의 성서 신학 운동에 대한 제임스 바(James Barr)의 비평은 살펴볼 만하다. [7] 제임스 바에 의하면 대표적인 성서 신학자들은 성서 비평은 진지하게 다루었지만, 정작 성서 본문 자체는 그렇게 진지하게 다루지 못했다고 한다. 그래서 차일즈(Childs)는 다음과 같이 말한다.

> 성경은 영원한 개념 모음집을 제공하기 위한 경전이나 바른 교리의 핸드북, 인간의 종교적 열망의 거울 역할을 하기 위한 것이 아니다.

성경을 자세히 읽으면 성경 자체가 인간론, 죄론, "종말"론과 같은

---

6) Rudolf Bultmann, *Theology of the New Testament*, trans. Kendrick Grobel (NewYork: Charles Scribners Sons, 1970『신약성서신학』, 성광문화사 역간); Millar Burrows, *An Outline of Biblical Theology* (Philadelphia: Westminster Press, 1956); Walter Eichrodt, *Theology of the Old Testament*, 2 vols. (Philadelphia: Westminster Press; London: SCM Press, 1961, 1967,『구약성서신학』, 크리스챤다이제스트 역간); Edmond Jacob, *Theology of the Old Testament* (New York: Harper & Row, 1958『구약신학』, 크리스챤다이제스트 역간); Gerhard von Rad, *Old Testament Theology*, 2 vols. (New York: Harper Row; Edinburgh; Oliver & Boyd, 1962, 1965).

7) James Barr, *Old and New in Interpretation: A Study of the Two Testaments* (London: SCM Press, 1966).

광범위하고 추상적인 것들을 거의 다루고 있지 않다는 것을 알게
된다. 물론 시편은 세계 안에서의 인간의 영광과 인간의 비천함
을 반영하고 있다. [8]

차일즈는 설교에서 신학적 해석과 주석이 필요하다는 것을 알고 있으
며, 성경에 나타난 신학적 주제들을 인정하면서 그 주제들이 신학자들의
작업과 회중의 믿음에 영향을 준다고 생각한다. 그러면서 그는 이러한
주제들이 현대 신학계와 현대 설교에서 성경적이고 교회적 상황에 충실
한 방식으로 설명될 수 있다는 점을 강조한다.

이러한 차일즈의 모델은 옛 신학자, 특히 아우구스티누스, 루터, 칼빈
의 위대한 신학에 나타나있는데, [9] 이는 그들의 주석과 설교들을 살펴보
면 알 수 있다. 성서는 지식뿐 아니라 영혼을 위한 책이었고, 의지에도 영
향을 미쳤다. 과거의 주석가나 설교가들이 성서 비평에서는 정확성이 떨
어지지만 그들의 신학적 해석은 정곡을 찔렀고, 성경을 교인의 마음에
닿게 했다. 칼빈의 주석, 그리고 루터의 로마서 주석을 보라. 이러한 책
들에는 다른 것과 비교하기 어려운 풍부한 것들이 있다. 이것들이 신학
적 주석의 모델들이다.

칼빈과 루터, 바르트가 그렇게 잘 할 수 있었던 것은 성경 당시의 배
경과 교회적인(churchly), 또는 정경적인(cannonical) 상황 사이의 긴장

---

8) Childs, *Biblical Theology*, 101, 114.
9) 위의 책, 143, 146.

을 유지했기 때문이다. 성서적 문맥만을 다룬 성서 신학은 서술적이다 (descriptive). 이러한 유형의 성서 신학은 신앙을 위한 규범적인 신학을 세우는 일을 교리 학자에게 맡긴다. 규범적인(normative)인 성서 신학은 교회적 상황과 회중의 믿음을 고려하면서 신학적 패턴과 성서의 양식을 면밀히 관찰한다.

성서 신학과 교리 설교에서 서술적으로만 접근할 때의 위험성은 회중의 마음에 결코 도달할 수 없다는 점이다. 종교학 전문가가 연구한 불가지론자의 역사를 제시하거나 성서 단어 연구의 대가들처럼 성경 본문을 분해할 수는 있지만, 회중을 위해 다시 그것을 결코 원상 복귀시킬 수는 없다. 하나님의 계시의 살아있는 증거를 역사, 문헌, 언어분석으로 환원시키는 주석들에 의존하여 설교하려는 시도보다 설교자와 회중들을 실망시키는 것은 없다.

설명하지 않고 규범적인 것만으로 설교할 때의 위험성은 성서 신학자와 설교자가 성경의 증언들과 관계없는 자신들의 해석과 설교를 영적이고 도덕적인 권면으로 바꾸는 것이다. 리처드 포스딕(Fosdick)이 싫어했던 다양한 형태의 본문 설교(textual sermon)는 서술적 접근이고, 다양한 형태의 주제 설교(topical sermon)는 규범적 접근으로 행해진다. 그러나 책임 있는 성서 신학과 교리 설교는 묘사적이며 규범적 방법을 모두 사용하고, 또 성서적이며 교회적인 상황을 고려한다.

자, 이제 성서 신학자와 교리 신학자의 임무를 비교해보자. 성서 신학자는 서술적이고 규범적인 분석을 모두 한다. 어떤 학자는 둘 중에 어느 하나의 분석을 더 강조한다. 예를 들면, 하버드 학파는 서술적 철학연구에 집중하는 반면, 예일 학파는 비록 차일즈 교수가 이 둘 다를 균형 있게 다루고 있지만, 전체적으로는 보다 규범적 연구에 집중한다. 성서 신학자는 교리 설교가들을 최선을 다해 돕는데, 고대 이스라엘과 초기 교회와 같이 성서를 당시 시대적 배경에 따라 탐구할 뿐만 아니라, 어떤 본문을 가리키는 신학, 예를 들면 제2이사야 또는 바울의 신학 등을 다룬다. 성서 신학자는 사색적인 추론이나 구체적인 신학적 체계에는 관심이 없다. [10] 성서 신학자는 한사람의 믿음의 탐구자로서 성경 본문의 더 깊은 신학적 의미를 찾으려고 노력하는데, 이때 성서가 기독교 신앙의 대부분의 주요 교리를 위한 근거요 뿌리이자 출발점이라는 사실을 간과하지 않는다. 그들의 임무는 교리의 발전과정을 추적하는 것이 아니라, 그 교리의 뿌리를 조사하고 이해하는 일이다.

교리 신학자들도 믿음의 탐구자로서 신학에 대한 과제를 성서 신학자와 함께 나누지만, 보는 각도와 다루는 내용이 다르다. 성서 신학자가 다양한 교리들의 근원을 조사할 때 성서를 연구한다. 교리 신학자는 먼저 교회의 교리로 시작하고 그 다음 성서의 증언을 살피며, 잘 발전된 교리의 시작, 실제로 기독교 신앙의 기초를 조사한다. 그러므로 성서 신학자와 교리 신학자는 모두 성서 안에서 만나게 된다.

---

10) Wilfrid J. Harrington, *The Path of Biblical Theology* (Dublin: Gill and Macmillan, 1973), 380-82.

양식 비평과 편집 비평

성경 본문으로 시작하는 교리 설교를 선호하는 교리 설교자는 여러 면에서 성서 신학자들의 도움을 받을 수 있다. 성서 신학자들은 그 설교 가들이 19세기 자유주의 함정(영원한 진리들을 설교한다), 또 워필즈 학파 (the Warfields: 성경을 증거자료로 전락시킨다)와 20세기 중엽의 성서 신학 운동(성경을 여러 체계로 나눈다)의 위험을 피할 수 있도록 도움을 줄 수 있다. 게다가 성서 신학자는 객관적으로 도움이 되지만 영적으로 건조한 철학적, 고고학적, 역사적 접근을 하기 위해서 신학을 소홀히 하지 않는다. 그 대신 양식 비평과 편집 비평의 열매를 거두는데, 이 비평들은 본문 설교 뿐 아니라 성경 본문으로 시작하는 교리 설교를 더욱 정교하게 해준다.

교리 설교에서 양식 비평은 어떤 역할을 하는가? 먼저 성경은 다양한 형식의 문헌과 많은 장르로 구성되어 있다. 각각의 문헌 양식은 가끔 다른 신학적 목적을 띠면서 다른 방식으로 역할을 한다. 도널드 고완 (Donald Gowan)은 이렇게 말한다.

> 율법은 무용담과 같은 삶의 자리에서는 작용하지 않는다. 그 메시지가 다르다. 만일 메시아에 대한 예언이나 도덕적 본보기들이나 영적 통찰을 위해 그 둘을 살펴본다면, 만일 우리가 2개 내지 4개의 예측할 수 있는 교리들을 잘 다듬고자 한다면, 그들의 특정

메시지를 곡해하는 것이다. [11]

우리는 신약이 이야기, 논쟁, 선언, 비유, 바울 식의 권면으로 이루어진 것처럼, 구약이 영웅담, 역사적 본문, 율법, 지혜서, 예언적 본문으로 이루어져있다는 것을 알기 때문에, 이러한 가능성과 한계의 안목으로 교리를 설교하도록 부르심을 받았다.

예를 들면, (삼하, 왕상, 왕하, 대하에서 발견되는 왕위계승 이야기 같은) 역사적 본문의 목적이 하나님과 하나님의 백성의 계속되는 역사에 위치한 곳을 보게 하려 것이라면, 이때는 예언적 구절의 교리 설교에서 흔히 보이는 심판, 자비, 희망의 교리보다 섭리 교리가 더 잘 맞는다. 이처럼 각 본문은 구체적인 어느 한 교리의 가능성을 놓고 살펴보아야 하는 것이다.

영웅담(saga)은 그렇게 분석하기 쉽지 않다. 영웅담은 (역사적 본문과는 다르게) 공적 성격보다는 사적 성격을 지닌 짧은 민속 문헌들이다. 얍복 나루에서의 야곱의 이야기가 그 한 예다. 영웅담은 하나의 특정 교리로 쉽게 설교할 수 없는 다양한 신학적 주제들을 포함한다. 얍복 나루에서의 야곱 이야기에서 죄, 죄의식, 후회, 용서, 화해를 다룰 수 있지만, 한 설교에 이 모든 것을 다루는 것은 만만치 않은 일이다. 다시 강조하고 싶은 것은, 무용담의 형식은 설교자들이 야곱, 에서, 우리 자신들에게 초점을 두는 것이 아니라 하나님께 초점을 맞추도록 도와준다는 점이다. 우

---

11) Donald E. Gowan, *Reclaiming the Old Testament for the Christian Pulpit* (Atlanta: John Knox Press, 1980).

리는 이러한 신적 드라마 무대에 있는 연기자들일 뿐이다. 폰 라트는 이렇게 말한다.

> 하나님은 어디서나 실제 이야기, 즉 영웅담의 주인공이다. 인간들은 그들 자체로 중요한 것이 아니라 신적 활동의 대상으로 중요하다. 인간들은 하나님과 그분의 명령을 확신하거나 거절하는 자의 모습으로 나타난다. [12]

얍복 나루에서의 야곱의 영웅담은 우리 자신보다 하나님에 대해 더 많이 언급하고 있는 것이다. 하나님은 우리의 삶을 감독하시는 분이며, 야곱의 이기심에도 불구하고 그를 리더의 위치에 세우시는 분이다. 하나님은 우리가 죄 중에 있을 때 갑자기 부르시는 분이다. 하나님은 복을 내리시는 분이며 회복을 가져오시는 분이다. 이 본문은 하나님에 대한 이야기다.

성서에서 짧은 이야기들(Short stories)은 무용담보다 훨씬 더 자유롭다. 다시 강조하고 싶은 것은, 하나님이 중심이지만 더 큰 범위의 신적 섭리 안에는 우리의 자유에 대한 강력한 강조가 있다는 사실이다. 짧은 이야기들은 무용담보다는 조금 길면서 서론, 본론, 결론이 있다. 요나 이야기가 대표적이다. 짧은 이야기들은 더 단순하게 줄일 것이 없고 그 형식을 유지하며 그대로 읽어야 한다. 교리적 주안점으로 요약해서는 안 된

---

12) Gerhard von Rad, *Genesis: A Commentary*, trans. John H. Marks (Philadelphia: Westminster Press, 1961), 34-35.

다. 교리 설교에서 그 이야기를 그 장르의 톤과 색깔을 그대로 표현하는 것이 교리를 더 잘 나타낼 때가 많다. 이 책의 부록에 있는 요나에 대한 설교를 보면 알 수 있다. 이 설교는 그 이야기 형식을 변형하지 않고 신학적 주제를 전면에 내세우려고 했다.

비유(parable)도 마찬가지다. 비유는 때로 신학이 없는 이야기로 여겨질 때가 있다. 예를 들면, 씨 뿌리는 자의 비유에서처럼 좋은 토양이 되라, 또는 선한 사마리아 이야기에서처럼 가난한 자를 돌보라,[13] 또는 탕자 비유에서처럼 비뚤어진 아들을 용서하라는 등의 도덕적 권면으로 여기는 것이다. 그러나 이 비유들은 깊은 신학적 내용을 담고 있다. 비유 안에는 도덕적 교훈이 아니라 그보다 깊은 신학적 선언들이 있는데, 청중을 인지적이며 감정적인 부조화 상태로 남겨두는 뜻밖의 전개로 구성되어 있다. 이 비유들은 씨앗의 효과적인 힘(하나님의 말씀), 계산적이지 않고 누구나 이웃으로 여기는 진정한 선한 사마리아인의 치유하는 사랑, 탕자 비유의 바리새적인 큰아들과 같은 우리들을 회개로 초대하고 화나게 하며, 두렵게 하고 도전을 주는 하나님의 놀라운 은혜에 대한 것이다. 비유 이야기에는 교리 설교를 위해 채광될 채비가 되어있는 풍부한 광맥이 담겨있다. 그러나 구약의 무용담과 짧은 이야기처럼 조심해야한다. 비유 역시 논리적으로 면밀히 요점(point)을 잡아 추론해 들어가는 것을 경계해야 한다. 만일 요점을 잡으려고 한다면 설교에서 비유의 묘미, 특

13) Theodore O. Wedel, *The Pulpit Rediscovers Theology* (New York: Seabury Press, 1956), 95-100.

히 결론에서의 놀람을 간과해서는 안 된다.

성경 본문으로 시작하는 교리 설교가들은 실제로 양식 비평보다 편집 비평에서 더 큰 도움을 받는다. 편집 비평에서 강조하는 것은 장르보다는 성경의 다양한 편집자들의 신학적 의도다. 성서 신학의 양식 비평 중에 위험한 요소는 성서를 하나의 신학적 체계로 묶으려는 시도다. 편집 비평에서는 성서가 많은 저자와 많은 신학들로 되어 있다는 점을 전제하고 있기 때문에 그럴 위험은 없다. 하나로 통합되는 체계는 성서의 특수성을 희미하게 한다.

신약 신학을 형성하려는 시도는 신약 안에 다양한 신학적 관점이 있다는 것을 고려해야 한다. 이젠 공관복음, 바울 서신, 요한 신학처럼 구분해서는 안 된다. 마태, 마가, 누가-행전으로 구분하여 연구해야 한다. 바울 서신(the Authentic Pauline material)은 위(僞) 바울(pseudo-Pauline) 저술과 구분해야 한다. 바울의 초기 저술을 옥중 서간이나 다른 서신들과 구분해야 한다. [14] 히브리서, 목회 서신, 베드로전후서, 야고보서는 요한의 저술들과 구분되며, 각각의 특징이 있다. 각 책은 그 책들만의 권위가 있다. 따라서 교리 설교에서—또는 어떤 설교라도—"성경이 말씀하기를…"이라고 말하는 것은 편집 비평 관점에서 보면 정확하지 않은 소리로 들린다. [15]

만일 각각의 편집자들이 예수 이야기에 그들 자신의 신학적 흔적을

---

14) Joseph A. Fitzmyer, *Pauline Theology* (Englewood Cliffs, N.J.: Prentice-Hall, 1966), 1-4.
15) Fred B. Craddock, *The Gospels* (Nashville: Abingdon Press, 1981), 17.

남기고, 바울이 문제 많은 여러 신약 교회에 대해 자신의 처방을 준 것으로 본다면, 속죄에 대한 신약 교리에 대해 말한다는 것이 더욱 어려운 일이 된다. 로마서와 히브리서의 차이에 대해 생각해보라.

성서 신학자들은 그러한 복잡성에 직면하여 절망할 수 있다. 그렇게 분명한 신학적 혼돈은 마치 오케스트라 단원 각자가 자기 식대로 연주를 하고 있는 것처럼 부조화의 상황을 보여줄 것이다. 허나 다행스럽게도 그렇지 않다. 사실 복잡성은 풍요로움을 가져온다. 이는 플루트 연주자와 바순 연주자, 첼리스트들이 같은 곡을 연주하는데도 다른 음과 속도와 볼륨으로 연주함으로써 다른 소리를 만들어 오케스트라를 풍요롭게 하는 것과 같다. 전혀 다른 신학들이 모두 그리스도를 가리킨다. 때때로 그 신학들이 부조화의 상태로 있지만, 이것은 전체 신학에 풍요로움을 더해준다. 메시지는 수많은 조각들로 이루어져 있는 것이다.

성경 본문으로 시작하는 교리 설교자로서 우리의 책임은 속죄에 대해 성경 본문에 쓰여 있는 내용 전부를 전하는 것이 아니다. (만일 우리가 설교하려는 교리가 성경 본문에 담겨있다면) 히브리서의 저자가 말했던 것 또는 바울이 이 특별한 서신의 배경에서 말했던 것만을 전하면 되는 것이다. 이제 설교자는 한 특별한 본문 안에 있는 특별한 교리에 대해 한 저자의 신학적 관점만을 다루면 되는 것이다. 매주일 복음 전체를 설교하는 것을 기대할 수 없기 때문에, 한 주일마다 복음의 한 부분만을 다루는 것은 당연한 것이다. 음악적 메타포를 보다 시각적인 메타포로 바꾸어 생각해보면, 복음은 한번 봐서는 완전히 이해되지 않고 매주 약간씩 돌리면서 다른 면을 바라볼 때 이해되는 훌륭한 보석과 같은 것이다. 시간이 좀 지나야만 우리는 복음의 아름다움을 모두 보기 시작할 것이다.

교리와 성서정과(Lectionary)

잘게 나누어진 복음을 배우는 한 가지 방법은 매주 성서정과를 따라 설교하는 것이다. 성서정과 구절들은 복음의 교리를 풍요롭게 잘 나타낸다. 1960년, 로마 가톨릭교회가 미사전례성서(*Ordo Lectionum Missae*)를 완성했을 때, 그것을 계기로 성공회, 루터교회, 개혁교회, 미국 감리교회는 지금까지 발전된 가장 큰 에큐메니칼 운동의 하나―공동성서정과의 매주 사용―에 로마 가톨릭을 가입시켰다. 이 연합운동은 복음을 온 세계와 소통하기 위하여 교회 역사에서 가장 잘 구성된 조직이 되었다. 성서정과는 현대 설교자들에게 균형 잡힌 주석적, 신학적, 설교학적 제안들을 제공함으로써 크게 도움을 주고 있다. 로버트 크로티(Robert Crotty), 그레고리 맨리(Gregory Manly), 레지널드 풀러(Reginald Fuller) 같은 학자들은 성서 신학에 서술적이고 규범적인 접근을 균형 있게 보여주었다. [16] 게라르

---

16) Robert Crotty and Greory Manly, *Commentaries on the Readings of the Lectionary* (New York: Pueblo Publishing Company, 1975); Reginald H. Fuller, *Preaching the New Lectionary: The Word of God for the Church Today* (Collegeville, Minn.: The Liturgical Press, 1974).

드 슬로얀(Gerard Sloyan) 같은 이들은 서술적 접근에 더 치중했다. [17] 성서 주석 선포(Proclamation) 시리즈에는 책마다 두 명의 학자가 담당함으로써 이 둘의 균형을 유지하고 있다. [18] 따라서 현대 설교자의 책상에는 성경 본문을 주석적이며 교리적인 설교로 드러내게 하기 위한 온갖 종류의 주석들로 가득 차 있는 실정이다.

그러나 성서정과가 성경 전체를 다 다루고 있지는 않다. 성서정과는 정경 안의 정경이다. 신중한 선택 과정을 통해서 성서정과의 본문이 선택되었다. 설교자는 성서정과의 본문이 선택된 본문이고 3년마다 반복된다는 점을 알고 있어야 한다. 성서정과는 리더스 다이제스트 요약 성경보다 더 압축되었다. 그것은 책별로 설교하는 개신교 설교자나 성경 전체를 처음부터 통독해 들어가는 신실한 성도의 연속 독서(lectio continua)보다 아주 선택적이다. 성서정과는 확실히 선택 독서(lectio selecta)다. 이것을 이상히 여길 필요는 없다. 성서정과는 수세기 동안 기독교 설교에 가장 많은 영향을 준 것 중 하나다. 물론 어떤 형태의 성서정과가 초기 유대 회당에 있었지만, 이것을 이처럼 전 세계적으로 많이 사용하게 된 것은 최근 일이다.

성서정과가 성경 중에서 선택된 본문만을 제공한다는 사실은 빠진 것

---

17) Gerard F. Sloyan, *A Commentary on the New Lectionary* (Ramsey, N.J.: Paulist Press, 1975).
18) *Proclamation* 1과 *Proclamation* 2는 A, B, C 시리즈로서 총 24권으로 되어있는데, 이는 3년 주기의 성서정과(lectionary)를 따른 것이다. *Proclamation* 1은 2권으로, *Proclamation* 2 는 4권으로, *Proclamation* 3은 현재 출간중이다. 이 시리즈는 포트리스 출판사(Fortress Press)에서 출간되었다.

이 많다는 것을 의미한다. 심지어 전혀 다루지 않은 책도 있다. 사사기, 룻, 에스라, 에스더, 오바댜, 나훔, 학개, 시편, 요한이서, 요한삼서, 유다서 등이 그것이다. 성경 전체 범위를 생각한다면, 그렇게 나쁘지는 않다. 하루 한 장씩 성경을 읽으면 3년 이상 걸린다는 결론이 나온다. 그러나 문제는 시편도 빠지고 위에 말한 책들도 빠져있다. 만일 설교자가 성서정과만으로 설교한다면 빠져있는 책들에 담긴 풍부한 교리적 자료들은 어떻게 되는 것인가?

성서정과가 이렇게 모든 교리를 다 담고 있지 못하지만, 신학적 주제들이 교회력에 따라 구절을 선택하기 때문에 대부분의 교리들은 다루게 된다. 그럼에도 불구하고 빠지는 교리들이 있는 것이다. 성서정과를 사용한다면, 어떤 교리가 포함되고, 그 교리에 어떤 신학적 관점이 복음이나 서신서 저자의 관점에 의해 어떻게 다루어지고 있는지 살펴보아야 한다. 대체로 성서정과는 올바른 신학적 주장을 제공하는 데 신뢰할 만하다. 예를 들면, 사순절 기간에는 3년에 걸쳐 적절한 서신서 본문을 제시한다. 그러나 성서정과에 대한 비판 또한 적지 않다. 게라르드 슬로얀(Gerard Sloyan)은 성서정과가 특정한 면에서 부족하다는 점을 지적한다. "성서정과는 창조의 위대함과 인생의 숭고함과 비천함에 대한 역설에 침묵하고 있다…시편을 한 번도 사용하지 않고 있고, 욥기의 풍부한 자료에서는 오직 7:1-4, 6-7, 그리고 38:1, 8-11만을 사용하고 있다."[19] 그는 욥

---

19) Gerard F. Sloyan, "The Lectionary as a Context for Interpretation," *Interpretation* 31,2 (April 1977): 137.

기와 전도서를 그렇게 빈약하게 사용한 것에 의구심을 나타내었다. 성서정과에 실린 저 세 개의 본문만이 "욥기와 전도서 등에 실려있는, 지루함과 목적 없음, 그리고 당혹스러움과 씨름하는 인간의 모습을 보여주고" 있기 때문이다.

슬로얀에게 가장 크게 부딪친 문제는 성서정과가 지나치게 그리스도 중심으로 편성되었다는 점이다.

> 한마디로 성서정과 전체에 걸쳐서 일종의 예민한 반응이 있는데, 구약에서 발견되는 모든 문제가 예수의 성육신, 죽으심, 부활로 해결되는 것으로 이해되지 않을지도 모른다는 반응이 있다. "그리스도가 해답이다"는 그 선택본문 뒤에 숨겨진 가장 중요한 해석적 원리인 것처럼 보이는데, 또한 파루시아에 대한 기대(anticipated Parousia)도 포함되어 있다. 어떤 학자는 이러한 성서정과의 사용은 대체로 사도 바울에게 기쁨을 줄 수 있지만, 자세히 들여다보면 그를 실망시킬 수도 있다고 지적한다…각 서신서의 회중들은 하나님의 설명할 수 없는 신비를 포장된 섭리, 포장된 윤리, 심지어 포장된 그리스도의 신비로 해결할 수 있는 이들로 여겨지게 된 것이다. [20]

슬로얀의 분석은 날카롭다. 주일마다 성서정과에 있는 본문으로 시작하는 것은 기독론 중심에는 강력하지만 구약에 나타난 인간의 분냄과 두

---

20) 위의 책, 137-38.

려워함에 대해서는 약한 교리적 입장, 또한 섭리에 대해서는 강하지만 창조에 대해서는 약한 교리적 입장에 놓이게 될 것이다. 설교자들은 이러한 교리적 한계를 충분히 알고 성서정과를 사용해야 한다.

한 가지 덧붙이자면, 주현절과 오순절 기간 동안에 성서정과의 편집자들은 의도적으로 서신서를 가지고 연속 독서(lectio continua)했기 때문에 세 본문 봉독을 넘어서는 분명하고 균일한 교리적 주제를 발견하지 못할 것이다.

10가지 질문들

설교할 본문을 선택하기 위해, 성서정과를 사용하든지, 연속 독서(Lectio continua)로 하든지, 자기 자신만의 방법으로 하든지, 일단 정해졌으면 그 다음 주석과 해석의 과정이 필요하다. 본문이 사도행전 2장이라면 주석 작업 후에 거기서 적어도 하나의 신학적 테마를 발견할 수 있을 것이다 (아마도 더 많을 수도 있다). 이제 교리 설교로 이끌어줄 특별한 질문들에 대답할 차례다. 이 10가지 질문들은 번거롭게 하는 질문들이 아니다. 이 질문들은 성경의 증거에 귀를 기울이면서 신뢰할 만한 교리 설교를 하고자 하는 이들에게 올바른 방향을 제시해줄 것이다.

이 질문들을 좁히기 위해서 다음 성경 구절을 예로 들어보자. "이와 같이 성령도 우리의 연약함을 도우시나니 우리는 마땅히 기도할 바를 알지 못하나 오직 성령이 말할 수 없는 탄식으로 우리를 위하여 친히 간구하시느니라. 마음을 살피시는 이가 성령의 생각을 아시나니 이는 성령이 하나님의 뜻대로 성도를 위하여 간구하심이니라"(롬 8:26-27).

1. 이 구절에 어떤 교리가 나타나 있는가? 확실히 몇 가지가 있다. 일반적으로 다음과 같이 명명하게 될 것이다: 성령, 죄("우리의 연약함", "우리는 마땅히 기도할 바를 알지 못하나"), 기도, 전능("마음을 살피시는 이가 성령의 생각을 아시나니"), 하나님의 내재성과 초월성, 그리고 하나님의 뜻 또는 섭리.

2. 이 교리들은 이 책의 배경에 어떻게 어울리는가? 본문의 기도에 대한 특별한 선언은 바울의 희망의 노래(23-25절)와 37절의 다음과 같은 승리의 마무리, 즉 "이 모든 일에 우리를 사랑하시는 이로 말미암아 우리가 넉넉히 이기느니라" 사이에 놓여있다. 이 본문은 바울의 놀라운 신학적 걸작의 일부분이 되는데, 이어서 로마서 9-11장은 하나님의 선택하신 백성을 다루고, 12장은 윤리로 시작한다. 26절의 "탄식"(groaning sighing)은 이전 구절(8:22-23)과 같은 것으로, 이 단어를 가지고 생스터(Sangster)는 "세 가지 탄식"—창조 세계, 우리 자신, 그리고 하나님의 탄식—이란 설교를 했다.

이 구절에서 성령은 오직 한 가지 방법으로 역사하신다. 로마서 다른 곳(특히 8장 앞부분)에서, 성령은 죄와 죽음의 법으로부터 자유하게 하고, 우리 안에 거하시며, 우리의 죽을 육체를 소생시키시고, 우리로 육체를 제어하게 하고, 우리를 하나님의 자녀, 곧 상속자로 삼으신다. 그러나 이 본문에서 성령은 기도로 우리를 중보하신다.

3. 이 교리들은 성경 전체의 상황과 어떻게 어울리는가? 본문을 성경

전체의 관점으로 확장시켜 살펴보는 것은 성령에 대한 더 넓은 이해를 가질 수 있게 해준다. 우리는 바울과 성서의 다른 기자들로부터 성령께서 우리를 깨닫게 하시고, 의롭게 하시고, 중생시키시며, 성결하게 하시며, 우리의 기도 특권을 효력 있게 하신다는 사실을 알 수 있게 된다. 이 모든 것을 아는 상황에서 본문에 집중하는 것이다. 그러므로 이 본문에 대한 교리 설교는 성령의 의미에 대한 폭넓은 차원을 애써 가릴 필요가 없다. 그렇다고 성령을 교사와 위로자로 이해하는 요한의 개념으로 들어가서도 안 된다.

같은 방식으로 여기서 다루어지는 기도에 대한 교리는 복음서에 나타난 기도의 교리, 예를 들면 제자들이 "주여 기도를 가르쳐 주소서"라고 말한 것과 같은 내용이 아니다. 여기서 강조하는 것은 기도하는 법을 배우고 싶어 하는 바람이 아니라, 우리의 약함, 깊은 상처, 갈망, 결핍에 대한 것이다.

성령과 기도의 교리 위에 있는 참된 논거(reason)를 발견하려고 할 때 이보다 더욱 더 중요한 신학적 주안점이 밝혀진다. 하나님은 왜 이런 방법으로 우리를 도우시는 걸까? 그 이유는 우리에게 가까이 오시고 우리를 도우시는 것이 우리 하나님의 본성이기 때문이다. 그런 하나님의 모습은 창세기에서부터 발견되는데, 하나님께서 아브라함을 부르시고 그를 세우셨고, 이스라엘을 이집트로부터 건져내시고 또 바벨론 포로에서 구해내셨다. "말씀이 육신이 되어"라는 말씀처럼 우리 중에 인간으로 오셔서, 우리를 위하여 예수의 생명을 주시는 것이 하나님의 본성이다. 본문의 구절에 있는 교리는 은혜라는 이 성서적 단어 하나에 집약된다—우리에게 오시는 것이 하나님의 본성이다.

4. 성경의 양식(form)이 이 교리들의 해석에 영향을 미치고 있는가? 지금까지 우리는 편집 비평의 유익에 대해 다루었다. 이 질문은 바울에게 있어서 성서의 형식 문제에 대해 생각하게 한다. 마틴 디벨리우스와 루돌프 불트만의 신약 편집 비평은 일차적으로 복음서 안의 형식들을 다루고 있기 때문에, 바울의 저술에 대해서는 별도로 다루어야 할 것이다. 바울의 저술은 다음 네 가지 범주의 하나를 택하고 있다. (1) 로마서—신학적 평가, (2) 고린도전후서와 갈라디아서—개선과 도전, (3) 데살로니가전서—목회적 위로, (4) 빌립보서—사랑의 서신(그리스도에 관한 찬송, 2:1-11을 포함). 어떤 이들은 여기에 다섯 번째 범주로 에베소서와 골로새서의 바울 저작설을 전제로 고등 기독론(high christology)적 위대함을 추가하기도 한다.

우리는 여기서 신학적 평가의 양식을 가지게 됨은 분명하고, 또한 우리가 분석하고 있는 본문은 "그러므로 이제 그리스도 예수 안에 있는 자에게는 결코 정죄함이 없다"로 시작되는 로마서 8장의 점강법(crescendo)에 참여한다. 양식(form)은 해석에는 영향을 주지 않을 수 있지만, 설교에는 영향을 주어야 한다.

5. 이 구절의 주요 신학적 주제(thrust)는 무엇인가? 우리는 이미 이 질문에 부분적으로 대답했다. 하나님께서는 우리에게 오셔서 성령을 통하여 기도로 도우신다. 이것은 하나님의 앞서 행하시는 무조건적 은혜에

대한 말씀이다.

6. 이 구절에서 신학적으로 깊은 논의와 관련되는 교리는 어떤 것이고 비교적 작은 주제를 다루는 교리는 무엇인가? 성령은 기도로 도우시는 그의 제한된 활동 안에서 확실히 직접 역사하신다. 이 범위를 넘어서서 성령을 폭넓게 다루는 것은 신학적 문제들을 피해가는 것이 된다. 우리의 연약함과 기도할 수 없음으로 나타난 죄는 주된 비판에 대해 아주 부분적으로 관계된다. 하나님의 전지하심 역시 주된 교리가 아니다. 이런 주제의 설교는 초점을 잘못 맞춘 것이다. 하나님의 뜻은 올바른 기도의 의미를 이해하는 경우에만 중요하다. 하나님은 우리를 위해 가장 좋은 것을 선택하신다. "하나님의 뜻에 의하여"는 섭리에 대한 설교로서 끝내서는 안 된다. 28-30절은 확실히 그 교리를 가리킨다. 그러나 여기서 핵심은 그 구절의 주된 신학적 비판 안에 신중하게 머물러 있는 것이다.

7. 당신의 청중 또는 청중이 속한 문화가 이 구절에 대해 어떤 질문을 할 것인가? 다루기 부담스럽고 논쟁의 여지가 있는 주제는 무엇인가? 본문의 구절은 우리가 무엇보다 먼저 기도해야 하는 이유에 대해 대답하지 않는다. 본문을 읽거나 듣고 있는 자들은 이미 존재의 의미와 올바른 기도의 의미에 대해 씨름하고 있는 그리스도인일 것이다. 청중은 어떤 도움을 바라며 상처 입은 채 나온다. 청중은 이미 자신에 대해 너무 많이 생각해오고 있다. 조깅, 명상, 성공 등 여러 가지를 시도했지만 모든 게 다 만족스럽지 않다. 자기 자신에게 집중해도 외적인 변화만 있을 뿐 진정한 행복이 오지 않았다. 교회에 나올 때 설교자는 기도 중에 하나님을 바

라보라고 권면하고 있다. 그런데 이것은 따라 하기에 어색한 일이다. 어린 시절 자기 전에 기도한 적은 있지만, 기도를 잊은 지 오래되었고, 이제는 어떻게 기도해야 할지 모른다. 본문에서 바울은 성령께서 도우신다고 말하고 있다. 그런데 성령이 어떻게 도우시는가? 신비스러운 일이 아닐 수 없다. 하나님께서 왜 도우시는 걸까?

8. 부담스럽고 논쟁의 여지가 있는 주제들을 다루기 위해서는 어떤 교리들이 가장 적절하겠는가? 물론 다른 질문과 문제가 될 수 있는 것들이 있지만 이것들은 이 예를 위해 충분할 것이다. 이 구절을 처음 보았을 때 보지 못했던 죄의 교리가 점점 더 중요한 주제로 등장하기 시작한다. 회중들은 어떻게 기도해야 하는지 알지 못한다. 회중들은 스스로 해결할 수 없는 이 문제에 도움을 필요로 한다. 하나님께서 이 문제의 해결책으로서 성령으로 도우신다. 그런데 왜 도우시는 걸까? 왜 나를 돌보시는 걸까? 신학적 주제로 돌아가보자. 그렇게 하는 것이 하나님의 본성이다. 문제가 될 수 있는 질문들을 가장 잘 담고 있는 교리를 든다면 당연히 죄와 은혜의 교리다. 성령이 어떻게 도우시는가에 대해 이미지들을 사용하여 대답해야 할 것이다.

9. 이 교리를 구체적으로 이해하기 위해 어떤 이미지를 사용할 수 있으며, 현대적으로는 어떤 유비를 사용할 수 있을까? 이 구절에서 행동은 "말할 수 없는 탄식"으로 우리를 위해 간구하시는 성령의 행동이다. 이 구절에서 중보의 개념을 교인들의 삶에 어울리도록 제시한 이미지는 없다. 그러므로 이미지를 만들 필요가 있는데, 이것은 이 구절의 사상과 기도

안에서 성령으로 하나님의 앞서 행하시는 사랑의 교리를 더욱 이해할 수 있도록 할 것이다. 예를 들면, 배심원들 앞에서 당신을 위해 변호하는 변호사를 생각해보라. 그 변호사는 성령이 하시듯 당신이 원하는 것을 당신이 하는 것보다 더 잘 할 수 있다. 또 다른 이미지로서, 대통령 자신에게 접근하도록 대통령이 손수 도와주는 상황을 그려보라. 당신은 도시의 홍수 피해의 정도와 범위를 보고하고 즉각적인 도움을 요청할 수 있다.

다음 이미지는 더욱 더 실감이 날 것이다. 미국의 주요 교단의 수장이 통역사의 도움을 받아 이집트에서 설교하고 있었다. 그런데 어느 순간 통역사는 그 교단의 수장이 말하는 것보다 더 오래 통역하는 것이었다. 그가 통역사에게 물었다. "뭐라고 말했습니까?" 그러자 그 통역사가 대답하기를 "목사님은 하나님의 사랑과 돌보심에 대해서 말씀하셨는데, 이들은 그것이 무슨 말인지 알지 못하기 때문에 시편 23편을 사용해서 설명했습니다. 그대로 통역한 것보다 훨씬 더 잘 이해되었을 겁니다."

어떤 이미지를 사용하든지 로마서 8:26-27의 개념은 우리가 어떻게 기도하고, 무엇을 기도해야 할지 모른다는 것이다. 우리는 너무 이기적으로, 너무 작은 범위로 기도한다. 루터는 하나님께서 우리에게 금을 주시려고 할 때 우리가 은을 구한다고 말했다. 기도에서 우리는 중얼거리고, 투덜거리고, 때론 말할 수 없는 탄식으로 기도하지만, 우리가 하는 것보다 더 중요한 것들을 성령께서 간구하신다. 그러니 하나님께 영광을 돌리자!

10. 이 교리를 설교하기 위해 어떤 구조를 사용하겠는가? 민감한 설교

자는 성서 자체의 양식(form)에 주의를 기울인다. 성서의 양식이 교리를 가장 잘 설교하는 방법에 대해 어떤 암시를 주고 있는가? 이러한 구조적 접근은 언제나 도움이 된다.

이 본문으로 다음 두 가지를 설교할 수 있다. (1) 우리는 어떻게 기도해야 할지 알지 못한다(이에 대해 증거와 준거를 주면서). (2) 성령께서 중보하심으로 우리를 도우신다(이것이 어떻게 이루어지는지 예를 들면서).

또 다른 접근은 대화적 접근인데, 문제-준거-해결 모티브를 사용하면서 여러 논쟁점, 비난, 교리적 선언을 제시하는 것이다. 대지는 다음과 같이 구성한다.

문제: 우리는 비참하다(예화 제시)
준거: 우리는 너무 우리 자신만을 위한다.
해결: 하나님을 바라본다.
문제: 하나님을 바라보는 것은 어렵다. 왜냐하면 우리는 하나님을
　　　바라볼 수 없기 때문이다. 우리는 이미 그런 시도를 해보았다.
준거: 우리는 육체에 속해 있어 약하다.
해결: 성령께서 우리를 도우신다(어떤 이미지를 보여줌)
준거: 우리에게 오셔서 도우시고(선행하시는 은혜), 우리와 함께 하
　　　시고(성육신), 우리를 위해 중보하시는 것(속죄)이 하나님의
　　　본성이다.

어떤 방식을 사용하든지 정적인 것이 아니라 움직임이 있다. 한 단계

에서 다음 단계로 움직여간다. 어떤 설교는 현재 경험(present experience)으로부터 현재 경험과 갈등이 있는 복음의 실재성(gospel reality)으로, 또는 알려져 있는 것으로부터 알려지지 않은 것으로 움직여갈 것이다. 또다른 설교자는 본문의 흐름에 따라 움직여갈 수 있다. 역동적으로 만드는 것이 관건이다. 어떤 구조를 택하든지 단순하고 명료하게 만들어야한다. 성경 구절의 주요 교리와 신학적 논점이 설교에서 살아나도록 해야 한다. 설교의 구조가 설교의 성패를 좌우하기 때문에, 이제 설교 역사에서 검증된 교리 설교의 네 가지 접근법에 대해서 살펴볼 필요가 있다.

4가지 설교구조 작성법
―바르트, 칼빈, 에드워즈, 스튜어트

지금까지 목회자, 신학생, 평신도들이 신학을 배우기 위해서는 신학자들의 서적들을 읽었다. 그러나 교인들에게 신학자들의 신학을 소개하기위해 신학자들의 설교를 읽는 이들은 그렇게 많지 않다. 폴 틸리히의 경우 자신의 책 『조직 신학』(Systematic Theology)의 내용대로 설교하지는 않았지만, 그의 설교를 통해 신학적 통찰을 얻을 수 있다. 바르트의 『교회 교의학』(Church Dogmatics) 대신에 바젤 감옥에서 행한 그의 설교에 귀를 기울이면 신학적 통찰을 배울 수 있다.

내가 경험으로 확신하는 것은, 위대한 신학자들은 명확성, 단순성, 심오함, 목회적 감수성을 지닌 설교를 한다는 점이다. 이것은 성경 본문으로 시작하는 교리 설교를 위해 내가 선택한 네 명의 신학자의 경우에서도 확인된다.

먼저 칼 바르트의 경우, 어떤 의미에서 그는 가장 단순한 방법을 보여준다. 바르트는 설교하기를 즐겼다. 디트리히 본회퍼처럼 그는 강단과 교단, 그리고 성소와 교실을 구분했다. 그의 신학 서적은 그의 설교—화냄, 도전, 기쁨—로부터 나온 것으로 잘 알려져 있다.

바르트는 설교할 때마다 인간 경험의 고통과 복음의 우물로 깊이 들어가려고 했다. 그는 "영혼의 울부짖음에 대해 사소한 진리들(truths)이 아닌 절대 진리(the Truth), 해결책들(solutions)이 아니라 해결자(the Solver)로 대답"하려고 했다." [21] 바르트는 성도와 하나님 사이의 만남을 목표로 했다. 그는 설교자가 교인에게 줄 것이 별로 없다는 것은 그들을 속이고, 그들이 배고픈 채로 왔는데 빈손으로 돌려보내는 것이라고 생각했다.

바르트는 그가 할 수 있는 한 단순하게 성도와 하나님의 만남을 이루려고 노력했다. 그는 본문으로 한 구절을 택하여 한 번에 한 단어나 한 구절로 설교를 구성했다. 그래디 데이비스(H. Grady Davis)는 마태복음 11:28, "수고하고 무거운 짐진 자들아 다 내게로 오라"에 근거한 바르트의 설교 "회개"의 개요를 보여줌으로써 다음과 같이 순차적 구조를 요약했다.

---

21) Joseph Ford Newton, *Come, Holy Spirit: Sermons by Karl Barth and Eduard Thurneysen*, trans. George W. Richards (New York: Round Table Press, 1934), xiv.

1. 예수께서 예수 자신에게, 하나님에게, 우리 자신의 숨겨지고 알려지지 않은 중심과 내면으로 돌아오라고 우리를 부르신다. "내게로 오라."
2. 예수의 부르심은 교회의 부름을 포함한 모든 다른 부름과 구별되어야 한다. "내게로"
3. 예수만이 모든 인류를 위하신다. "모든 자들아"
4. 예수만이 수고, 짐, 실패, 잘못됨, 죽음으로부터 우리를 찾으신다.
5. 예수만이 오라는 것 외에 아무것도 요청하지 않으신다. "내게로 오라." [22]

바르트가 어떻게 본문에 충실할 수 있는지, 그가 본문에서 내용과 구조를 어떻게 결정하게 됐는지 주의하여 보라. 또 한 가지, 그가 회개에 대해 설교하면서 어떻게 한쪽 면만을 구체적으로 언급하는지 살펴보라. 데이비스가 지적한 바대로, 바르트는 회개를 모든 관점에서 다 다루어야 한다는 압박감 같은 것은 없다. 그의 교리 설교는 이 본문의 범위를 넘어가지 않는다.

바르트의 설교 본문, "내가 항상 주와 함께 하니 주께서 내 오른손을 붙드셨나이다"(시 73:23)에 대한 그의 설교는 단순한 방법으로 그 구절을 따라 진행된다. 그 설교는 인간과 하나님에 관한 교리들을 다룬다. 바르트의 신학적 인간학은 하나님의 은혜의 풍요로움에 접함으로써 형성되었는데, 그는 한 단어씩, 한 구절씩 본문을 삶으로 연결한다.

---

22) H. Grady Davis, *Design for Preaching* (Philadelphia: Fortress Press, 1973), 63.

둘째, 존 칼빈은 탁월한 설교가임에도 불구하고 설교하기 전에 면밀한 지적인 준비에 임하는 설교가였다. 그는 바르트처럼 설교의 중요성과 영향력을 믿었다. 또한 바르트처럼 그는 한 구절씩 본문을 따라가며 설교했는데, 가끔 한 구절을 택하는 대신 페리코프(특정 단락) 전체를 사용했다. 칼빈에게는 교리 설교와 주석 설교 사이에는 특별한 차이가 없었다. 모든 설교는 둘 다 중요했다. 칼빈은 각 설교를 정경적 상황에서 행했다. 그는 본문을 읽고 회중의 필요를 담아낼 적절한 교리를 이끌어냈다. 그의 설교는 결코 지적 유희가 아니었다.

때로 칼빈은 디모데전서 2:8을 본문으로 한 "기도의 특권"이란 설교에서처럼 하나의 교리에 집중했다. 그는 가끔 디모데후서 2:16-18을 본문으로 한 "말씀의 순전한 전파"라는 설교에서처럼 논쟁적 어투로 이단적 입장에 대해 공격했다. 경우에 따라 많은 교리들이 더 큰 신학적 주제들을 도와주게 된다. 예를 들면, 요한복음 1:1-5을 본문으로 한 "예수 그리스도의 신성"이란 설교에서 성육신, 삼위일체, 창조론, 섭리, 인간론, 죄를 다루고 있는 것을 볼 수 있다. 다른 주제들은 시간이 부족하여 다루지 못한 것 같다. 설교 마지막 부분에서 말하기를 "바로 이것이 복음서 저자가 가리키고 있는 바입니다. 다른 주제가 또 있는데 그것을 다루기에는 시간이 허락하지 않아 생략해야겠습니다. 벌써 시간이 너무 지나간 것 같습니다." [23]

---

23) John Calvin, *The Deity of Christ and Other Sermons*, trans. Leroy Nixon (Grand Rapids: Wm. B. Eerdmans, 1950), 32.

이것을 보면 칼빈은 적어도 정직한 설교자라고 할 수 있다. 그러나 너무 많은 교리들을 언급하는 그의 경향은 때로는 한번 듣는 설교로는 너무 복잡하게 들렸다. 이 점에서 칼빈은 교리 설교자들에게 좋은 모델이 아니다. 그가 때로 너무 많은 교리들을 사용한다는 사실에도 불구하고 그 교리들이 본문에서 나온 것이라는 사실은 인정해주어야 한다. "우리가 확신하건대 하나님의 영광과 자신의 구원을 바라는 사람들은 그 설교를 읽을 때, 설교자가 요한 서신에 나타난 교리만을 설교한다는 것을 알게 될 것이다."[24] 칼빈의 설교들은 학자들을 위한 신학적 강의가 아니라는 점 한 가지는 분명하다. 그 설교들은 믿는 자들을 가르치고 고통 중에 있는 영혼을 위로하는 설교인데, 성서적 교리를 다루는 방식의 설교들이다.

셋째, 조나단 에드워즈(Jonathan Edwards)는 그 시대의 대표적 설교가였다. 역사적으로 그는 보스턴의 찰스 촌시(Charles Chauncey)같은, 청교도와 이성주의자로 대변되는 지식인들에게 호소력이 있었고, 찰스 웨슬리와 존 웨슬리, 필립 스펜서, 어거스트 프랭크, 제임스 데이븐포트로 대변되는 영성가들에게도 호소력이 있었다. 에드워즈 안에 있는 질서와 열정의 배합은 그가 종교적 경험의 정당성과 함께 그 경험이 지적으로 설명될 필요를 중시한다는 것을 보여준다.

인식론적으로 에드워즈는 내재적(內在的)인 개념이란 없고, 이해(understanding)는 감각(sensation)과 경험에 종속되어 있다고 주장하는 존

---

24) John Calvin, *Sermons on the Epistle to the Ephesians* (Carlisle, Pa.:Banner of Truth Trusts, 1975), 2. 서론.

로크(John Locke)의 영향을 받았다. 예를 들면, 7이라는 개념을 가지려면 7까지 세는 경험을 해야 한다는 것이다. 그러나 에드워즈는 존 로크를 넘어서서 자연인과 영적인 사람을 구분했다. 우리는 본성적으로 색깔, 소리, 따뜻함, 죄의식, 비참함, 죄와 같은 어떤 관념을 얻는다. 그러나 하나님의 은혜의 사랑스러움과 달콤함을 느끼는 것은 성령의 특별한 활동하심으로만 가능하다. 이것에 대해 자연인들에게 말하는 것은 어리석은 일이다. 은혜의 경험 없이는 은혜의 개념도 없기 때문이다. 하나님만이 성령을 통하여 이것을 깨닫게 하신다.

에드워즈의 사상은 영적인 사람들에게 영향을 주었고, 후에 키에르케고르의 사상을 낳는 역할을 했다. 개념은 지식(the head)을 위한 것일 뿐 아니라 마음(the heart)을 위한 것이기도 한데, 이 말은 설교를 통해 교리들의 진리가 올바로 전해지기 위해서는 회중의 감정을 어루만질 수 있어야 한다는 것을 의미한다. 그 다음으로 언어가 에드워즈에게 매우 중요했다. 에드워즈는 언어를 매우 조심스럽게 사용했다. 그는 언어의 한계도 잘 알고 있었다. 하나님의 성령만이 종교적 경험을 가져올 수 있다. 설교자의 언어는 단지 성령의 역사를 위한 환경이 될 뿐이다.

수사학적으로 볼 때, 에드워즈는 간접적으로 아리스토텔레스 수사학을 재발견한 피터 라무스(Peter Ramus)를 따랐으며, 『예언의 기술』(The Art of Prophesying)이란 책을 써서 설교에서 청교도 스타일(Puritan plain-style)이란 것이 나오게 되는 데 영향을 주었던 윌리엄 퍼킨스(William Perkins)의 영향을 받았다. 여기서 설교들은 변호사의 소송 사건개요처럼 보인다. 서론은 성경 본문을 짧은 주석으로 시작했다. 본론은 논리와 증거로 채웠다. 결론은 적용이었다. 에드워즈 시대의 설교들은 독창성 없이 이런 패턴을 따랐다. 주해-교리-적용 또는 본문-교리-용도.

신학적으로 에드워즈는 칼빈을 따랐다. 하나님의 주권은 인간의 의존(dependence)과 함께 강조되었다. 에드워즈는 그의 유명한 설교 "진노하시는 하나님의 손에 있는 죄인들"이 주는 어두운 압박에도 불구하고, "지옥"으로 사람들을 무섭게 하는 데 교리를 사용하지는 않았다. 그는 항상 하나님의 은혜의 무한한 능력을 설교했다. 교리는 교만과 절망이라는 두 가지 죄를 교정하는 것으로만 사용되었다.

에드워즈의 설교 "그리스도의 탁월성"(The Excellency of Christ)은 청교도 스타일(Puritan plain-style approach)의 고전적 예인데, 요한계시록 5:5-6을 본문으로 하여 주해-교리-적용의 구조로 되어있다. [25] 이 설교문을 읽어보면, 에드워즈가 교리를 설명하면서 그리스도의 인격에 대해서 무한한 영광과 가장 낮은 겸손, 무한한 위엄과 초월적 온유함으로 해석할 때 피터 라무스의 이분법의 영향을 쉽게 발견할 수 있다. 그는 이 본문에서 많은 교리들을 이끌어냈다. 그의 기독론은 성육신, 속죄, 사랑, 정의, 성결을 포함하고 있다. 에드워즈는 그 교리의 언어를 바꾸려하지는 않았는데, 사자와 어린양의 이미지는 에드워즈의 수사법으로 교리들을 생동감 있게 표현해주고 있다.

---

25) *The Works of President Edwards* (New York: Robert Carter and Brothers, 1879), 4:179-201.

현재 설교자들 중에도 청교도 스타일로 설교하는 이들이 적지 않다. 그것의 강점은 단순성과 명료성이다. 약점은 예측 가능하고 지루할 수 있다는 것이다. 에드워즈의 설교도 예측 가능한 설교일 수 있지만, 결코 지루하지는 않았다. 그의 싫증나는 단조로운 톤과 시선을 주지 않는 모습에도 불구하고 그의 설교에 교인들은 매혹되었다. 그가 성경 본문에서 교리를 소개하면서 교인들로 하여금 그리스도인으로서 그들이 누구인지를 알려주고, 또 그리스도인의 삶이 어떠해야 할지를 알려줄 때, 거기에는 조용한 열정과 기운이 느껴졌다.

넷째, 나는 3장을 마치면서 서론에서 언급했던 제임스 스튜어트를 말하고 싶다. 그는 분명히 위대한 설교자다. 그가 스코틀랜드 억양(accent)을 가지고 설교하지만, 그의 설교는 훌륭하다. 설교자의 억양이 미치는 여러 가지 경우를 보면, 설교자의 억양이 전혀 문제 안 되는 경우, 어느 정도 영향을 주는 경우, 억양 때문에 곤혹스러워하는 경우가 있을 것이다. 성경 지식도 이와 마찬가지다. 스튜어트의 신약성경에 대한 학문적 지식보다 그의 설교는 더 훌륭하다. 성경 지식이 분명히 도움은 되었을 것이다. 그러나 스튜어트가 설교할 때 그는 그 지식에 머무르지 않고 더 큰 그림을 보았다. 그는 복음의 넓은 관점을 피 묻은 세상의 모습과 나란히 놓고 보았다. 그는 갈보리의 고통과 부활절의 승리를 보았다.

설교구조에 관해 스튜어트의 입장은 절충적이다. 때로는 바르트와 칼빈의 패턴을 따랐고, 본문을 자연스럽게 열어놓기만 한다. 그러나 또 다른 경우에는 정경적 배경에 충실한 것이기는 하지만 본문에서 주안점

(point)을 내세우기도 한다. 경우에 따라서 그는 대화적 접근을 시도하는데, 이때는 성경 본문을 놓고 회중의 질문과 갈등으로 씨름하는 것을 볼수 있다. "그분의 부활의 능력"(The Power of His Resurrection)이란 설교가바로 그 예다. [26] 비록 설교가 한마디로 요약되기는 어렵지만, 그 개요는다음과 같다.

설교: 그분의 부활의 능력

I. 서론. 부활은 기독교의 상징이다. 밝아지지 않는 어둠이란 없다. 시험하고 살펴보라(주님께서 본보기가 되셨다).

II. 성경 봉독

III. 본론

A. 하나님께서 그리스도를 부활케 하셨다.
하나님께서는 우리도 역시 부활케 하실 것이다.
1. 우리는 부활을 믿지 못하고 있지 않은가!
2. 초대 그리스도인들은 믿었다. 그들이 세계를 뒤바꾼 것이다.
3. 우리는 여전히 부활을 믿는 것에 소극적이다.
4. 신약 기자들은 우리들의 그런 태도를 용납지 못할 것이다.

B. 우리에게도 부활 사건은 일어날 것인데, 그 전에 하나님은우리를 부르셔서 굴복케 하신다.

IV. 결론

---

26) Clyde E. Fant, Jr. and William M. Pinson, Jr., ed., *Twenty Centuries of Great Preaching* (Waco, Tex.: Word Books, 1971), 11:198-202.

지금까지 성경 본문으로 시작하는 교리 설교자를 소개했다. 이번 장의 목적은 성경 본문으로 시작하는 교리 설교의 문제와 가능성을 탐구하는 것이었다. 나는 과거의 성서 신학 방법론의 위험을 피하고 양식 비평과 편집 비평의 유익을 취하는 만큼 교리 설교를 잘할 수 있다는 점을 강조했다. 성경 본문으로 시작해서 계속 본문과 대화하는 교리 설교는 확실히 예수 그리스도의 성서적 증언에 기반을 둔 설교임에 분명하다.

더 생각할 문제

1. 성서정과에서 본문 하나를 택하고 다음 질문에 답해보라.

    a. 이 본문에는 어떤 교리들이 나타나 있는가?

    b. 이 교리들은 성경의 이 책의 배경에 어떻게 어울리는가?

    c. 이 교리들은 성경 전체의 상황과 어떻게 어울리는가?

    d. 성경의 형식이 이 교리들의 해석에 영향을 미치고 있는가?

    e. 이 구절의 주요 신학적 주제(thrust)는 무엇인가?

2. 위의 질문들에 답을 했다면, 당신의 교인이나 교인이 속한 문화가 이 구절에 대해 어떤 질문을 할 것인가를 생각해보라(본서 2장에서 다룬 것처럼, 다양한 교인들이라는 점을 고려하라). 이 구절 중에 적절한 교리들이 드러날 텐데, 그 교리가 어떻게 위의 질문들과 관련이 있는가를 찾아보라.

3. 이 교리를 명확히 하기 위해서 어떤 이미지가 사용되고, 현대인에게 맞는 비유가 무엇이 되어야 할지, 그리고 반대되는 신학자라면 어떻게 그것을 사용할지를 생각해보라.

4. 이 구절에 있는 교리를 어떤 구조로 사용해서 설교할 것인지 결정하라. 제시된 다음 예들 중에서 하나를 택해보라.

  a. 단순하고 직선적인 주제를 정함

  b. 바르트 또는 칼빈식 접근으로 한두 구절을 택하여 그 구절의 단어나 어구를 대지로 잡는 방식.

  c. 조나단 에드워즈처럼 청교도의 단순한 방식.

  d. 부록에 있는 요나에 대한 설교와 비슷하게 회중의 질문들이 드러나도록 하는 대화식 접근법(스튜어트의 설교는 주안점과 대화방식의 결합이다).

더 읽어볼 자료

Andrew W. Blackwood, *Doctrinal Preaching for Today*. Grand Rapids: Baker Book House, 1975: 125-37.

Brevard Childs, *Biblical Theology in Crisis*. Philadelphia: Westminster Press, 1970.

Donald E. Gowan, *Reclaiming the Old Testament for the Christian Pulpit*. Atlanta: John Knox Press, 1980.

Donald G. Miller, *The Way to Biblical Preaching*. Nashville: Abingdon Press, 1957: 53-75.

Edgar V. McKnight, *What Is Form Criticism?* Philadelphia: Fortress Press, 1969.

Edmund P. Clowney, *Preaching and Biblical Theology*. Grand Rapids: Wm. B. Eerdmans, 1961(『설교와 성경신학』, 크리스챤출판사 역간).

Gerard F. Sloyan, "The Lectionary as a Context for Interpretation," *Interpretation* 31,2 (April 1977): 131-38.

Leander E. Keck, *The Bible in the Pulpit*. Nashville: Abingdon Press, 1978: 69-99.

Norman Perrin, *What Is Redaction Criticism?* Philadelphia: Fortress Press, 1969.

Theodore O. Wedel, *The Pulpit Rediscovers Theology*. New York: Seabury Press, 1956: 63-105.

Wilfrid J. Harrington, *The Path of Biblical Theology*. Dublin: Gill and
Macmillan, 1973:349-403.

William J. Carl III, "Planning Your Preaching: A Look at the Lectionary,"
Journal for Preachers 4, 3 (Easter 1981): 13-17.

4장

성례전, 교회력, 신조에 담긴 교리

만일 설교를 성경으로부터 시작하지 않는 것이 이단적이라고 한다면, 이
단이라고 할 만한 설교자는 굉장히 많다. 헨리 슬로언 코핀(Henry Sloane
Coffin)은 말하기를 "우리는 설교가 성경 본문으로 시작해야만 한다는 것
을 절대적인 법칙으로 만들지 않을 것이다. 다양성을 위하여, 경우에 따
라서는 본문 없이 설교할 수 있는 것이다."[1] 개신교에서는 전통적으로 설
교에서는 언제나 본문을 사용했고, 로마 가톨릭은 교리를 사용해왔지만,
오늘날에는 상황이 바뀌었다. 특히 제2차 바티칸 공의회 이후 로마 가톨
릭교회 안에서 성경에 대한 관심이 높아졌고, 개신교 안에서는 에머슨 포
스딕(Emerson Fosdick) 이후로 주제 설교에 대한 관심이 이어지고 있다.

---

1) Henry Sloane Coffin, *What to Preach* (New York: George H. Doran Co., 1926), 23.

"다양성을 위하여"라는 말은 교리 설교하는 데 성서 본문 외에 어떤 것으로부터 시작할 수 있다는 것을 강조하기에는 좀 약한 근거로 들린다. 물론 성경 본문이 대부분의 경우 가장 좋은 출발선이라는 점을 무시하는 것은 아니다. 그렇지만 헨리 코핀이나 다른 많은 설교자들이 생각하는 것처럼 본문으로부터 출발하는 것이 유일한 방법이라고는 생각지 않는다.

지금까지 기독교 설교 역사를 살펴보면서 교리를 간접적으로 설교하고 있는 것을 살폈다. 본문으로 시작하든지 안하든지 모든 설교에는 신학적 관점과 테마가 있다. 4장의 목적은 성례전, 교회력, 신조에서 의도적으로 적극적으로 교리를 가지고 시작함으로써 직접 교리를 설교하는 방법들을 고찰하려는 것이다.

설교의 서론부터 교리를 말하는 이유는 무엇인가? (1) 그리스도인으로서 우리가 성례전으로부터 받은 은혜에 응답하여 살아야 한다면, 그에 대한 설명이 필요하기 때문이다. (2) 우리가 그리스도에 대해 우리에게 말하는 교리에 의해 교회력을 알게 되고, 그 교리들은 어떤 특정한 성서 구절에 매이지 않고 있기 때문이다. (3) 우리의 믿음의 신조와 고백을 담은 교리들은 그 내용의 성격상 시리즈 설교나 특별한 방식의 설교를 요구하기 때문이다.

에밀 브루너의 범주를 사용할 때, 이제 교리의 두 번째 자료—교리문답적(catechetical) 요소—를 만난다. 교회에서 위대한 설교가들은 설교를 통한 교육의 중요성을 잘 알았던 이들이었다. 특히 이것을 강조한 설교자들이 있다. 아우구스티누스는 교육 또는 교리교육이 설교의 일차적 역할이라 생각했다. 설교는 기독교를 가르치는 것이다. 칼빈의 표현을 그대로 사용한다면 설교의 목적은 성도를 가르치는 것이다(instruct the believer). 설교자는 믿음을 알리는 사람이다. 수사학자의 목적은, 키케로를 따라 아우구스티누스도 그랬듯이, 가르치고(teach), 감동을 주고(touch), 결단하게 하는 것(move)이지만, 가장 중요한 것은 가르치는 것이다.

만일 믿는 자들이 자신들이 무엇을 믿는지 모른다면 어떻게 그리스도인으로서 믿음대로 살 수 있겠는가? 영감 있는 설교들은 너무 멀리 가는 경향이 있다. 불빛 없는 약한 열기가 마음에 약간의 따뜻함을 주지만 회중은 여전히 슬픈 영적인 소경으로 남는다. 그리스도인들은 계속 생각하고 자라고 배워야 하며, 젖을 떼고 단단한 음식을 먹을 수 있어야 한다. 라이먼 비처(Lyman Beecher)는 장차 설교자가 될 사람들이 자신들의 지적인 것과 교인들의 지적인 것들을 사용할 수 있도록 설교를 만들어야 한다고 강조한 것은 되새겨 보아야 할 말이다.

우리가 교리를 가르치지 않고 집중시키지 못함으로써, 다른 교회로 가거나 아예 교회를 떠난 사람들이 많을 것이다. 그들은 기독교에 대해, 그리고 어떻게 살아야 하는지에 대해서 아무것도 배우지 못하기 때문에 떠난 경우다. 헨리 슬로언 코핀의 조카인 윌리엄 슬로언 코핀은 주장하기를, 사람들이 교회를 떠나는 것은 배우기를 원했지만 배우지 못하기 때문에 떠나는 것이 아니라 너무 어렵기 때문에 떠나는 것이라고 한다. 나는 그런 주장에 동의할 수 없다. 정작 교회가 정말 어려운 곳이라는 것을 깨닫지도 못하는 이들이 너무 많다. 나는 윌리엄 슬로언 코핀이 세상 안에서 사회적 책임을 수행하는 데 따른 어려움에 대해 언급한다는 것을 알지만, 그리스도인들은 세상에서 어떻게 행해야 하는지 알기 위해서 자신들이 누구인지 알 수 있도록 도움을 받을 필요가 있다고 생각한다.

내가 여기서 말하고자 하는 교리 설교는 교리 설교 가운데 흔히 볼 수 있는 지루하고 너무 지적이며, 교인들의 삶과 무관해서 공감하기 어려운 설교를 말하는 것이 아니다. 어렵지만 좋은 교리 설교를 말하고자 하는데, 그런 설교는 지성과 믿음의 근육을 키워주고 그리스도인의 경험의 새로운 전망을 열어줌으로써 속죄 또는 성육신의 의미를 가르친다. 또 그런 설교는 믿음의 위대한 교리를 깊이 생각하도록 성도를 격려한다.

때로는 논쟁적(polemical) 요소를 소개함으로써 그렇게 하는데, 이는 아우구스티누스가 즐겨했던 바다. 아우구스티누스의 많은 설교들은 이단에 대비해야 하는 상황에서 전해졌다. 교인들이 가짜 금과 진짜 금의 차이를 알 수 있도록 하기 위해 설교를 정련하고 정화하는 가운데 가장 좋은 교리 설교가 나오는 경우가 많다. 아우구스티누스에게 있어서 가장 좋은 교리 설교는 도나투스주의자를 도나투스주의자라고 하고, 펠라기우스주의자를 펠라기우스주의자라고 부르는 것을 의미했다. 칼빈에게 가장 좋은 설교는 행위-의를 주장하는 교황주의자와 인본주의적인 방종주의자들(libertines)에 대한 공격을 의미했다. 우리에게 가장 좋은 교리 설교는 우리가 성령의 교리에 대해 설교할 때, 개선의 길을 여는 유용한 비평과 현재 카리스마적 운동에 대한 일방적인 비판과 구별하도록 회중을 돕는 설교일 수 있다. 이런 설교의 목적은 이단 사냥이 아니라 성서에서 계시된 것처럼 예수 그리스도에 대한 진리에 더욱 가까이 다가서고, 우리 신조와 고백을 통한 더 깊은 이해를 추구하는 것이다.

6가지 단계들

교리로 시작하는 설교의 과정과 3장에서 다루었던 성경 본문으로 시작하는 설교의 과정은 다르다. 이 과정이 6단계에 불과하지만 더욱 더 복잡하다. 이런 교리 설교는 더 많은 과제가 주어지는데, 다음 단계들은 손쉬운 방법은 아니지만, 설교를 초점 있게 하는 데 도움을 줄 것이다.

1. 이 교리에 해당하는 성서적 근거를 결정한다. 성서로부터 시작하는 이유는 교리 설교가 성경에 기반을 두어야한다는 기본적 원칙 때문이다. 우리는 교리 신학자처럼 완전하고 잘 다듬어진 교리—예를 들면 죄론—를 시작할 때, 그 교리의 뿌리를 이해하고 그 교리가 나온 근원을 결정하기 위해서 성경으로 돌아간다. 이것은 쉬운 일이 아니다. 왜냐하면 죄와 같은 교리는 수세기를 걸쳐 내려오면서 죄에 대한 개념과 사상이 정리되었기 때문이다. 그뿐 아니라 그 개념이 성경 전체에 퍼져 있기 때문이기도 하다. 그렇다면 어디에서부터 시작해야 할까? 아담과 하와와 그들의 타락에서부터 시작할까? 다윗과 밧세바는 어떠한가? 수많은 예언자들이 경고하는 이스라엘의 계속되는 우상숭배의 죄는 어떨까? 회개를 촉구하

는 세례 요한의 외침이나 바울이 우리 모두 "(하나님의 영광에) 이르지 못했다"(fall short)고 한탄한 내용은 어떨까? 이것만 봐도 어느 한 구절로는 죄에 대한 교리를 다 표현하지 못한다는 것을 알 수 있다. 그러면 어떻게 죄에 대해 총체적인 성경적 관점을 소화할 수 있을까? 그것은 결코 쉬운 작업이 아니다. 죄에 대한 모든 구절을 다룬다면 연속 설교라야 가능할 것이다.

그러나 나는 죄에 대한 총체적인 성경적 관점을 얻기 위해서 목표로 삼고 노력해야 한다는 것이 중요하다고 생각한다. 그렇지 않고 어떤 방향으로 설교해야 할지 어떻게 결정할 수 있겠는가? 총체적인 성경적 관점을 얻기 위한 한 가지 방법은 성구 사전을 보면서 "죄"라는 단어가 있는 구절들을 일일이 검토하는 것이다. 더 편리한 방법으로는 주제별 성경사전(예를 들면, 『성경 해석자 사전』[Interpreter's Dictionary of the Bible] 또는 앨런 리처드슨[Alan Richardson]의 『성경 어휘 신학 사전』[A Theological Wordbook of the Bible])에서 "죄"라는 항목을 찾는 것이다. 여기서 죄에 대한 큰 그림을 그릴 윤곽을 얻을 수 있다. 큰 그림이라고 해서 특징이 희미해지는 것이 아니라 오히려 더욱 예리하게 초점을 맞출 수 있다. 이런 유리한 점 때문에 죄가 어떻게 에덴동산에서부터 부활절까지, 그리고 종말을 향해 어떻게 나아가는지 알 수 있게 된다.

설교자가 전체 성경을 다 설교할 수 없기 때문에 하나 또는 두 개의 본문을 다뤄야 한다. 그러나 반드시 그렇지는 않은데, 큰 주제의 교리는 성경의 많은 구절을 다룰 때가 많기 때문이다. 찰스 스펄전은 설교 본문을 하나로 정하지 않고 성경의 많은 구절들을 다루곤 했다. 그러나 대체로 이것은 성공하기 어렵다. 회중들은 한 본문을 소화하기에도 벅차기 때문이다.

하나 또는 두 개의 본문을 정할 때, 해석학적 결정 과정을 충분히 활용할 수 있다. 예를 들면 어떤 이는 죄를 잘못된 구체적 행위로 규정할 수 있다. 죄가 인간의 곤란한 처지를 나타낸다는 생각을 고려하지 않고 설교 본문을 요한일서를 택하면 거의 유니테리언적 관점으로 보이는 때가 있다. 어떤 이는 서둘러 바울의 본문을 택하고서는 죄는 보편적이지만 우리가 하나님으로부터 용서함을 받았다는 피상적 해석을 한다. 그러나 죄에 대한 바울의 이해를 잘못 이해하면 하나님의 은혜에 대한 응답으로 거룩한 삶을 사는 구체적인 행위와 그 중요성을 약화시킬 수 있고, 회중들로 하여금 "무엇이나 할 수 있다"(anything goes)는 잘못된 태도를 갖게 할 위험이 있다. 어떤 이는 시편과 예언서에 나타난 죄에 대한 공동체적 표현을 간과함으로써 개인적인 죄에 지나치게 집중하여 사회와 세계에 대한 죄를 전혀 언급하지 않는다. 그러므로 설교자는 각자의 해석학적 결정 과정을 점검해야 한다. 사실 교리 설교를 하려고 할 때 신학적 관점과 개인적 선호도에 따라 본문을 선택한다는 것은 좋은 것이다. 다양한 접근들은 그 진행과정을 잘 깨닫기만 하다면 기독교 설교에 풍부함과 짜임새를 더해준다.

2. 주요 신학자들의 설명을 조사한다. 만일 우리가 한두 본문을 정했다면, 그 교리에 대한 주요 신학자들의 사상이 무엇인지 살피는 것이 필

요하다. 어떤 신학자─칼빈, 바르트, 틸리히, 칼 라너 등─의 글을 읽을 것인가를 결정하고 그 저술의 목록들을 점검해야 한다(루터는 조직 신학에 기반을 둔 것이 아니기 때문에 점검하기 어렵다). 우리는 신학자들이 우리가 택한 본문들을 어떻게 적용하고 있는지에 집중하면서 신학자들의 언급에 몰두해야 한다. 그 신학자들의 저서들이 많기 때문에 이러한 작업은 주제들을 좁혀가며 관찰하는 데 도움이 된다. 성경에서처럼, 그 교리와 관련된 이슈에 대한 광범위한 글들 중에서 가장 좋은 것을 읽는 방법이 문제될 것은 없다. 그러한 총체적 독서를 통해서 "죄"를 다루는 방법에 더 적절한 성경 본문을 발견할 수 있다.

내게 도움이 되었던 접근법 중의 하나는 신학자의 교리 신학과 성서 신학을 둘 다 읽는 방법이다. 예를 들면, "죄"에 관한 칼빈의 『기독교 강요』뿐만 아니라 죄를 다루는 성경 구절에 대한 칼빈의 주석을 보는 것이다. 칼빈은 항상 신학적 주해를 했다. 『기독교 강요』에서는 교리적 신학자이지만, 주석에서는 성서적 신학자다. 루터는 그의 저술에서 교리 신학과 성서 신학을 함께 다루었다.

다른 손쉬운 방법으로 앨런 리처드슨의 『기독교 신학 사전』(A Dictionary of Christian Theology)을 찾아보는 방법이다. 리처드슨의 사전은 한 주제에 대한 간략한 역사가 나오고, 다른 신학자들의 관점에 대해 소개하고, 주요 항목으로 큰 틀을 제공한다. 반 하비(Van A. Harvey)의 『신학 용어 핸드북』(Handbook of Theological Terms)은 이런 내용을 더욱 손쉽게 볼 수 있도록 정리했다. 칼 라너의 『신학 백과사전』(Encyclopedia of Theology)은 로마 가톨력과 개신교가 알아야하는 것들을 세밀히 분석해 놓았다.

신학자들의 저술을 읽는 것은 다음 두 가지 면에서 중요하다. (1) 교리의 발전사, 즉 성서적 드라마로부터 신학적 교리로 어떻게 발전했는지를 알 수 있게 한다. (2) 교리에 대해 더욱 명확하게 이해할 수 있도록 돕는다. 나는 블랙우드가 "당신이 이해한 것을 설교하라"[2]고 말했던 것이 정말 중요하다고 생각한다. 만일 설교자 자신이 교리의 의미를 확실히 이해하지 못한 상태에서 설교한다면, 그 설교를 듣는 교인들은 어떠하겠는가? 물론 어떤 교리들은 설교자들도 결코 충분히 이해하지 못하는 것들이 있다. 모두에게 신비로운 것은 신비스러움에 맡길 수밖에 없다. 그러나 우리가 알 수 있는 것, 그리고 우리의 지식과 경험을 초월하는 것에 대해 명확히 하는 것은 설교자의 책임이다.

3. 교리에 관련된 이미지와 경험을 탐구한다. 성서적 이미지는 굉장히 많아서 쉽게 이용할 수 있다. 죄에 대한 성서적 이미지는 하나님처럼 알고 싶은 나머지 자신의 분수를 넘어서 아담이 금지된 과일을 베어 먹은 이미지다. 또 다른 이미지는 얍복 강에서 야곱이 결국 자신의 속임과 계략에 대한 대가를 치러야 하는 이미지다. 성경에서 사용되는 단어, 즉 구약의 하타(hata)와 신약의 하마르타노(hamartanō)는 불쌍한 궁수처럼 우리가 어떻게 해서 "과녁을 못 맞히게" 되었는지, 우리가 순례자처럼 어떻게

---

2) Andrew W. Blackwood, *Doctrinal Preaching for Today* (Grand Rapids: Baker Book House, 1975), 189-90.

길을 잃어버리게 되었는지 보여준다. 베드로는 "그 사람을 본 적이 없노라"고 세 번이나 말했고, 빌라도는 맥베드 부인처럼 "이 저주의 흔적이라니!"하며 손을 씻고 또 씻었다.

분명한 사실은 우리가 스스로 그 흔적을 씻을 수는 없다는 것이다. 우리는 그것을 안다. 처음부터 그것을 알고 있었다. 그 경험은 오래도록 쌓였다. 알베르 까뮈의 『전락』(The Fall)에서의 장 밥티스트 클레망스(Jean-Baptiste Clemence)에서부터 허먼 멜빌의 『백경』(Moby Dick)에서의 비극적인 선장 아합, 나다나엘 호손의 『주홍글씨』에서의 헤스터 프린에서부터 칼 샤피로의 『아담과 하와』까지, 우리는 모든 인간이 경험하는 비극적인 죄에 반영된 우리 자신들을 본다. 윌리엄 셰익스피어의 작품 『리처드 2세』에 나오는 독백을 들어보라.

> 너희 중에 어떤 이는 빌라도와 함께 손을 씻으며 동정심을 내어
> 보이지만, 그러나 너 빌라도여, 너는 나를 괴로운 십자가에까지
> 데리고 오는구나! 하지만 물로는 너희 죄가 씻기지 않으리. [3]

브루스 로버트슨(그의 설교문이 부록에 있다)은 손 씻음의 이미지를 거울 이미지로 바꾼다. "사도 바울은 우리에게 거울 하나를 보여주었습니다. 우리가 그 거울을 들여다 볼 때 그 속이 얼마나 깊은지 모릅니다. 그 거

---

3) Roland Bartel, James S. Ackerman, and Thayer S. Warshaw, ed., *Biblical Images in Literature* (Nashville: Abingdon Press, 1975), 309에서 인용.

울을 바라봄으로써 공포심이 덜어지고 사악한 자기 고발이 드러나고, 피곤함과 유한성은 그 거울에서 외로움과 질병의 과정으로 설명될 수 있을 겁니다." 우리는 눈길을 돌리고 싶지만, 성서 본문의 거울에서 우리의 참 모습인 죄의 모습을 보게 된다. 이 교리를 이해하기 위해 문학작품에 나타난 이미지가 필요한가? 반드시 그럴 필요는 없다. 다른 어떤 교리보다 분명하기 때문이다. 그러나 그러한 작품들은 우리의 경험을 더욱 구체적으로 표현해주는 데 도움을 준다.

4. 오늘날 이 교리와 관계된 이슈들과 문제들을 조사한다. 죄의 교리에 관한 이단들은 어떤 것들이 있는가? 회중들이 기독교 경험 안에서 성장하도록 어떻게 도울 수 있을까? 이 부분의 설교학적 과정에 대해 두 가지 포인트가 있다. 이단들은 식별하기 어렵지 않다. 그것을 위해 칼 메닝거 (Karl Menninger)의 『무엇이든지 죄가 되는가』(*Whatever Became of Sin?*)를 읽을 필요가 없다. 이단들은 책꽂이를 채우고 있는 "당신이 최고다"라는 식으로 말하는 책에서 쉽게 발견되는데, 이는 우리로 하여금 점점 좋아진다고 말하는 19세기 자유주의적 인본주의다. "당신 자신에 대해서 더욱 긍정적으로 생각하기만 하면 모든 것이 잘될 것이다." 얼마나 아름다운 에비온파 기독론인가! 얼마나 많은 유니테리언들이 오늘날 교회에 있는지 모른다. 적어도 유니테리언들은 우리 행동에 따라 결과가 주어진다고 믿는다. "당신만의 일을 하는 것"은 어떤 점에서 어떤 다른 사람의 공간을 짓밟는 것을 의미할 수 있다.

정반대의 생각으로, 어떤 사람은 죄를 이해할 때, 죄가 너무 깊어서 하나님이 그들을 결코 용서하지 않는다고 믿는다. 텔레비전 복음전도자인 케네스 코플랜드(Kenneth Copeland)가 한 부인에 대해 말한 적이 있는데, 그녀는 눈을 감고 손을 높이 들며 앞으로 나와서 자신의 죄와 그녀의 두려운 삶에 대해 슬퍼하고 있었다. 그가 그녀에게 하나님께서 그리스도 안에서 모두 용서하셨다고 말해주고, 몇 번이나 거듭 확인을 해주어도 계속 슬픔 가운데 있었다. 그러자 결국 그는 그 부인의 뺨을 때리며, "부인, 이제 당신은 용서받았습니다!"라고 말했다는 것이다. 여전히 어릴 적 회심 체험을 벗어나지 못한 채 그걸 즐기면서 여전히 제임스 파울러의 세 번째 단계에 머물러 있는 사람처럼 이 부인은 자신의 죄를 애도하는 경험을 가장 높이 두고 즐기고 있었던 것이다.

또는 제임스 파울러의 두 번째 단계에서 그 부인처럼 죄와 구원은 천국에서나 이룰 수 있는 것으로 생각할 수 있다. 그 부인은 매일 기도문을 외움으로써 그것으로 그녀가 범한 죄를 극복하기에 충분한 은혜를 쌓을 수 있다고 생각하는 것이다. [4] 죄와 구원을 마술적으로 결합시키는 관점은 건전한 기독교 교리 설교에 도움이 될 수도 있고 도움이 되지 않을 수 있는 이해 부족을 나타낸다. 그러나 강단에서 이러한 주제를 다루는 구체적인 시도가 없다면 어떤 신앙의 성장도 기대할 수 없다.

죄를 개인적인 차원으로만 이해하는 이들을 위해서 묵시 문학에 있는 죄와 악에 관한 교리 설교가 적절하다. 여기에는 요한계시록과 다니엘이

---

4) James W. Fowler, *Stages of Faith* (New York: Harper & Row, 1981), 146-47.

적합하다. 그곳에서 개인적인 죄를 찾아보라. 여러분은 그것을 발견하지 못할 것이다. 묵시 문학은 공동체적 악을 진지하게 다룬다. 그렇기 때문에 이것을 다루어야 하는 것이다.

5. 중심 되는 분명한 목적 설정과 그것을 끝까지 견지함으로써 생각을 한 방향으로 모은다. 이 말은 설교가 한 문장으로 요약될 수 있다는 말이 아니다. 설교의 중심 개념을 놓치지 않고 한 방향으로 따라간다는 것은 그렇게 쉬운 일은 아니지만, 집중한다면 할 수 있는 일이다. 설교자는 중심 메시지를 확실히 알아야 하고, 끝까지 그 메시지에 충실해야 한다. 그 목적은 교리의 분석과 성경과 전통에 대한 성실성 및 회중의 필요에 의해 정해진다. 그 목적에 적합하지 않은 것은 다음 설교에 사용하면 된다. 예를 들면, 설교의 목적이 불순종을 죄로 보고, 불순종에도 불구하고 하나님의 은혜를 입고 있는 회중을 향한 것일 경우, 이 설교는 본문을 십계명으로 한 설교일 수 있다. 만일 그것이 설교의 목적이라면 원죄 이외에 다른 죄에 대한 해석은 이 설교에 어울리지 않는다. 간결하게 하고 목적에 충실하라.

6. 설교하기로 선택한 교리의 목적과 신학적 차원을 설교의 구조에 반영한다. 여기서 균형이 매우 중요한데, 특히 죄의 교리인 경우 더욱 그렇다. 죄에 관한 설교에서도 하나님의 은혜를 다루는 것이 균형 있는 것이다. 이렇게 하지 않는 것은 루터의 "내 주는 강한 성이요" 1절만 부르면서, 능력 있는 사탄—"그는 무서운 솜씨와 능력으로 무장하고 있어서 지상에서는 당할자 없네"—을 인정하고 마는 것과 같다. 여기서 과제는 죄를 어떻게 다

루고 얼마만큼의 분량으로 다룰 것인가 하는 것이다. 죄에 대한 교리 설교는 확실히 구체적으로 다루어야 하는데, 그러면 한편으로 얼마나 폭넓게 다루어야 하는가?

목회적 성향의 신학자들은 이 점에서 도움이 될 만한 제안을 한다. 신학자들은 고통 중에 있는 사람에게 신중히 귀를 기울임으로써 회중들이 교회에 나올 때 자신들의 죄에 대해 알고 있다는 것과 교회에서 그 죄의 깊이에 대해 자세히 알게 된다는 사실을 알아차렸다. 신학자들이 주장하는 바는 설교자들이 회중들에게 죄에 대해 너무 자세히 언급할 필요가 없다고 하면서, 다만 죄에 대해 인식시키기만 하면 되고, 하나님의 은혜의 빛 안에서 그 죄를 해결함 받도록 돕는 데 집중해야 한다고 한다.

그러나 우리는 죄가 무엇인지 알 수 있도록 반드시 명명할 필요가 있다. 그렇게 하지 않는다면 중대한 실수다. 왜냐하면 자신의 죄를 철저히 깨닫고서 성전에서 "화로다 망하게 되었도다. 나는 입술이 부정한 사람"이라고 고백하는 이사야 선지자와 같은 사람들이 있을 뿐 아니라, 우리야의 피를 손에 묻히고 있다고, 나단 선지자에 의해 "바로 저 사람이다"라고 지적을 당했던 다윗과 같은 사람들도 있다. 윌리엄 오글스비(William Oglesby)는 이러한 만남을 목회 상담에서 명료하게 발견한다.

> "잃어버린 자를 찾아 구원하려고"(눅 19:10) 오신 분에게서 완성된, 창세기 3장의 "네가 어디 있느냐"(9절)라는 기본적 질문은 그 만남의 핵심이다. 만남의 핵심은 진리와 은혜를 함께 가져오는 것이

다(요 1:17). 이런 면에서 진리란 자아의 실존적 긍정, 즉 "여기 내가 있나이다"와 상대방의 실존적 이해, 즉 "거기에 당신이 있나이다"를 함께 의미하는 것이다. 같은 방법으로 은혜란 "내가 당신을 사랑합니다"라는 용서의 표현을 의미한다. 진리 없는 은혜는 부적절하고, 은혜 없는 진리는 파괴적이다. [5]

회중은 "내가 여기 있나이다" 하는 자신의 죄에 대한 인식을 가지고 나아오는데, 설교자가 그것을 소홀히 해서 마치 그 문제는 중요한 것이 아니라고 느끼게끔 해서는 안 된다. 설교자는 결국 다음과 같이 말할 수 있어야 한다. "그렇습니다. 바로 거기에서 당신은 죄를 범했습니다." 회중이 자신의 죄에 대해 인식하지 못하는 경우에도 마찬가지다. 그러나 오글스비가 지적한 대로 이때 은혜의 말씀과 함께 전해야 한다.

이 경우에 교리 설교의 구조는 죄의 교리의 신학적 차원과 그 교리가 회중에게 영향을 미치는 방법에 의해 부분적으로 결정된다. 각자 위의 3장에서 다루었던 다양한 접근들 중에서 택할 수 있지만, 바르트, 칼빈, 에드워즈의 방식을 사용할 가능성은 우리가 구체적인 본문으로부터 시작하지 않았다는 사실에 의해 감소한다. 만일 성경의 한 구문이 이 방법으로 다루어진다면 더욱 좋지만 일대지 설교나 대화체 설교가 우리에게 더욱 효과적일 것이다. 왜냐하면 그들은 구조적 표현에서 자유를 주기 때문이다.

---

5) William B. Oglesby, "Implications of Anthropology for Pastoral Care and Counseling," *Interpretation*, 33,2 (April 1979): 163-64.

설교의 출발점으로 교리를 다루면서, 이제 교리문답적이고 논쟁적 요소를 지닌 교리 설교를 생각해 보자. 이를 위해서 교리 설교에서 성례전, 교회력, 신조, 그리고 루터파의 율법-복음 모티브의 도전을 살펴보자.

성례전 설교

강단에서 교리를 가르치는 가장 좋은 방법은 성례전을 집례하게 되었을 때 성례전에 대해 설교하는 것이다. 한 아기가 부모의 품에 안겨 앞으로 나와 세례를 받는다. 이때 주의 은혜가 그 아기의 생애에 임하고, "주님의 교훈과 훈계로 양육할 것"을 약속한다. 한 교인이 앞으로 나와 그의 생애를 그리스도에게 헌신하기로 서약하고 세례를 받고 그리스도의 왕국에 들어선다. 주의 식탁 위에 떡과 찬이 놓여있다. 모두의 기대 속에 (먹고, 마시고, 기억하는) 성찬을 기다리고 있다.

이제 성례전에 대해 설교하는 시간이다. 설교자는 바로 성례전에 관한 설교로 들어가야 하는데, 세례에서는 더욱 특별히 그렇다. 성찬을 매주 행하는 성공회와 그리스도의제자교회(Disciples of Christ church)는 설교 때마다 성찬에 대해 설교해야 한다는 압박감은 느끼지 않는다. 그들은 시각적 상징을 항상 대하기 때문이다. 그러나 이런 교회조차도 경우에 따라서는 성찬 교리를 가르침으로써 성찬을 바로 이해하고 참여할 수 있도록 할 필요가 있다.

오늘 우리 교회에 성례전에 대해 거의 또는 전혀 알지 못하는 회중들이 얼마나 될지 알면 놀라게 될 것이다. 그런데 그나마 그들이 성례전을 어떻게 이해하고 있는지를 알면 더욱 놀라게 될 것이다. 이단적이고 미신적인 이해를 가진 경우가 많을 것이기 때문이다.

미국 방송 인기 시트콤 코미디 프로그램인 「올 인 더 패밀리」(*All in the Family*: CBS에서 1971년부터 1983년까지 인기리에 방영되었다) 주인공인 아치 벙커(Archie Bunker)가 방송 중에 세례 문제를 다룬 적이 있었다. 내용인즉슨 조이라는 어린이가 죽어가고 있을 때, 어린이를 데리고 교회로 가서 세례를 받게 해주려고 했다. 아치 벙커는 목사에게 부탁하여 세례 받게 하려 하였지만, 그 젊은 목사는 은혜를 베풀 수가 없었다. 그러자 아치는 5달러짜리 지폐를 보이며 그 목사를 확신시키려고 하였다. 그것이 통하지 않자, 그는 세례조로 가서 자기 자신이 그 아이에게 세례를 주는 감동적인 장면을 연출했다.

만일 아치가 세례는 그리스도인 공동체에 입문하는 성례전이며, 하나님의 능력과 사랑을 전달하는 행위로서, 그 아이가 현재 하나님의 손에 있고 믿음으로 매일의 삶에서 하나님의 손에 붙잡혀 있다는 것을 의미한다는 것을 알 수 있도록 하는 설교를 들었다면 어땠을까? 안타깝게도 아치의 믿음은 여전히 제임스 파울러의 첫 단계와 둘째 단계에 해당하는 종교를 마술적 용어로 보는 수준인 것이다. 세례의 의미에 대해 잘 준비된 단도직입적인 교리 설교는 그를 그의 그리스도인 순례의 여정을 앞서 행할 수 있도록 도와줄 것이다. 그러면 누가 아치에게 설교할 수 있을까?

물론 오늘날에도 우리 교회에 수많은 "아치들"(Archies)이 있다. 그들은 자기들이 무언가 필요한 것이 있으면 교회에 나온다. 그들의 믿음은 교회학교에서 배운 것이 전부다. 엘리스 넬슨(C. Ellis Nelson)은 이렇게 말한다.

> 일반적으로 어린이는 입교(confirmation, 성공회에서는 견진성사)에서 예배와 성례전에 대한 전통적 믿음에 대한 신학적 정의를 배우는데, 이때 배운 것이 평생 간다. 만일 그 어린이가 따로 신앙교육을 받지 않는다면, 간헐적으로 듣는 성찬 설교 외에는 배울 수 있는 기회가 없다. 그의 지성은 신앙적으로 십대 수준에서 멈춰버리는 것이다. [6]

설교자로서 우리의 책임은 여전히 십대 수준의 믿음에 있는 성인들에게 도전을 주고, 성서적 뿌리를 따라서 성례전의 교리적 의미를 가르침으로써 더 깊은 믿음으로 자랄 수 있도록 하는 일이다.

이 과제는 교리문답적이며 논쟁적일 것이다. 설교자는 세례가 그리스도의 몸으로 들어가는 것이며, 성령의 역사하심으로 그리스도에게 접목된다는 것을 가르친다. 설교자는 또한 잘못된 이해를 교정해야 한다. 예를 들어, 설교자는 세례가 우리의 행위가 아니라 본래 하나님의 행동이라는 점을 이해시켜야 한다. 만일 그렇게 할 수 있다면 세례의 특별한 방식

---

6) C. Ellis Nelson, *Where Faith Begins* (Richmond: John Knox Press, 1971), 187.

에 대한 강조를 덜 할 것이다. 세례는 우리가 하는 행위가 아니라 하나님께서 그리스도 안에서 행하시는 것이고, 성령을 통한 하나님의 행하심이다. 세례를 사회적 행사로 여기는 것—아이를 위한 신학적 데뷔, 영적 커밍아웃—은 또다시 인간의 행위에 대해 너무 강조하는 것이다.

성례전에 대해 설교함에 있어서 어떤 특별한 성경 본문으로부터 시작할 필요는 없지만 다른 성서적 관점들과 그들이 어떻게 다른 각도로 세례의 의미를 제공하는가를 이해할 필요는 있다. 예를 들면, 만일 사도행전 2장에서 많은 사람들이 회개하고 세례를 받았다는 구절이나 로마서 6장에서 바울이 "그리스도와 함께 죽고 그리스도와 함께 다시 사는" 것에 대해서 설교할 때, 설교자는 다만 성인 세례만을 위해(이것은 성서만으로 쉽게 증명된다) 아주 강하게 설교할 수 있다. 그러나 주제가 그리스도 위에 임한 성령, 그리고 우리가 "하나님의 자녀"(갈 3장)인 경우, 그리스도를 향하여 돌아서는 회개보다 하나님의 행동하심이 더욱 강조된다. 성인 세례만을 따른 자들은 성례전에서 하나님이 앞서 행하시는 행위와 은혜보다 인간의 행위를 더욱 강조하는 것이다.

유아 세례를 행하는 자들은 하나님의 앞서 행하시는 은혜에 대해 강하게 강조하는 것이다. 하나님의 사랑과 은혜를 이해하기 위해서, 부모를 생각해보자. 부모들은 자신들의 자녀를 정말 사랑하고 항상 함께 있다. 이러한 부모는 자녀들의 주체적 응답이나 감정의 기복과는 관계없이 그들을 사랑한다. 부모들은 병원에서 아이를 집으로 데려올 때부터, 아이를 향한 사랑이 충만한 상태다. 아이가 두 살, 네 살, 개구쟁이, 미운 오리새끼 같은 나이로 차례로 성장해가는 동안에도 사랑은 그치질 않는다. 반항적인 사춘기 시절과 고집 센 청년기 때도 받아들이며 사랑한다. 우리를 향한 하나님의 사랑이 이와 같다. 그 사랑은 우리의 응답에 대해 독립적이다. 그 사랑은 하나님에 대한 우리의 연약한 사랑의 표현에 좌우되지 않는다. 우리는 하나님의 가족의 자녀로 입양된 자들, 한때 집을 나갔지만 다시 돌아온 자들인데, 사랑은 이런 우리에게 일방적으로 주어진 것이다. 하나님께서는 노숙자, 무명의 사람으로 세상에 버려진 우리들을 택하신다. 그리고는 우리가 깨닫기도 전에 입양하시고 우리가 외면할 때조차 우리를 지켜주시며 평생을 돌보아주신다. 하나님은 결코 우리를 포기하지 않으신다. 그러므로 세례는 인간의 행동이 아니라 우리 주 그리스도 예수 안에 있는 하나님의 행위다.

성찬 또한 그리스도 안에서 우리를 위한 하나님의 행동이다. 성찬은 우리를 위해 찢겨진 몸, 흘린 피로 드려진 그리스도의 희생제사이다. 우리의 행위는 단지 믿음으로 받는 것이고, 그를 "기념하여 이것을 행하는 것"인데, 이것도 성령을 힘입어, 그의 이름 안에서 행해지는 것이다.

"실제적 임재"(real presence)는 교회사에서 논쟁적 주제였다. 비록 오늘 우리가 후기 계몽주의 시대, 후기 칸트 시대에 살고 있지만, 여전히 논쟁에 매달리는 사람도 있다. "우연성"(accidents)과 "실체"(substance)의 아리스토텔레스적 의미를 이해하기란 어렵다. 왜냐하면 이 범주들을 더 이상 생각하지 않기 때문이다. 우리는 유명론 철학의 상속자들이다. 우리는 "장미가 장미인 것은 장미가 장미이기 때문"(a rose is a rose is a rose)이지

다른 어떤 것이 아니라고 믿는다. 1215년, 제4차 라테란공의회에서 화체설 개념이 확정되고, 그때부터 설교의 능력과 신비가 빠진 성례전에 그리스도가 임재하는 방법에 대해 그렇게 오랫동안 논쟁을 벌여왔는데, 우리는 그들의 상속자는 아니다.

다른 한편으로 오늘날 로마 가톨릭과 개신교인 중 많은 사람들이 울리히 츠빙글리를 따라서 성찬을 "단순한 기념"(mere memorial)이라고 생각한다. 대부분 츠빙글리에 대해서 들어보지 못했기 때문에 츠빙글리의 영향이라고 생각할 필요는 없다. 그보다는 오늘날의 경험주의적 경향 때문이다. 우리는 지식 습득에 있어서 볼 수 있고 만지고 냄새 맡을 수 있는 것을 선호한다. 칼빈의 역동적인 실재론(dynamic virtualism: 그리스도는 능력으로 임재하신다는 이론)을 따르는 개신교인들과 오도 카젤(Odo Casel)의 의미변화(transsignification, 공간적이지 않은 그리스도의 임재에 대한 이론―역주) [7] 는 주의 만찬에서 그리스도의 임재에 대한 보다 깊은 이해를 제공한다. 그들에게 그리스도의 임재는 성령의 역할이다. 이는 마치 그리스도의 능력과 용서가 성도들의 마음에 나타나는 것과 같다. 그들의 강조는 그리스도의 수난과 속죄만이 아니라 성육신에 대한 것이다. 그리스도의 가르침과 치유사역들이 여기서 나타난다. 그리스도는 "말씀이 육신이 되어" 우리 가운데 거하시며 "자기를 비워" 하나님의 보좌 오른편에 올라가신 분이다. 이 모든 것들이 우리가 성찬을 행할 때 한 초점으로 모아진다.

---

7) James White, *Introduction to Christian Worship* (Nashville: Abingdon Press, 1980), 231.

그러나 한 편의 교리 설교 안에 그 모든 것을 다 담을 수는 없다. 따라서 세례나 다른 교리들처럼, 다만 영광스런 신비를 부분적으로 나타낼 수 있을 뿐이다. 이것을 효과적으로 하는 방법은 성찬 예배 자체를 살피는 것이다. 하나님께서 예비하신 잔치에서 우리 모두가 함께 나눈다는 것은 무엇을 의미하는가? 이 교제가 어린양의 잔치에 앉아 있는 가운데, 성찬 그 자체에서 상징되고 있는가? 성만찬 기도인 대감사(Great Thanksgiving)를 살펴보라. 기억(anamnesis, 아남네시스)의 의미는 무엇인가? 우리는 어떻게 그리스도를 기억해야 하는가? 왜 강복 기도(에피클레시스[epiclesis])를 드리는가? 성령의 임재를 기원한다는 것은 무엇을 의미하는가? 성찬은 이러한 중요한 가르침을 제공할 수 있는 기회다.

대림절 중에 전한 설교에서 나는 성찬 제정의 말씀의 한 어구, "주의 죽으심을 오실 때까지 전하는 것이다"(고전 11:26)를 택하여 바르트 형식의 구조로 설교했다. 성찬에 앞선 설교에서 성찬뿐 아니라 아기 예수의 오심을 말씀했다. 설교의 첫 번째 대지는 "주의 죽으심을 선포하라"였다. 이 주제는 크리스마스를 바로 앞두고 하기에는 어색한 주제가 아닌가! 대림절은 슬픔이나 연민의 시간이 아니라 기쁨과 축제의 시간이다. 그러나 그 아기가 갈보리로 가야 하는 그리스도가 아니라면, 구유에 놓인 아기는 다른 아기일 뿐이다. 유명한 크리스마스 찬송, "동방 박사 세 사람"(We Three Kings of Orient Are)의 4절 가사는 그리스도의 죽음에 대한 내용이 아닌가! 그러므로 크리스마스 절기에도 주님의 죽으심을 전파하는 것은 어색한 일이 아니다.

그 설교의 두 번째 대지는 "그가 오실 때까지"라는 구절이었다. 대림절은 이미 오셨으나 다시 오실 그분을 기다리는 계절이다. 여기서 대림절의 재림의 모티브가 드러난다. 그래서 나는 떡과 잔에 대한 말씀을 사용하면서 성찬으로 향하는 교리 설교를 했고, 또한 성찬에 두 가지 다른 교리적 주제들을 가져왔다.

성찬에 대해 설교할 때 꼭 포함해야 하는 강력한 것이 있다. 다음과 같은 명령, 곧 "이것을 행하여 나를 기념하라"이다. 많은 성찬상 앞에 새겨져 있는 이 구절은 그리스도의 말씀이다. 초대교회 때부터 계속됐기에 그만큼 의미 있는 말씀으로 우리에게 다가온다.

몇 년 전, 구 서독에 있는 베르체스가덴(Berchtesgaden)에 있는 군인을 만난 적이 있다. 유럽 전역에서—터키에서도—장교들, 징집된 군인들, 영국 군인들이 모였다. 집회 마지막날 밤 성찬에 참여하기 위해 모였다. 우리가 모인 호텔은 아돌프 히틀러가 고위 장교들과 함께 공격 전략들을 세우기 위해 이곳에 왔을 때, 조셉 괴벨스(Joseph Goebbels)와 헤르만 괴링(Hermann Goering)이 머물렀던 곳이다. 창밖으로 알프스 산이 땅거미가 드리워진 채 서있다. 긴장되는 순간이다. 유럽을 피로 물들게 했던 두 단어가 벽들을 통해 메아리친다. "하일, 히틀러!" 그러나 그 단어는 더 이상 들리지 않는다. 그 대신 그날 밤 그보다 더 오래된 단어, 그보다 더 강력한 단어가 들린다. "이것을 행하여 나를 기념하라."

우리가 성례전을 설교할 때, 하나님의 능력을 설교하는 것이다. 우리는 그리스도와 십자가에 달리신 그리스도를 전파한다. 우리가 가르치고 올바른 길로 인도하기 위해 성례전을 설교할 때, 성령의 능력에 의지하면서 활기와 기쁨과 열정으로 설교해야 한다.

교회력 설교

성례전을 설교하는 것뿐만 아니라 또한 교회력을 설교함으로써 올바로 가르치고 교정해야 한다. 대부분의 기독교 시대는 규칙적으로 교회력을 준수해왔다. 그런데 왜 그것을 설명하는 교리를 설교하지 않는가? 3장에서 성서정과(lectionary)의 구절들이 어떤 신학적 주제에 부응하기 위해서 어떻게 선택되었는지 다루었다. 우리는 교회력을 따라서 교리를 설교할 때, 본문으로 시작해서 성서에 근거를 둔 교리들을 탐구하는 성서신학자들 같은 작업을 하는 것이 된다. 만일 성경 본문으로 시작하면 더 많은 교리들을 대면하기 쉽다. 왜냐하면 모든 서신서의 교훈들이 다양한 교회절기에 모두 해당되는 신학적 틀에 맞게끔 선택된 것은 아니기 때문이다. 그런데 신학적 테마를 정하기 위해서, (대림절, 성탄절, 주현절, 부활절, 오순절과 같은) 교회력으로부터 시작하면 순서는 반대로 되어있다.

나는 신학교 강의실에서 1년 교회력을 작성해오라는 과제를 낸 적이 있다. 먼저, 그들에게 전 세계 교회로부터 열 개 또는 열두 개의 교회력을 조사해서 그 교회력들이 어떻게 연결되어 있는지를 살피게 했다. 그 각각에 대해서 그 교회력들을 만들었던 다양한 위원회의 해석학적이고 신학적인 전제를 이해하도록 노력해야 했다. 많은 교회력들을 조사해보면, 본문들의 선택에서 작용했던 해석학적 원리를 더욱 쉽게 파악하게 된다. 예를 들면, 과거의 연합장로교회 예식서였던 「주일 예배 모범」(*Service for the Lord's Day*)는 철저히 삼위일체적이다. 세 부분으로 구성되어 있다. (1) 성자─재림에서 승천, (2) 성령─오순절에서 오순절 후 19번째 주일, (3) 성부─대림절 전 8주간. 과거의 연합감리교회의 교회력은 대림절에 소개되는 종말론적 개념에 대해 예비적으로 소개하기 위해서 하나님 왕국 시대를 오순절 끝에 두었다. 학생들은 이러한 교회력을 공부하는 동안 각 절기에 핵심으로 여겨지는 여러 교리들을 발견했다. 일단 그들이 교리가 각 절기의 중심이라는 것을 발견하면 그 교리에 맞는 성경 본문을 선택할 수 있다. 이것은 교리 신학자들이 하는 방법으로, 그들은 근거되는 본문을 찾기 위해서 성서로 돌아가게 된다.

그러면 교회력 각각의 신학적 주제가 무엇인지 알아보자. **대림절** (*Advent*)은 교회력의 첫 절기로 왕으로 오신 아기 그리스도를 알리는 절기다. 앞에서 언급한 것처럼, 여기에는 그리스도의 재림의 의미도 함께 지니는데, 이때는 왕으로서가 아니라 심판자로 오신다. 따라서 우리는 현재 두 시간 사이─이미 그러나 아직(already-but-not-yet)─의 시간에 살고 있다. 우리는 기대함으로 기다리며, 그렇기 때문에 대림절 동안 묵시록적 (apocalyptic) 구절이 사용된다. 우리의 기다림이 묵시 문학처럼 죄에 대한 수동적 저항의 특징을 가지고 있지만, 그렇다고 전적으로 수동적이지는 않다. 우리는 회개해야 한다. 세례 요한은 대림절 기간 동안 매우 중요하다. 세례 요한과 구약 전체가 그리스도를 가리키고 있다. 특히 그들은 우리가 그리스도 안에서 가지고 있는 희망을 가리키고 있다. 그 희망이 뚜렷하게 표현되는 것이다. 무슨 일이 일어나든지, 인류에 어떤 파괴가 자행되어도, 마지막 말은 하나님께 있다. 지옥문들은 교회를 이기지 못할 것이다. 핵 시대에 그것은 특히 강력한 단어다.

대림절(Advent)은 교회력 중에서 문제의 여지가 있는 절기중의 하나인 **성탄절**(Christmas)을 가리킨다. 역사적으로 성탄절은 정복되지 않는 태양신(*Sol Invictus*, the Unconquered Sun)의 출생일인 12월 25일에 지키던 이교 로마의 동짓날(solstice)과 관계가 있다. 예수의 실제 출생일이 알려져 있지 않기 때문에 교회는 이 로마 공휴일을 성탄절로 삼은 것이다. 스코틀랜드 칼빈주의자들은 성탄절을 없앴고, 지금도 여전히 세속적인 날로 보는 사람들이 있다. 그럼에도 불구하고 오늘날 교회들은 이 날을 지킨다. 성탄절의 중요한 신학적 주제는 분명하다. 그리스도의 성육신. 이 절기의 교리 설교에서 분명히 강조해야 할 것은 한 아기의 출생이 아니라, 우리를 구원하고 죽으셨지만 죽음을 이기고 다시 일어나신 왕 중의 왕의 출생이다. 성탄절은 말구유를 넘어서야 한다. 존 던(John Donne)은 이렇게 말했다.

> 그리스도의 전 생애는 열정의 연속이었다. 다른 이들은 순교하여 죽지만, 그리스도는 순교자로 태어났다. 그는 베들레헴에서 이미 골고다를 발견했다. 왜냐하면 아기의 부드러운 피부에 말구유의

밑짚들은 후에 경험했던 가시처럼 날카로웠다. 태어날 때 불편한 말구유는 죽을 때 십자가와 다를 바 없다. 그의 출생과 죽음은 연속적인 행위였고, 성탄절과 성금요일은 같은 하루의 저녁과 아침이다. [8]

  존 던은 그 점을 과장하지 않는다. 설교자는 성탄절 기간에 삶, 죽음, 부활을 의미하는 성육신을 설교하는 것이다.

  주현절(*Epiphany*)은 많은 교리를 담고 있다. 그리스도는 그의 풍성한 영광 중에 계시된다. 하나님의 현현과 계시는 그리스도의 세례와 그의 변모(transfiguration)를 통해 드러난다. 어둠과 빛의 이미지들은 교리로 뒤섞인 신적 드라마의 무대 위에 드리워져 있다. 우리는 이방인들에게 선교함에 있어서 한 줌의 그리스도의 영광을 붙잡는다―이 메시지는 그 메시지를 듣는 모든 이들에게 전해져야 한다. 그러나 여기서 하나님의 능력은 더욱 넓게 나타난다. 하나님은 모든 자연과 역사의 주관자이시다. 별들이 그리스도의 나심을 알려준다. 왕들은 그에게 절한다. 어떤 이들은 그 앞에서 떨기까지 한다. 왜냐면 헤롯은 세상으로 그가 오심을 막을 힘이 없기 때문이다. 수많은 헤롯들이 예수의 이름을 저지하고, 교회의 행진을 막으려 하지만 실패한다. 바로 이것이 설교해야 할 교리인 것이다!

  사순절(*Lent*)은 대림절에서 이미 소개된 회개라는 주제를 반복하는데,

---

8) John Donne, "Christmas Day, 1626" in *Sermons of John Donne*, ed. Evelyn M. Simpson and George R. Potter (Berkeley and Los Angeles: University of California Press, 1962), 7:279.

이때 세례 후보자들이 세례와 입교를 준비한다. 이 절기는 훈련의 시기요, 유혹의 시기로서 그리스도의 왕권이라는 주제가 그리스도의 수난과 뒤섞여 있는 **종려 주일**(*Palm Sunday*)까지 계속된다. 그리스도가 예루살렘에 들어갈 때, 최후의 만찬, 성찬, 그리고 십자가—속죄—의 길로 들어선다. 속죄(atonement)는 설교하기 가장 어려운 교리들 중 하나다. 가장 큰 어려움은 적당한 이미지를 발견할 수 없다는 것이다. 물론 이미지가 없는 것은 아니다. 그리스도께서 대제사장과 완전한 희생이 되신다고 기록한 히브리서에서 희생적 이미지가 있다. 아벨라르(Abelard)의 모범적인 이미지, 즉 그리스도께서 고난 받는 종의 가장 좋은 본보기가 된다는 이미지도 있다. 우리는 안셀무스의 법적인, 또는 법정적 이미지를 간과할 수 없는데, 그것은 하나님의 만족하심에 대해 언급하는 고린도후서 5:16-21은 물론이고 로마서 5:6-11에서 바울이 말하는 법정 장면을 연상하게 한다. 그러나 바울과는 달리 하나님이 주관하시는 모습이 아니라 그리스도의 죽으심을 통해 보상하시는 모습이다. 우리는 또한 신적 드라마에서 그리스도께서 사탄을 멸하는 구스타프 아울렌의 『승리자 그리스도』(*Christus Victor*)의 전쟁터 이미지가 있다. 마지막으로 노예의 속전과 같은 경제적 이미지는 고린도전서 6:20, 7:23, 베드로전서 1:18-19에 나타난다.

이러한 이미지들의 연장선상에서 오늘날의 경험들을 생각해보자. 오늘날 사람들의 각박한 마음을 보면 창조주 하나님으로부터 멀어진 채 외롭고 상처 입은 모습으로 죽음과 삶에 대한 두려움으로 살아간다. 자신의 성공으로 만족을 추구하지만 결코 이루지 못하는 교만한 이들이 얼마나 많은지! 그들은 모두 십자가 뒤에 있는 자들이다. 그리스도께서 죽음의 두려움, 고통, 이기심 이 모든 것들을 친히 담당하시고 위대한 사랑으로 하나님의 사랑을 보여주셨다. 이에 대해 스튜어트가 말하기를 "오랫동안 거기에 베일이 가려져 있었는데, 그날 밤 하나님의 사랑을 보이시기 위해 꼭대기에서 아래까지 가르셨다." [9] 이 대조를 생생히 실감하기 위해서는 개리 제닝스(Gary Jennings)의 책 『아즈텍』(Aztec)을 보면 잘 알 수 있다. 우리 하나님은 매일 인간의 희생제사로 흡족해 하는 분이 아니시다. 우리를 위해 하나님 자신의 아들의 피를 쏟으셨다. 도대체 하나님은 어떤 분이신가? 종교 역사 가운데 이와 같으신 이가 있는가? 스튜어트가 속죄에는 놀라운 역설이 있다고 한 말은 옳은 말이다. 속죄는 이론 이상의 것이다. 모든 이성과 상충하며 유대인과 갈등하고 헬라인들에게 어리석게 보이는 순전한 사랑이다. 우리를 구원하기 위해 스스로 몸을 낮추시는 온유한 하나님의 모습이 놀라운 뿐이다. 그러므로 우리는 그 이론을 담고 있는 십자가를 설교하면서 이단을 경계하고, 그 이미지를 매일 삶으로 가져올 수 있어야 한다.

부활절(Easter)은 교회력의 첫날이며 가장 오래된 절기로서 그리스도인의 경험의 정점이다. 이 절기에 부활절 카드 보내는 것을 반대하는 신학교 교수가 있는데, 그는 그 대신 부활절 서신을 보낸다. 그는 부활절에 대해 초대 교회의 근원으로 돌아가 부활 경축을 회복해야 한다고 역설한

---

9) James Stewart, *A Faith to Proclaim* (New York: Charles Scribner's Sons, 1953), 80.

다. 그러나 중요한 것은 부활절 카드를 보내야 하는가의 문제가 아니라 부활을 가르치는가이다. 이것에 대해서는 논의의 여지가 없다.

부활절은 그리스도의 사역의 위대한 세 가지 행동을 마무리한다. 성탄절/주현절 절기는 성육신을 가리키고, 사순절과 고난주간은 속죄를 말하고, 부활절은 부활을 설교하는 것이다. 데이비드 버트릭은 부활절 메시지는 놀라운 이야기, 즉 문자적으로 믿기 어려운 이야기라고 강조한다. 우리가 부활과 성례전이 믿기 어렵다는 것을 아는 이유는 우리가 그만큼 세속적인 사람이라는 뜻이다. 버트릭은 세속주의를 이 시대의 특징으로 규정한다.

> 부활절에 어려움을 가중시키는 것은 현재 유행하는 세속주의다…요즈음 우리는(여기엔 설교자도 포함된다) 모두 세속적인 사람들이다. 예수 그리스도를 믿기는 하지만 스타일은 여전히 세속적이다…만일 중세의 기독교인들이 길옆에 있는 십자가를 보았다면, 그들은 자신들의 구세주가 달려 죽었던 십자가에 대해 생각했을 수 있다. 우리는 고속도로 곁에 세워진 십자가를 스쳐 지날 때, 그 십자가가 어떤 교회 광고물이라고 생각할 때가 많다. [10]

버트릭의 말은 옳다. 매년 맞이하는 부활절에 매년 같은 메시지를 설교해야 하는 설교자에게 이 날은 부담스러운 날이다.

---

10) David G. Buttrick, "Preaching on the Resurrection," *Religion in Life*, 45,3 (Autumn 1976): 279.

여러분에게 고백해야 할 말이 있습니다. 그동안 부활절이 되면 내 속에서 이런 작은 소리가 들렸습니다. "부활신앙은 실제가 아니라 부활절 분위기에 맞춘 형식적 신앙이오. 당신은 당신이 실제로 믿지 않는 것을 믿는 것처럼 보이려고 하고 있을 뿐이요." 이런 내면의 소리는 가끔 장례식장에서도 들립니다. "죽음 이후에도 삶이 있다고 믿는 것처럼 보일 뿐이지, 실제로 당신은 믿지 않고 있지 않소!"[11]

이런 고백은 마가복음 16:1-8에서 예수의 무덤에서 놀라 달아났던 여인들의 의심과 두려움에 대한 설교의 도입에 사용하기에 매우 적절하다. 많은 솔직한 목회자와 성직자들은 여기에 공감할 것이다. 부활 설교는 부활 신앙이 확고할 때도 설교하기 쉽지 않은데, 그 신앙이 흔들리는 상황에서는, 바울이 고린도전서 15:12-16에서 언급한 것처럼 기독교 신앙 전체가 속임수 카드처럼 한순간에 와해된다. 부활절은 게임 종료를 알리는 신호인 것이다.

부활절을 설교할 때 문제가 되는 것들은 어떤 것들인가?

1. 대부분 그리스도인들은 바울 서신에 나타난 기본적인 기독교 케리그마에 대해 어려움을 느끼지 않는다. 문제는 복음서에 있는 부활절 이야기가 분명한 모순을 지니고 있다는 데 있다. 조지프 피츠마이어(Joseph Fitzmyer)의 지적은 날카롭다. "마가복음은 부활에 대해 급하게 마무리하

---

11) John Killinger, "He Is Not Here," in *The Miracle of Easter*, ed. Floyd Thatcher (Waco, Tx.: Word Books, 1980), 145.

4장_성례전, 교회력, 신조에 담긴 교리 133

고 있는데 비해, 다른 세 복음서는 부활하신 그리스도의 여러 번의 출현을 소개하고 있는 점에 대해 어떻게 설명할 것인가?"[12]

2. 또 다른 문제는 복음서 여러 곳에서 표현된 대로, 그리스도의 "부활"(risenness)를 바라보는 방식이다. 피츠마이어는 복음서의 결론 부분을 보면 "신약은 예수의 부활을 소생한 것이라고, 즉 나사로의 부활처럼 지상적 형태로 다시 돌아온 것이라고 어떤 곳에도 언급된 곳이 없다"는 것을 알 수 있다고 말한다. 그리스도가 나타나셨을 때, "영광" 중에, 즉 "영화로운 몸"(glorified body)이지 어떤 신비스런 영혼의 모습은 아니라는 것이다. 그러므로 그는 신체적 부활을 주장하지만, 그리스적 관점이 아니라 "팔레스타인 유대 그리스도인"의 관점으로 봐야 한다는 점을 강조한다.[13] 나는 메릴 애비(Merrill Abbey)가 강단에서 그리스도의 부활하신 몸에 대해 토의하는 것은 비생산적인 작업이라고 주장하는 내용이 옳다고 생각한다. 그러나 당신의 최종 목표가 이론을 토론하는 것이 아니라 부활하신 주님을 만나도록 돕는 것이라면, 이슈를 정면으로 대하는 것이 도움이 될 것이다.[14]

3. 버트릭은 부활이 우리의 불멸을 가리킨다고 잘못 해석하는 이들이 너무 많다고 지적한다. 이런 해석이 잘못이라고 하는 이유는 죽음을 진

---

12) Joseph A. Fitzmyer, *A Christological Catechism: New Testament Answers* (Ramsey, N.J.: Paulist Press, 1981), 73-74.

13) 위의 책, 77-79.

14) Merrill R. Abbey, *Living Doctrine in a Vital Pulpit* (Nashville: Abingdon Press, 1964), 170 이하.

지하게 다루지 않기 때문이다. [15] 그러므로 부활에 대한 교리 설교는 회중으로 하여금 죽음을 기꺼이 받아들이도록 돕는 데서부터 시작하는 것이다. 죽음은 실제적이고, 어떤 인간에게도 혜택이란 없다. 그리스도인이라고 해서 죽음이 비켜가는 것이 아니다. 그리스도에게조차 죽음은 비켜가지 않았다. 그분은 우리가 당하는 것처럼 죽음의 고통을 다 당하셨는데, 그것은 우리를 위한 것이었다.

그 다음으로, 부활을 설교할 때 신약에 나타난 어려운 이슈들을 비켜가지 말아야 한다. 죽음을 말할 때 완곡하게 말해서는 안 된다. 하나님께서 그리스도의 세례 시에 "이 사람이 바로 그다"라고 말씀하시고 공생애를 시작하게 하신 것처럼, 부활 시에 하나님께서 교회와 세계에 대한 예수의 생명과 그의 주되심을 유효하게 하셨다는 사실을 확실히 그리고 담대히 말해야 한다. 하나님의 능력으로 이스라엘의 죽은 마른 뼈와 같던 그리스도가 다시 일어나셨고, 하나님의 능력에 의해서 우리 역시 다시 일어날 것이다. 윌리엄 뮤엘(William Muehl)이 부활의 파토스가 감상주의가 되어서는 안 된다고 지적한 점을 주목해야 한다. 부활절은 봄철에 꽃이 피고 수액이 흐르는 것과 비교할 바가 아니다. 그보다 훨씬 더 깊고 의미 있다. 성 금요일에서 부활절까지 "모든 패배에서 승리이고, 모든 승리에서 패배이다." 바로 이것이 우리가 설교해야 할 바다. 이것은 일곱 주일 동안 계속되는데, 부활절은 하루가 아니라 전 시즌이기 때문이다.

---

15) Buttrick, *Preaching on the Resurrection*, 280-82과 Abbey, *Living Doctrine*, 167-69, 179-84을 보라.

부활 설교는 승천과 하나님 오른편 보좌에 앉으신 사건이 포함된다. 만일 부활이 낯설다면, 승천은 더욱 그렇다. 승천은 많은 신비로 덮여 있다. 그것은 제자들에게 보인 그리스도의 마지막 현현이지만, 상당히 이상야릇하다. 여기서 취해야 할 신학적 초점은 무엇인가? 예수께서 슈퍼맨처럼 날 수 있는 능력이 있다는 것을 말하는 것은 분명 아니다. 표현은 공간적인 것처럼 설명되어 있지만, 승천은 그러한 공간적 경험이 아닌 것이다. 1세기의 우주론은 비행기와 우주선의 시대의 상식과 맞지 않는다는 점에 유의할 필요가 있다.

승천은 그리스도께서 언젠가 우리도 경험할 보이지 않는 세계, 또 진리, 우정, 사랑의 세계처럼 실제로 존재하는 하나님의 영역 속으로 들어가셨다는 것을 보여준다.[16] 그리스도의 승천은 그가 우리로부터 멀리 떠나가신 것이 아니라, 우리를 하나님의 임재의 세계로 더 가까이 데리고 간 것을 의미한다. 승천은 하나님의 내재성과 우리가 예수 안에서 가지고 있는 희망을 결합한 것이다. 승천 설교는 그리스도가 떠나가신다는 교리가 아니라, 더 가까이 오시는 하나님에 대한 교리다.

오순절(Pentecost)의 긴 절기에는 성령의 오심과 삼위일체 교리를 축하한다. 성령에 대해 설교 하기는 어렵다. 어떤 설교자는 거의 "이위일체론자"(binitarian)라고 할 정도로 성령을 피한다. 은사 운동은 적어도 우리로 하여금 성령에 대해 또 다른 각도에서 보도록 격려한다. 성령은 삼위일

---

16) Eric Baker, *Preaching Theology* (London: Epworth Press, 1954), 39-42.

체론에서 추가된 인격이 아니라 그리스도의 영이요, 하나님의 영이신 루아흐(*ruach*)이자 프뉴마로서, 우리 안에 거하시고 우리로 감사의 예배를 드릴 수 있도록 도우신다. 우리는 우리가 바람을 움직일 수 없는 것 이상으로 그리스도의 영을 움직일 수는 없지만, 성령이 우리를 움직이신다는 것은 알고 있다. 때로 우리는 성령께서 오시는 것을 알 수 있다. 이는 고요한 날에 요트에 앉아 바람을 기다리는 것 같다. 배에 앉아서 항해하기만 기다리고 있을 때 물 위로 불어오는 바람을 알 수 있다. 바람이 가까이 와서 배 위를 채우고 배 안에서 움직이는 것을 볼 수 있다. 성령께서 가까이 오실 때, 움직임이 일어난다. 설교자들은 때로 설교를 준비하는 중에 예상하지 못한 방향으로 회중들이 반응하는 것에 놀라워한다. 그들은 분명 그것이 성령일 것이라고 생각한다. 마라톤 주자들이 말하는 "뒷바람"(second wind)처럼, 설교는 성령의 뒷바람으로 새로운 의미가 더해지는 것일 것이다. 물론 성령을 묘사하기 위해 사용되는 비유와 이미지들은 성서적이고 신학적 근거를 유지하기 위해서 매우 조심스럽게 선택되어야 한다.

이 점은 삼위일체를 설교할 때 더욱 그렇다. 이것을 도날드 베일리(Donald Baillie)가 잘 나타내 보여주고 있다.

> 삼위일체 교리는 단지 신적인 세 분에 대한 교리가 아니라 아버지, 아들, 성령, 삼위로 계시는 하나님이 한 하나님이라는 교리다.

한 하나님, 이것이 출발점이고 그 배경이다. [17]

베일리는 삼위일체를 한 본문에 한정시킨다든지 성경 본문으로 증명하려고하는 것은 위험한 일이라고 말한다. 역사상 두 개의 완전히 새로운 사건들이 일어났는데, 그것은 삼위일체를 이해하기 위해서 신약에 중심무대를 세우는 사건이었다. 하나의 사건은 예수 그리스도의 삶, 죽으심, 부활 사건인데, 그것은 유대인의 유일신 사상(monotheism)을 바꾼 것이 아니라 그 사상에 새로운 의미를 첨가한 것이었다. 두 번째 사건은 오순절에 일어났던 부인할 수 없는 놀라운 사건인데, 바로 이때 교회가 시작되었다. 하나님은 여전히 유일신이신데, 하나님을 예배했던 자들을 위해 더 풍성하고 충만한 의미를 갖게 된 것이다. [18]

오순절 절기의 중요한 두 개의 신학적 주제는 교회와 성화(sanctification)다. 교회는 그리스도의 몸, 그리스도의 신부, 거룩한 족속, 왕 같은 제사장, 하나님의 소유된 백성이라는 이미지를 가진 회중들로 구성된다. 성화는 구원의 과정에서 회개, 칭의 이후에 오는 교리다. 그 다음 오순절 절기에서 무엇보다 중요한 테마는 그리스도인의 성장이다. 이 성장은 거룩함을 향한 성도 개개인의 성장이며, 그리스도를 머리로 한 교회의 성장을 말한다. 이것이 에베소서의 고등 기독론(high Christology)으로 펼쳐진 비전이다.

---

17) Donald M. Baillie, *Theology of the Sacraments* (New York: Charles Scribner's Sons, 1957), 148-49.
18) 위의 책, 149-50.

우리가 교회력을 설교하지 않는다는 것은 실제로는 그리스도를 설교하지 않는다는 것을 말한다. 왜냐하면 모든 절기는 그리스도, 즉 그의 인격과 사역을 가리키고 있기 때문이다. 성례전과 마찬가지로 교회력에서도 주된 목표는 그리스도의 낮아지심과 높이되심을 선포하는 것이다. 우리가 교회력을 교리적으로 설교할 때, 교리 꾸러미를 풀어놓는 것이 아니라 그리스도의 이야기를 전하는 것이다. 설교를 이야기로 풀어내는 설교자는 이런 면에서 잘하고 있는 것이다. [19] 우리는 그리스도의 이야기의 문맥으로 우리 이야기를 할 필요가 있다. 만일 그리스도를 마음에 있는 이야기로 설교하는 법을 배울 수 있다면, 교회력의 교리들은 새로운 열기와 흥분으로 살아날 것이다.

분명히 성서정과를 따르는 것은 교회력을 나타내는 교리들을 다루는 계기를 마련해주지만, 경우에 따라서는 이런 교리들을 성서정과의 본문에 매임이 없이 직접 설교해야 한다.

신앙고백적 설교

신앙고백이 다루는 주제는 지금까지의 교회력이 다루는 주제와 크게 다르지 않다. 삼위일체, 창조와 구속, 그리스도인의 삶에 대한 교리들은

---

19) Edmund Steimle, Morris J. Niedenthal and Charles Rice, *Preaching the Story* (Philadelphia: Fortress Press, 1980)

다같이 다루고 있는 주제들이다. 어떤 신앙고백들은 사도신조처럼 더 정교하지만 회개, 칭의, 성화와 같은 기본 교리들은 생략하고 있다. 가장 오래된 고백, "예수는 주님이시다"는 많은 것을 생략하고 있다. 그렇지만 반대로 많은 의미를 담고 있다. 고백한다는 것은 진공상태에서 만들어진 지적 선언 이상의 것이다. 그것은 성도의 마음을 깊이 담은 표현인데, 그 성도는 공동체 안에 있으면서 무릎을 꿇고 예수는 주님이라고 고백한다.

더욱 깊이 들어가 보면, 무릎 꿇기는 단지 종교적 자세뿐 아니라 정치적 선언의 증거도 된다. 미국에서는 누구에게도 절을 하지 않는다. 대통령에게도 하지 않는다. 그러나 빌립보 교인들에게 보낸 바울의 편지가 쓰인 시기에 사람들은 절을 자주 했다. 그러므로 "예수는 주님이시다"는 정치적인 선언문이다. 그리스도를 따른다는 것은 그에게 먼저 충성을 맹성하는 것을 의미하고, 가이사 황제는 두 번째에 해당된다는 뜻으로서, 타협의 여지가 없다. "예수는 주님이시다"라는 고백은 신학적으로 폭넓게 다루는 것은 아니지만 기독론적 깊이에 있어서는 충분하다. 그 어떤 신앙고백도 교회력에서 발견되는 교리들을 다 표현하고 있지는 않지만 성서적이고 교회적 상황에 비추어 볼 때 풍부한 신학적 통찰을 나타내고 있다.

한번은 어느 목회자가 뉴욕시에 있는 네덜란드 개혁교회에서 있었던 일을 내게 이야기해주었다. 그 교회는 목사에게 4년마다 하이델베르크 교리문답 전체를 설교해줄 것을 요구했다는 것이다. 이때 교리문답은 성경과 전통에 깊이 뿌리를 둔 교리적 성서정과 역할을 할 수 있다. 이전 복음주의 개혁교회(현재는 그리스도연합교회 분파)에서는 설교자들에게 그러한 제안은 하지만 그것을 요구하지는 않는다. 개혁주의 전통 안에 있는 설교자들이 성경 본문 이외의 것으로 설교한다는 것이 흥미롭지 않은가! 더구나 그것을 요구하기까지 하고 있는 것이다.

이러한 접근에는 상당한 지혜가 필요하다. 신조들은 항상 전통적으로 훌륭한 교리적 표현을 교회에 제공해주었다. 신조들의 목적은 정확히 무엇이며, 왜 우리는 그것들을 설교해야 하는가? 신조들은 우리를 하나님이 능력으로 운행하셨던 역사적 뿌리에 묶어준다. 우리는 자기들의 신앙을 지니고 분리해나간 한 교파 이상이다. 우리는 우리 자신의 개인 경건이 아니라 구원 역사 안에서 형성되었다. 신조들은 우리를 믿음에 관한 성서 이야기와 직접적으로 접촉할 수 있게 한다. 신조들은 성경을 통해 나침반처럼 가이드하고, 성서적 메시지를 이해하도록 도와주고 잘못된 해석을 수정해준다. 교리를 명확히 설교하려고 하지 않는 본문 설교에서 조차 신조들은 신학적으로 올바른 사고를 할 수 있도록 돕는다. 신조들은 또한 교회의 근원과 연결시켜준다. 우리는 21세기 그리스도인이면서 초대 교회 교인이 된다. 신조를 설교하는 것은 우리로 하여금 이러한 역사적 관점을 갖게 해주는 것이다.

교회에 있어서 이러한 토대는 우리의 교단적 기반을 넓히는데, 이는 신조들은 분파주의(sectarianism)를 허용하지 않기 때문이다. 우리 자신의 좁은 교회관을 넘어서서 믿음에 대해 우주적이고 에큐메니칼적 사고로 이끈다. 교회마다 자신들의 신조들이 있다(일부 자유교회들은 예외다). 신조들은 교회들 사이에 선을 긋는다. 그러나 모든 교회는 위대한 초대 교회의 교리를 주목하고 있다. 자신들을 하나의 참된 공교회(one true catholic church)에 결합시키기를 원했던 개혁가들은 사도신조, 니케아 신경, 아타나시우스 신조를 붙잡았다. 장로교인들은 이 신조들 중에 사도신조 정도는 여전히 매주일 암송한다. 로마 가톨릭 성모일도서는 그리스도인들의 신앙고백을 하나되게 하는 연결고리로서 여전히 사도신조를 포함하고 있다. 그러므로 우리는 지금까지 예전적으로 신조들을 사용해왔다. 그 신조들은 예배와 믿음에서 우리에게 우리의 뿌리를 보여주고 우리를 예배와 믿음으로 함께 인도한다.

세례와 성찬이라는 성례전에서 예전적으로 사용되었을 뿐만 아니라, 신조들은 논쟁적으로, 그리고 교리문답적으로 사용되어왔다. 신조들이 논쟁적으로 사용되었다는 것은 그리 놀랄 일이 아니다. 대부분의 신조들은 교회 안의 이단에 대항하여 신학적 소요의 열기 속에서 나왔기 때문이다. 우리는 또한 그 신조들을 교리 설교에서 논쟁적으로 사용할 수 있는데, 이는 다른 이들을 축출하거나 공격하기 위한 것이 아니라 믿음에 대해 잘못된 개념을 바로 잡는 방식으로 사용하려는 것이다.

예수를 실제로 살았거나 죽었던 적이 없는, 사상으로만 확산된 신비롭고 사랑스런 영적인 존재로 믿는 이들이 교회에 있다. 그들이 믿는 예수는 빈민굴에 들어간 적이 없고 가난한 자들과 함께 하지도 않았다. 손을 더럽힌 적도 없다. 그러한 현대의 가현설(Docetism)은 교회 안에 만연해 있다. 그렇기 때문에 신조들 안에 표현된 그리스도를 설교할 필요가 있는 것이다. 예수는 "본디오 빌라도에게 고난을 받으사, 십자가에서 죽으시고, 장사지낸바 되었다." 예수는 떠돌아다니는 영이 아니다! "음부로 내려가셨다"(He descended into hell)라는 표현은 너무 고통을 연상시키기 때문에 언급하지 않는 교회들이 많다(한국교회 사도신조에도 생략되어 있다—역주). 이 문구에 대해 위르겐 몰트만(Jürgen Moltmann)은 다음과 같이 말한다.

> 만일 지옥으로 내려가셨던 그리스도를 믿는 신앙과 우리 일상의 삶을 견딜 수 없게 만드는 지옥을 비교한다면, 십자가에 달린 자들을 고통 받는 이들로 동일시할 용기가 생긴다. 그리스도는 제단 위의 두 촛불 사이에 있는 십자가에 달리신 것이 아니라, 도성 밖 바위 언덕 위의 두 죄수들 사이에 달리신 것이다. 그분은 버려진 자, 외로운 자, 고문당한 자, 무고히 살해된 자, 멸시당하는 죄인들의 형제가 되었다. 그분은 그들 편이다. 그들은 지옥의 고통에 있으나 그들 홀로 있는 게 아니다. 하나님께서 높은 보좌를 떠나 이 버려진 자들과 함께 하신다. 우리 하나님께서 거기에, 수치스러움에, 매 맞는 현장에, 지옥 같은 삶을 사는 자들과 함께 계신다. 이것은 우리가 삶의 고통스러운 순간에 있는 우리 자신들의 모습만을 바라보아서는 안 된다는 것을 의미한다. "그리스도의 상처를 바라보면, 거기에서 당신의 지옥이 정복된다."(루터)[20]

---

20) Jürgen Moltmann, "He descended into Hell...." in *A New Look at the Apostles' Creed*, ed. Gerhard Rein (Minneapolis: Augsburg Publishing House, 1969), 43.

몰트만의 말은 정확할 뿐 아니라 격려가 된다. 논쟁적 설교는 언제나 신학적으로 예리할 뿐만 아니라 목회적으로도 세밀하다.

회중들은 가이사가 먼저이고 그 다음이 그리스도이기 때문에 교회는 정부의 통제를 받아야한다고 생각하고 있을 수도 있다. 이런 상황에서 설교자는 어떻게 해야 할까? 한 가지 방법은 바르멘 신학선언의 성서적 메시지를 설교하는 것이다. 이 신조는 나치 정권 아래 루터교회, 개혁교회, 연합교회들이 하나의 목소리를 낸 것이다. 이 신조는 교회가 정치적 이데올로기를 따라야한다는 "거짓 교리를 거부하기 위해" 성서적 기반 위에 준비된 선언문이다.

초기 교회 역사에서 신조의 교리문답적 사용은 특히 아직 세례 받지 않은 이들을 훈련하기 위한 것이었다. 그런데 오늘날에는 다음 세 부류의 회중들에게 사용될 수 있다. (1) 첫 번째 회중은 아직 믿음의 초보 단계에 있는 성인들이다. 교회에 출석만 하고 있는 문화적 교인들(resident aliens)이나 관망하는 교인들(tourists), 또는 꾸준히 참석하지만 낙심했던 교인이나 냉소적인 교인들이 그들이다. 어떤 경우든지 그들의 기독교에 대한 이해는 초보적이다. 그들은 이상하게도 성인 설교보다 어린이 설교에서 더 많은 것을 얻는 듯 보인다. (2) 두 번째 회중은 교회에 등록하려고 하지만, 교회 교리에는 거의 개념이 없는 십대들이다. 이 십대들과 첫 번째 회중들에게 단순하면서도 교리문답적으로 설교하기 위해서는 신조들이 훌륭한 자료가 된다. (3) 세 번째 회중은 매주 어린이 설교를 듣는 유치부와 유년부 어린이들이다.

내가 여기서 어린이 설교를 언급하는 이유는 오늘날 많은 성직자들의 경향성과 그들이 경험하는 실제적 문제에 대한 가능한 역사적 해결책을 소개하기 위해서이다. 주일 아침 큰 의자에 앉아 멋지게 보이려 노력하고 있는 가운 입은 사람을 바라보는 것만큼 어리석은 일은 없다. 이 인물이 결코 하나님이 성육신한 그분이 아니기 때문이다. 이것은 예수와 어린이가 만났던 상황과 비슷하지도 않다. 한마디로 그런 예전은 없었다. 성경에서 말하고자 하는 바는 어린이들이 가까이 오는 것을 예수께서 개의치 않으셨다는 것이다. 하지만 "하나님(God)이라는 영어 단어를 거꾸로 하면 개(dog)가 되는데, 둘 다 신실하다는 공통점이 있어요", "예수님은 전선 같은 분이세요. 그분은 여러분을 재충전시키기 때문이지요"처럼 문제가 많은 설교를 하거나 "여동생에게 못되게 굴면 안돼요"와 같은 도덕적인 내용만을 설교하는 경우가 많기 때문에, 어린이들만을 대상으로 하는 설교에는 반대하지 않을 수 없다. 이런 것들은 어린애 속임수처럼 유치한 것일 뿐이다. 이렇게 하나하나 따지다보면 설교가 무슨 필요 있겠냐고 말하게 될지도 모른다. 왜냐하면 반드시 설교를 해야 하거나 모든 설교들이 다 탁월한 것은 아니기 때문이다.

나는 거룩한 침묵을 깨는 작은 발자국 소리와 같은, 예배의 광휘의 순간에 진행되는 인간적 요소에 대해 비판하는 것이 아니다. 어린이 설교에 있어서 문제는 어린이들이 그리스도인들이 아닌양 다음과 같이 모호하게 말한다는 점이다. "지금 드리는 예배는 어른 예배라서, 우리가 여러분들을 위해 따로 시간을 마련할 거예요. 그러니 지금은 가도 좋아요."

한번은 신학생이 혼란스러운 표정을 지으며 내 연구실 앞에 서있었다. "주일에 설교를 세 번 해야 한다는데 어떻게 하죠?" 그가 내게 주보를 보여주었는데, 정말 거기에 다음과 같은 세 번의 예배가 있었다. 어린이 설교, 십대들의 광장(teen scene), 설교. 도대체 십대들의 광장이 무엇이냐고 물으니 "아, 그것은 15~16세에 해당하는 학생들이 자기들 가방을 들고 제단으로 나아오는 모임입니다." 그렇다면 그 다음은 무엇일까? 노인들의 시간? 임산부 명상시간?

이 문제를 더욱 철저히 연구한 사람들이 많은데, 그들은 장 피아제, 에릭 에릭슨, 로렌스 콜버그, 제임스 파울러의 도움으로 어린이들을 분석했다. 그들은 그래프와 차트를 이용해서 어린이들이 각 연령별로 얼마나 이해할 수 있는지를 나타냈다. 분명 이것은 훌륭한 작업이자 도움이 되는 일이지만, 호레이스 부쉬넬(Horace Bushnell)이 봤다면 오늘날 세태를 보고 비웃었을지도 모르겠다. 자신들이 확실히 그리스도인이라는 것을 알 수 있도록 아이들을 양육해야 한다는 그의 말은 여전히 옳다. 나는 부쉬넬이라면 다음과 같이 말할 것이라 생각한다. "가능한 어릴 때, 적어도 5~6세 때부터 아이들을 예배당 회중석에 앉혀서 예배드릴 수 있도록 하라. 예전은 이해될 수 있는 것이 아니라, 경험되어야 하는 것이기 때문이다. 어린이들로 하여금 부모들과 함께 예배드릴 수 있도록 하라." 만약(당회의 권고 때문에) 어린이 설교를 해야 할 상황이라면, 세례 받지 않은 이들을 교육하기 위해 교리문답을 가르쳤던 초대 교회의 모델을 따라야 한다.

교리문답의 예전에서 수세자들은 신앙 교육, 특히 신조 교육을 받는다. 그런데 어린이 설교에서는 왜 이것을 사용하지 않는가? 성례전 주일마다 어린이들을 초대해서 세례 받을 어린이의 부모와 함께 세우고, 성찬대 앞에 서게 된다. 대부분 이런 경험을 하고 있다.

어린이 설교와 교리 설교는 그다지 다르지 않다. 왜냐하면 둘 다 신조내용을 가능한 간단히 다루기 때문이다. 어떻게 간단히 할 수 있을까? 첫째, 공동의 믿음과 논쟁의 여지가 있는 해석을 구별하는 것이다. 예를 들어 기독론의 경우, 그리스도가 계시된 아들이시며 구세주이고 주님이시라는 사실은 공동의 믿음이다. 논쟁의 여지가 있는 해석은 기독론의 근원에 대한 이론들, 선재의 범위, 신성과 인성의 구분, 십자가에서 대속적인 죽음을 해석하는 방법 등이다. 교인들은 공동의 믿음과 해석을 구별하는 데 도움이 필요하다. 그들은 기본적인 교리가 확실히 선포되는 것을 들을 필요가 있다. 동시에 신약에 단지 하나의 기독론이 아니라, 많은 기독론이 있다는 것도 알 필요가 있다. 분명하고 단순하게 제시된다면 그들은 편집 비평도 이해할 수 있을 것이다.

둘째, 신조가 시대적 산물이라는 점을 인식하면서 설교하는 것이다. 교회는 끊임없이 개혁하고 있다. 기독교 교리의 결정적인 완결판과 같은 신조는 없다. 모든 고백들은 시대적 배경을 지닌다. 신학은 필연적으로 발전해 나간다. 칼 바르트의 생각도 마찬가지다. 그는 자기의 신학을 되풀이하는 작은 바르트를 바라지 않았고, 진지한 신학자들이 신학을 발전시켜 나가길 희망했다. 설교자들은 신조를 설교하되, 그것이 하나님과 교인들에 대한 최종 완결판은 아니라는 것을 기억해야 한다. 이것은 시험적인 설교라는 말이 아니라, 신앙고백의 시대적 성격을 이해하는 설교여야 한다는 의미다.

셋째, 신조에 대한 시리즈 설교를 하는 것이다. 교인들이 피곤해 하지 않도록 6~8주의 짧은 시리즈나 혹은 하이델베르크 교리문답을 다루었던 네덜란드 개혁교회처럼 장기간의 시리즈 설교를 하는 것이다. 장기간의 시리즈 설교일 경우에는 교인들에게 그 필요성을 잘 설명할 필요가 있다. 하이델베르크 교리문답은 설교자들을 위해 신학적 성서정과를 52주 분량으로 나누어 놓았다.[21]

만일 스코틀랜드 고백도 교리 설교를 위해 사용되었더라면 똑같은 구조를 따라 작성되었을 것이다. 1장 하나님(God)은 섭리를 다루고 있기 때문에 감사(thanksgiving)라는 주제로도 활용될 수 있다. 2장~5장은 대림절에 관한 내용인데, 창조, 원죄, 약속, 그리스도를 바라는 허다한 증인들의 부름 등이다. 6장~7장은 성탄절과 주현절에 관한 내용인데, 그리스도 예수의 성육신과 중보자가 참 하나님과 참 사람이 되어야 할 이유를 담고 있다. 8장은 선택에 관한 내용으로서, 우리의 회개보다 하나님의 역사하심에 더욱 강조점을 두지만 사순절(Lent)에 사용될 수 있다. 9장~11장은 종려주일, 고난 주간, 부활절에 적절한데, 그 이유는 그리스도의 수난, 죽으심, 장사 됨, 부활, 승천을 담고 있기 때문이다. 12장은 성령에 관한 내용으로서 오순절에 적절하다. 교회, 그리스도인의 삶, 성서, 성례전, 교회

---

21) 하이델베르크 교리문답의 1~11문을 다룬 교리 설교의 자료를 위해서는 Heinrich Ott, *Theology and Preaching*, trans. Harold Knight (Philadelphia: Westminste Press, 1961)을 보라.

와 국가의 관계를 다룬다. 마지막 장은 청지기적 설교에 대한 신학적 근거를 주며, 교회에 거저 주어진 은사들을 다룬다.

1528년 루터는 교리문답의 시리즈 설교 중에 사도신조를 설교했다. 교리적 목적이었다. 그는 그리스도인들은 성찬상에서 고백해야 할 것이 무엇인지 알아야 한다고 생각했다. 루터의 설교를 편집한 이들은 이렇게 말한다. "루터가 이 설교에서 대교리문답과 소교리문답을 담는 어휘를 만들고 있고, 대교리문답은 특별히 교리적·문답적 설교를 다듬어 만든 것임이 분명하다."[22] 루터는 신조를 설교하는 것이 중요하다는 점을 알고 있었다. 루터가 교리를 어떻게 설교했는지를 알기 위해서 부록에 있는 그의 설교를 참조하라. 그는 이 설교에서 특별한 목적으로 전체 교리를 다 다루고 있다.

마지막으로, 신조에 주관적 측면이 있음을 알아야 한다. 신조를 처음 고백했던 신앙인들은 흥미로운 지적 작업의 일환으로 그렇게 고백한 게 아니었다. 오히려 예수 그리스도에게 그들의 전 생애를 헌신했을 뿐이었다. 이것이 설교자들이 이러한 신조들을 설교할 때, 교훈적 훈련 이상의 것을 추구해야 할 이유다. 그래서 감정과 의지에 호소하는 설교도 필요하다. 본회퍼는 핑켄발트(Finkenwald) 강연에서 교훈적이고 영감 있는 설교를 대화 설교와 구분했다.[23] 그는 모든 설교가 목적에 따라 다르고, 각

---

22) *Sermons*, vol. 51 of *Luther's Works* (St. Louis: Concordia Publishing House; Philadelphia: Fortress Press, 1959), 135.
23) Clyde E. Fant, *Bonhoeffer: Worldly Preaching* (Nashville: Thomas Nelson and Sons, 1975), 161-65.

각 이 중 하나를 다룬다고 했는데, 넓은 의미에서 보면 그 말은 옳다. 그러나 나는 아우구스티누스가 말한 대로 좋은 교리 설교는 세 가지 모두 다 포함한다고 생각한다. 설교는 지적으로 가르치고, 감정적으로 공감하게 하며(touch), 의지적으로 움직이게 한다. 아우구스티누스에게 있어서 가장 중요한 목적은 가르치는 것이지만, 최종적인 목적은 그리스도인으로 하여금 거룩한 삶을 살도록 이끄는 것이다. 그러한 설득은 태도일 뿐 아니라 행동하는 것이다. "청중을 집중시키기 위해서는 만족시켜야 하는 것처럼, 행동으로 옮기도록 하기 위해서는 설득시켜야 한다." 회중은 승낙 없이도 배우고 기뻐할 수 있다. "지적이고 감정적인 것을 충족시키는 데 성공한다 해도 만일 의지를 움직이게 하는 데 실패한다면 무슨 소용이 있겠는가?"[24]

어느 대통령 후보가 연설을 마치고 나서, 청중 가운데 한 사람과 인터뷰를 한다고 생각해보자. "어떻게 생각하십니까?" "굉장한 연설이었습니다. 너무 재미있고, 신선하고, 열정적이어서 눈물이 났습니다." "그러면 이 후보를 찍으시겠습니까?" "아니오." 좋은 교리 설교는 가르치고, 감동을 주며, 무엇보다도 의지를 움직인다. 설교자들은 교리 설교가 교리로부터 결단까지 이어져야 한다는 점을 기억해야 한다. 본래 교리가 헌신적 행동으로 형성되었기 때문에 교리는 행함을 낳아야 한다는 점을 기억하면서 신조들을 설교하는 것이다. 분명히 신조는 행동을 이끌어내야 한다.

---

24) Philip Schaff, ed., *The City of God; Christian Doctrine*, vol.2 of The Nicene and Post-Nicene Fathers—Series 1 (Grand Rapids: Wm. B. Eerdmans, 1977), 583.

놀랍고 거룩한 하나님의 사랑
내 영혼과 나의 삶, 나의 모든 것을 드립니다.

율법과 복음 설교

교리(doctrine)에서 결단(decision)이 나온다는 통찰은 설교자로 하여금 교리 설교의 가치를 재발견하게 한다. 교리 설교에 대한 선입견은 죄의식을 부추기는 율법 설교, 또는 율법무용론(antinomianism)을 낳은 은혜 설교 정도다. 루터파조차도 예외는 아니다. 내가 "루터파조차도"라고 언급한 이유는 루터파의 설교에 대한 율법과 복음의 관점 안에 '행함으로써 순종적으로 응답하는 것'(obedient response in action)까지 포함하고 있지 않기 때문이다. 그것을 포함하지 않은 것은 루터가 율법의 제3용도는 언급하지 않고, 제2용도까지, 즉 정치적 용도(usus politicus)와 신학적 용도(usus theologicus)까지만 말했기 때문이다. 율법의 정치적 사용은 일반 국가에서 질서 유지를 위해 악한 자를 억제할 목적으로 사용하는 것이고, 신학적 사용은 죄인들을 고발하고 그들이 복음이 필요하다는 것을 드러내주는 데 사용하는 것이다. 전통적으로 루터파 신학자들은 율법을 더욱 긍정적인 관점으로 보는 칼빈의 해석을 비판해왔다. 베르너 엘러트(Werner Elert)는 자신의 책 『율법과 복음』(Law and Gospel)[25]에서, 바르트가

---

25) Werner Elert, Law and Gospel, trans. Edward H. Schroeder (Philadelphia: Fortress Press,

심판의 끝은 은혜라고 주장하며 율법을 완화시켜 해석했다고 비판하였다. 바르트의 책, 『복음과 율법』(Gospel and Law)[26]에 이러한 차이가 드러난다. 바르트에게 있어서 기본은 은혜이며, 율법조차도 이러한 목적에 봉사한다고 보았다. 그러나 엘러트는 이런 주장은 성서적이 아니며, 특히 바울 서신과 다른 주장이라고 지적한다. 율법에서 은혜로 너무 성급하게 옮겨가는 것은 율법의 엄격함을 완화시킬 뿐이라는 엘러트의 지적은 적절하다. 그러나 그는 십계명의 긍정적인 은사, 즉 금지 항목은 권면의 반대 표현이고, 예언자의 심판 메시지는 하나님의 시기심 때문이 아니라 하나님의 사랑에서 비롯된 것이라는 것을 간과하는 것 같다. 희망은 항상 심판을 떠받치고 있다. 심판이 진행이 되어도 남은 자는 항상 돌아온다. 제1이사야와 제2이사야는 같은 영역에 속한다.

　루터파에게 있어 율법의 제3용도는 논쟁점의 다른 지점이다. 칼빈은 루터가 말한 율법의 두 가지 용법 외에도 세 번째 용법이 있다고 주장했다. 루터는 율법의 첫 번째 용법은 영적이며 신학적 용법으로서, 율법은 거울 역할을 하며 사람들의 죄를 드러내며, 두 번째 용법은 사회적이며 정치적 용법으로서, 악한 자를 억제하는 역할을 한다고 하였다. 칼빈은 자신의 율법 이해에서 가장 기본적 입장을 제3용법이라고 명명하였는데, 이것은 율법의 긍정적 사용이다. 성도들은 그 율법 안에서 하나님의 은

1976), 1-6.

26) Karl Barth, "Gospel and Law," Community, State, and Church: Three Essays, ed. Will Herberg (Garden City, N. Y.: Doubleday Anchor books, 1960), 71-100.

혜에 순종적으로 응답하며 살도록 격려를 받으며, 따라서 율법은 그리스도인의 삶을 살도록 "권면하는"(press on) 것으로 보았다. 이런 주장은 칼빈의 스트라스부르 예전(Strassburg liturgy)에 나타나 있는데, 그 예전에는 십계명이 죄 고백과 용서의 선언 뒤에 위치한다. 그 경우 율법은 죄인들을 깨닫게 하기 위해 사용되는 것이다. 미국장로교 예배서(Worshipbook)도 이 같은 순서를 따라서 용서의 선언 뒤에 율법의 요약을 놓았다. 칼빈은 율법의 세 가지 용법—거울, 속도 제한, 길찾기 지도—으로 율법을 긍정적으로 해석했다. 엘러트는 루터에게서 제3용법을 발견하려는 시도들을 반대했지만,[27] 헤르만 스튐플(Herman Stuempfle)과 리처드 리서(Richard Lischer) 같은 루터파들은 루터에게서 율법의 제3용법을 찾으려는 시도를 했고, 율법에 세 가지 용법이 있다고 주장한다.[28] 리서는 그러한 시도를 공개적으로 감행했고, 스튐플은 루터의 입장을 "순종으로의 부름"(the call to obedience)이라고 명명하였다. 그러나 실제로는 둘 다 칼빈의 율법의 제3용법에 대해서 말하고 있는 것이다. 그들 모두 율법의 거친 면과 다가올 은혜의 좋은 느낌을 초월한 관점이 필요하다는 것을 인식한 것이다. 그들은 순종에 대한 권면이 필요하다는 것을 이해한다. 루터의 설교들을 보면 이러한 접근을 지지하고 있음을 발견할 수 있다. 루터 자신이 수많은 권면을 하고 있다. 특히 십계명에 관한 그의 설교와 "그리스도인의 삶

---

27) Elert, *Law and Gospel*, 38-43.
28) Herman G. Stuempfle, Jr., *Preaching Law and Gospel* (Philadelphia: Fortress Press, 1978), 62-75과 Richar Lishcer, *A Theology of Preaching* (Nashville: Abingdon Press, 1981), 58을 보라.

에 관한 개요에 대하여"를 읽어보라. [29)]

율법과 복음에 대한 이러한 논의는 성례전, 교회력, 신조에 관한 교리설교와 어떤 관련이 있는가? 교회력과 신조와는 간접적으로 관계가 있지만, 성례전과는 직접적인 관계가 있다. 율법과 복음이라는 주제들은 교회력과 신조에 나타난다. 대림절에 심판주요 구세주로 오시는 그리스도를 설교할 때, 오시는 그리스도와 우리의 관계에 있어서 율법의 위치와 복음의 의미를 정해야 하는 과제가 생긴다. '그리스도의 심판의 긍정적인 측면이 무엇인가? 이때 복음이 우리에게 요구하는 것이 있는가?' 같은 질문이 사도신조 중에 "저리로서 산자와 죽은 자를 심판하러 오시리라"라는 내용에서 주어진다.

그러나 설교에서 율법/복음 모티브는 설교자가 성례전, 특히 성찬에 접근하고 경험하고 응답하는 방법에 더욱 직접적으로 관계한다. 첫째, 율법을 설교하는 목적은 자신은 은혜의 성례전이 필요하지 않다고 생각하는 이들과, 갈라디아서의 유대주의자 또는 고린도서의 영적 은사자들처럼 자신들의 행함을 강조하며 사는 이들의 자기 의(self-righteousness)를 들추어내는 것이다. 오늘날 교회에는 이 같은 이들이 많다. 최고급 신사복을 입은 부유한 젊은 정치가가 자신감 있는 모습으로 교회에 나아와, 무릎 꿇고 겸손의 모양을 보여주고 있다. 그는 자신의 의로움을 알고 있다. 그의 얼굴에 다 나타나 있다. 그는 십일조를 하라는 율법을 지키고

---

29) Luther's *Works*, 51: 137-61, 259-87.

있다. 제직 훈련기간에 이런 청년이 있다면 얼마나 든든하겠는가? 그러나 예수께서는 그를 돌려보내셨다. 제자들은 당황하지 않을 수 없었다. 그들이 이해하지 못한 것은 그 부자 청년의 율법 준수의 동기가 잘못되었다는 것이었는데, 그 청년의 동기는 하나님의 사랑에 대한 응답이 아니라 율법을 지키려는 것이었다. 이 사람은 그가 아는 것 이상으로 성례전이 필요하다. 예수께서 하신 것처럼 오늘날 설교자도 율법을 설교하며 회중들의 죄를 노출시킨다. 물론 도덕주의나 율법주의자처럼 죄를 들추는 것이 아니라 회중들의 교만을 더욱 부추길 수도 있다. 분명한 것은 죄를 노출시킬 뿐 아니라 은혜가 필요하다는 것을 보여주어야 한다는 점이다. "가서 네가 가진 것을 모두 팔아 가난한 자들에게 주라." 이것은 부유한 청년으로서는 따를 수 없는 가혹한 명령이다.

그러나 율법은 때로 거울의 역할이 아니라 심판의 망치처럼 설교할 필요가 있다(거울 이미지에 대한 스튐플의 주장은 과장되었다).[30] 때때로 망치와 거울은 나단 선지자와 다윗의 경우처럼 잘 조화를 이룬다. 어린 양의 비유는 "거울"로서 포인트를 잘 전달해주지만, "심판의 망치"로 "당신이 바로 그 사람이다"라는 지적이 없이는 설교에 어떤 강력한 힘도 없을 것이다. 우리가 율법을 설교할 때 이 두 가지가 모두 필요하다.

만일 율법 설교가 성례전의 필요성을 깨우친다면, 복음 설교는 성례전의 의미와 그리스도 안에서 받은 은혜를 알게 한다. 복음 설교는 간음하

---

30) Stuempfle, *Preaching Law and Gospel*, 23-25.

다 붙잡힌 여인처럼 자신의 죄를 알고 있는 자들을 향한 것이다. 율법은 돌로 내리치라고 가르치고 있다. 그러나 이때 그리스도는 더욱 깊은 율법을 설교하면서 쥐고 있는 돌이 상징하는 교만을 깨우친다. 그런 후 여인에게 복음을 설교하신다. "너를 정죄하는 자들이 어디 갔느냐? 나도 너를 정죄하지 않겠다."

율법 설교가 성례전의 필요성을 모르는 이들을 향하는 것인 반면, 복음 설교는 자신들이 성례전을 받을 만한 가치가 없다고 생각하는 이들을 향한다. 예를 들면, 스코틀랜드의 한 젊은 여성은 항상 자신이 성찬의 떡과 포도주를 받을 만한 가치가 없는 존재라고 생각하고 있었다. 한 노신사가 울고 있는 젊은 부인 옆에 앉았다. 그는 자신도 죄가 커서 성찬을 받을 수 있는지에 대해 확신이 없었기 때문에 그 여성의 그런 모습에 공감이 갔다. 그러나 그는 간음한 여인에게 그리스도께서 하셨던 것처럼 회중석에서 앞으로 기대며, 교회 모든 사람이 들을 수 있을 정도로 이렇게 말했다. "부인, 성찬을 받으세요. 그것은 죄인들을 위해 주신 겁니다." 설교자는 율법의 짐에 눌리고, 삶의 어려움에 눌린 자들에게 예수 그리스도의 복음을 전한다. 설교자는 무율법을 주장하는 방종주의자들 (libertines) [31]이 아니라 그리스도께서 심판주이시며 구세주이시라는 것을 기억하고 있는 사람이다.

나는 다음 두 가지 이유 때문에 율법의 긍정적인 용도인 제3용법으로

---

31) Donald G. Miller, "Preaching and the Law," *Pittsburgh Perspective*, 8,1 (March 1967): 20.

설교해야만 한다고 생각한다. 첫째, 율법을 설교하는 이유는 율법무용론 (antinomianism)에 빠지지 않기 위해서다. 여기에 빠진 이들은 자신이 한 번 용서받았으면 자신들이 원하는 것은 무엇이나 할 수 있다고 생각한 다. 바울은 이렇게 말했다. "그런즉 우리가 무슨 말을 하리요. 은혜를 더 하게 하려고 죄에 거하겠느냐? 그럴 수 없느니라. 죄에 대하여 죽은 우 리가 어찌 그 가운데 더 살리요…그런즉 어찌하리요. 우리가 법 아래에 있지 아니하고 은혜 아래에 있으니 죄를 지으리요. 그럴 수 없느니라"(롬 6:1-2, 15). 둘째, 율법을 설교하는 이유는 격려하기 위함이다. 죄 짐에 눌 려 있는 자들을 그리스도 안에서 새로운 피조물로서, 그리고 이웃과 더 불어 평화를 누리도록 하기 위해서 율법의 제3용법에 대해 설교한다. 그 래서 예수께서는 흩어진 군중 사이에 서있는 그 여인을 바라보시면서 이 렇게 말씀하신다. "가서 다시는 죄 짓지 말라." 모든 그리스도인들의 귓 가에 울려 퍼지는 놀라운 순종으로의 부르심이 아닌가!

성경에서, 그리고 잘 준비된 교리 설교에서 교리는 항상 결단(decision) 을 이끌고, 개념은 행위(conduct)를 가리키고, 믿음은 행동(behavior)을 인 도한다. 이것은 그리스도인의 삶의 자리인 문화에 대한 관심을 가지게 한다. 따라서 마지막 장은 교리 설교의 출발로서 교리와 문화를 다룰 것 이다.

더 생각할 문제

1. 주일 세례식 설교를 위해서 위에서 다룬 "여섯 단계"를 사용하여 설교를 작성해 보라. 예를 들어, 발터 부르크하르트(Walter Burghardt)의 책 『목사님, 우리는 예수님을 보고 싶습니다』(*Sir, We Would Like to See Jesus* [Ramsey, N.J.: Paulist Press, 1982]), 168-72쪽에 실린 "세례를 통해 주님과 함께 묻힘"을 보라.

2. 오순절 기간에, 오순절에 맞는 신학적 주제를 사용하여 연속 설교를 하려고 한다. 그 연속 설교의 주제를 정하고, 그 첫 설교를 "여섯 단계"를 사용하여 작성해보라.

3. 사도신조에 대한 연속 설교를 계획하라. 몇 번 설교할 것인지, 어떤 교리를 다룰 것인지를 정하고, 첫 번째 설교의 제목과 주제를 정한 뒤 부록에 실린 루터의 설교를 모델로 하여 설교를 작성해보라.

4. 율법/복음, 순종으로의 응답(call-to-obedience) 주제를 이해하기 위해서, 기름을 부은 여인(눅 7:36-50)을 본문으로 하는 폴 틸리히의 설교 "많이 용서받은 자"(To Whom Much is Forgiven, 『새로운 존재』, 뉴라이프 역간, 13-31쪽)를 읽으라.

더 읽어볼 자료

Andrew W. Blackwood, *Doctrinal Preaching for Today*. Grand Rapids: Baker
    Book House, 1975: 39-50, 87-108, 150-60.

    _____. *Planning a Year's Pulpit Work*. Grand Rapids: Baker Book House,
    1975: 108-41.

Carl E. Braaten, *Stewards of the Mysteries*. Minneapolis: Augsburg Publishing
    House, 1983: 9-12.

David G. Buttrick, "Preaching on the Resurrection," *Religion in Life*, 45,3
    (Autumn 1976): 278-95.

Donald G. Miller, "Preaching and the Law," *Pittsburgh Perspective*, 8,1 (March
    1967): 3-23.

Donald M. Baillie, *Theology of the Sacraments*. New York: Charles Schribner's
    Sons, 1957: 141-55.

Eric Baker, *Preaching Theology*. London: Epworth Press, 1954.

Frederick W. Danker, *Creeds in the Bible*. St. Louis: Concordia Publishing
    House, 1966.

George A. F. Knight, *Law and Grace*. London: SCM Press, 1962.

Gerhard Rein, ed. *A New Look at the Apostles' Creed*. Minneapolis: Augsburg
    Publishing House, 1969.

Gustav Wingren, *The Living Word: A Theological Study of Preaching in the
    Church*. Philadelphia: Fortress Press, 1960: 137-49.

Heinrich Ott, *Theology and Preaching*. Philadelphia: Westminster Press,
    1965.

Herman G. Stuempfle, Jr., *Preaching Law and Gospel*. Philadelphia: Fortress Press, 1978.

Laurence Hull Stookey, *Baptism: Christ's Act in the Church*. Nashville: Abingdon Press, 1982.

Mark Ellingsen, *Doctrine and Word: Theology in the Pulpit*. Atlanta: John Knox Press, 1983.

Merrill R. Abbey, *Living Doctrine in a Vital Pulpit*. Nashville: Abingdon Press, 1964.

Richard. A Lischer, *Theology of Preaching*. Nashville: Abingdon Press, 1981: 30-65.

교리와 성경 관련 자료

Alan Richardson, A Dictionary of Christian Theology. Philadelphia: Westminster Press, 1969.

_____. A Theological Word Book of the Bible. New York: Macmillan Co., 1952.

John H. Leith, ed. Creeds of the Churches. Atlanta: John Knox Press, 1973.

George Arthur Buttrick, ed. The Interpreter's Dictionary of the Bible. 4 vols. Nashville: Abingdon Press, 1962.

Karl Rahner, ed. Encyclopaedia of Theology: Concise Sacramentum Mundi. New York: Seabury Press, 1975.

Van Harvey, ed. A Handbook of Theological Terms. New York: Macmillan Co., 1964.

5장

교리와 문화

인간중심적 설교학(Anthropocentric Homiletics)

신약성서는 서신서마다 각기 다른, 신학적이며 교회론적인 다양성을 보여준다. 예를 들면 히브리서는 대제사장 기독론(high priest Christology)을 말하고 있는데, 고린도서신에서는 교회를 그리스도의 몸으로 이해한다. 둘 다 영국성공회-가톨릭 전통을 위한 모델들이다. 목회 서신에 있는 행정, 가르침, 건전한 교리에 대한 강조는 개혁파의 유산이다. 로마서와 갈라디아서의 율법과 복음의 이분법에서 루터 자신과 루터파 교회의 소리를 듣는다. "네 이웃을 사랑하라"는 말을, 다른 이들은 배제하고 자신의 형제와 자매만을 의미하는 것으로 생각하는 종파들은 요한 공동체 전통,

특히 이 서신들 뒤에 있는 속사도 시대 교회의 전통을 따른다. [1) 그들은 "네 원수를 사랑하라"라고 말했던 마태의 예수와 아무 관계도 없는 것이다. 이러한 "세상을 반대하는 너와 나" 믿음형식은 폐쇄적인 그룹을 나타낸다.

그 다음 우리는 누가-행전 전통의 이방인에게 펼쳐지는 선교적 활동으로 가면, 완전히 다른 교회론적 강조를 볼 수 있다. 어떤 면에서 다양한 침례교 그룹들을 나타낼 수 있는데, 왜냐하면(전부 그런 것은 아니지만) 어떤 그룹은 세계와 철저히 담을 쌓은 집단이기 때문이다. 사실상 연합감리교회는 여러 면에서 누가-행전 전통에 더 가깝지만, 어떤 점에서는 그것과도 다르다.

누가-행전은 세상 방법론들을 인정하는 책으로서, 스테인드글라스를 통해서 바라보는 것이 아니라 사람들로 붐비는 시장의 일반 유리를 통해서 걱정하는 상인들, 과부들, 이방인들, 그리고 가난한 자들을 세상이 보는 방식으로 바라본다. 누가-행전 교회들은 사실상 모든 교파에 다 있다. 그 교회들 안에서는 복음주의와 사회 책임 사이에 차이가 별로 없다. 또 그 교회는 살아계신 주님과 함께 세계로 나가서 도움이 필요한 사람들을 돕고 세계가 당면한 이슈들에 대해 진지한 관심을 가지며, 복음을 변호하기 위해 당당히 나선다. 전도, 사회적 책임, 그리고 변증론의 조합이 누가-행전 전체에 걸쳐 잘 나타나 있다. 오순절에 믿지 않는 이들에게 설교

---

1) Raymond E. Brown, Sprunt Lectures at Union Theological Seminary, Richmond, Va., January 1981.

하고 있는 베드로를 보라. 사마리아인, 소외된 자들에 대한 깊은 관심은 어떤가! 아테네의 언덕에 서서 세상의 예민한 이슈에 대해 답하면서 믿음을 변호하고 있는 바울을 보라. 누가-행전은 문화를 반영한 교리 설교의 신약적 모델이다.

이제 교리 설교를 위한 세 번째 초점, 곧 성서적 설교나 정통적 설교가 아니라 세속적이고 불가지론적인 인간의 문화 자체를 살펴보자. 만일 주석적, 교리문답적, 논쟁적 설교의 목적이 냉소적인 회중, 소수의 신실한 회중, 개혁적 성향의 회중, 헌신적인 회중들을 가르치고 교정하는 것이라면, 문화적인 내용을 담은 교리 설교는 세상의 질문들을 진지하게 받아서, 낙심했던 교인(expatriate), 방관적 교인, 문화적 교인(resident aliens)에게 진리의 말씀을 전하는 것이다. 이 점에서 나는 현대 인본주의의 요구와 내용이 지나치게 강조되고 있는 상황에 대해 제임스 구스타프슨과 칼 바르트가 비판하는 강력하고 명료한 소리를 듣는다. 그들은 각각 다른 관점으로 비판한다. 구스타프슨은 신본주의적(theocentric) 윤리학을 요청하는 데 반해 바르트는 계속 기독론적 신학을 말하고 있다. 구스타프슨과 바르트는 모두 니버가 교만이라 부르는, 자기 자신에게만 관심을 쏟고 자신만 생각하며 자기만의 문제만 신경 쓰는 이러한 죄야말로 인간의 가장 큰 문제라는 것을 함께 고백하기를 제안한다. 그러므로 경향성을 띤 그들의 비판을 염두에 두면서, 우리는 인간중심적 설교학으로 보이는 것을 조심스럽게 언급하려는 것이다.

인간중심적 설교학은 21세기 설교학이지만 그 뿌리는 개인이 우주의 중심이 된 르네상스와 계몽주의로서, 이는 구스타프슨이 말한 것처럼 주객이 전도된 것이다. 인간은 더 이상 하나님께 영광 돌리지 못했다. "하나님의 주된 목적은 인간을 영화롭게 하는 것이다."[2] 인간중심적 설교학은 종교적 주제나 신자뿐만 아니라 불신자에서부터 시작하기도 하는데, 불신자에서부터 시작하는 것은 이 장의 내용에 더 적합하다. 이런 설교적 접근을 통해 우리는 하나님으로부터 인간으로, 또한 성서와 전통으로부터 문화로 옮겨간다. 개신교 설교학은 일반적으로 성경으로부터 시작하고, 로마 가톨릭은 교리로 시작하는데, 개신교와 로마 가톨릭은 문화로 시작하는 설교에 대해서 긍정적인 평가와 부정적인 평가를 공유하고 있다.

비록 내가 오늘날 통용되고 있는 이런 접근에 대해 불만족스런 부분이 있다는 것을 인정한다고 해도, 바르트가 했던 것처럼 이러한 접근을 완전히 거절하지는 않는다. 누가-행전 모델은 강력하고 설득력이 있다. 중요한 것은 이러한 접근이 현대 설교에서 담당하는 다양한 형식을 이해해야 한다는 것이고, 문화적 내용을 담은 설교를 할 때 성서적이고 신학적인 기반을 분명히 해야 한다는 것이다. 이것은 회중중심의 설교학을 신본주의적 설교로 전환시켜줄 것이다.

나는 다음 세 가지 이유 때문에 문화적 쟁점을 이 책의 마지막에서 다

---

2) James M. Gustafson, *Ethics from a Theocentric Perspective* (Chicago: University of Chicago Press, 1981), 88 이하. 이러한 내용은 1983년 2월 버지니아 유니온 신학교의 스프런트 강좌에서도 제시되었다.

루고 있다. (1) 성경과 교리 연구가 변증론, 윤리, 전도보다 먼저 다루어 져야 하기 때문이다. (2) 이런 유형의 설교는 기독교 선포의 자료이자 권위인 성경으로부터 (교리문답적이고 논쟁적인 설교처럼) 한걸음 나가는 정도가 아니라 두 걸음 이상을 떼게 만든다. 문화적 이슈로 시작된 교리 설교에 대한 과제는 다른 두 유형의 설교보다 훨씬 무거워서(특히 세계적/도덕적 문제들을 다루게 될 때) 이런 설교를 자주하기 어렵다. 신학적이고 실천적인 이유에서, 설교자는 교리 설교를 함에 있어서 인간중심적 접근을 가장 나중에 취해야 한다는 것과 강단에서 자주 해서는 안 된다는 것을 유념해야 한다.

교회와 문화에 관한 질문과 진술

틸리히는 설교자들이 누구도 묻지 않는 질문에 대답하는 우스꽝스런 일들이 없기 위해서는 세상의 질문에 더욱 진지하게 경청해야 한다고 주장한다. 문화적 이슈로 시작하는 교리 설교는 틸리히의 이런 주장을 매우 진지하게 수용한 것이다. (바르트가 신앙적 주제에 대해 "그것이 하나님에 관하여 참인가"라는 질문만 있다고 하는 것처럼) 단지 하나의 질문만 존재한다고 할 수는 없다. 믿는 자와 믿지 않는 자가 이해할 수 없는 질문들, 곧 성경, 인간의 유한성, 전쟁과 평화에 대한 질문들이 매우 많다. 거기다가 세상의 이면에 숨겨진 깊은 염려와 적대감을 담고 있는 선언문들을 접하게 된다. 틸리히는 세상을 존재론적으로 볼 때 정신분열증(schizophrenic)에 걸린 것으로 보았다. 파블로 피카소와 프란츠 카프카는 틸리히가 말한 대로 충격과 염려에 젖어있는 현 시대상황을 잘 표현했다. 우리 세계는 조각조각 잘게 부서진다. 틸리히의 책 『존재의 용기』(Courage to Be, 예영커뮤니케이션 역간)는 소외됨으로 인한 두려움에 대답하려고 노력한 책이다. 그가 바랐던 것은 전쟁터의 군인의 용기가 아니라 존재의 수수께끼에 의해 당황하고 있지만 여전히 삶에 긍정적으로 대답할 수 있는 인간의 용기다.

예스라고 대답하는 문제는 예배 후에, 상담 중에, 특히 버스, 기차, 비행기에서 듣게 되는 여러 질문과 진술에서 드러난다. 우리 시대의 깊은 신앙적 열망은 대중 교통수단을 이용할 때마다 나타난다. 성직자 셔츠칼라와 빈자리는 신학적 대화를 위한 가능성의 확실한 표지다. 이것이 제임스 파울러의 네 번째 단계에 속하는 사람, 즉 교회에서 배울 것이 없다고 교회를 떠났던 세속적인 사람이다. 그 대부분이 신화다. 그러나 세속주의자는 여전히 매일 출근 기차를 타면서 속 깊은 질문에 대답을 찾지만 누구도 속 시원히 답해주는 사람을 만나지 못하는 상황이다. 그러한 사람들은 대학 채플의 회중석에 많이 있다. 대학 채플은 주일날에도 자리가 많이 비어있다. 하지만 그들은 여전히 거기에서, 각자가 질문하고, 상처를 안고 있고, 희망하고, 때로는 절망적으로 바라보고 있다. 그들에게서 믿음에 대한 깊은 고백은 쉽지 않다. 하지만 그들은 최근 과학적 보고서보다 더욱 깊은 어떤 것을 열망하고 있다. 그들은 길거리에 있기도

하고, 작은 마을의 쇼핑센터나 집에 혼자 앉아서 "고도"(Godot) 이상의 어떤 것을 "기다리고"(waiting for) 있는지 모른다. 어떤 이들은 종교에 대해 짜증을 내면서 그리스도인은 왜 이것저것을 믿고 있는지 알고 싶어 한다. 물론 교회 안에도 그런 사람들이 있다. 그들 중에는 자신의 개인적인 문제에 도움을, 그리고 도덕적인 문제에 대한 지침을 바라는 사람들이 있다.

그들의 질문과 서술은 교회와 문화의 관점에서 세 가지 기본 유형으로 정리된다.

1. 신학적 성격. "모든 종교는 유사성이 있어서 당신이 무엇을 믿든지 관계없다" 또는 "의인이 왜 고통을 당하는가?"와 같은 질문이 있다. 이러한 유형은 교리 설교로 채택하기에 주제가 크고 다루기 어려운 질문이다. 어떤 사람들은 교리문답적이든지 논쟁적인 분위기로 답을 하는데, 대부분의 경우는 문화와 관련된 질문이나 도전에 대답하면서 변증적인 자세를 지니게 된다.

2. 목회적 성격. 이 유형은 치유적-관계적 문제들과 관련되는 것으로 존재적, 개인적, 가정적 문제들을 포함한다. 예를 들면 "이 슬픔을 어떻게 견딜 수 있을까?", "왜 나는 딸과 대화하는 것이 부담이 될까?", "나는 왜 그 일을 제대로 해낼 수 없을까?" 등이다. 어떤 교단에서는 설교자들에게 이러한 질문들을 그 다음 주일 설교에 반영하도록 권면하기도 한다.

3. 윤리적 성격. 이 유형은 낙태나 피임과 같은 개인적/도덕적 문제들, 또는 기아와 핵 폐기와 같은 세계적/도덕적 이슈들을 포함한다. 예를 들

어 "만일 인간이 하나님의 형상으로 창조되었다면, 하나님의 모든 자녀들이 왜 공정한 대우를 받지 못하는가?", "복지는 하나님 나라가 이 땅에 존재한다는 본보기다", "낙태반대론자들이 사형 제도를 찬성한다는 것은 모순이다"와 같은 것들이 그러하다.

이러한 쟁점들에 대해 어떤 것이 설교할 만한 가치가 있는지 설교자들은 어떻게 판단할 수 있는가? 올바른 판단을 위해서 다음 세 가지 질문을 깊이 생각해보아야 한다.

1. 그 질문들이 설교의 주제로 삼을 만큼 포괄적인가? 교회나 길거리에서 들린다고 해서 모든 질문이 설교의 주제가 될 수 있는 것은 아니다. 설교의 주제로 삼기에 너무 세밀한 것들도 많다. "오늘날 우리 교회가 당면한 가장 중요한 쟁점은 찬양대 가운의 색깔에 대한 것입니다." 이런 주제라면 적절한지를 식별하기 어렵지 않다. 어떤 주제는 가늠하기 쉽지 않다. "목사님, 우리 아이가 한번은 아주 신통한 이야기를 하던데요. '모든 것은 자기만의 아름다움을 가지고 있다'고 말하더라고요. 사실 이거야말로 종교가 말하고 있는 거 아닐까요?" 이 간단한 해석은 우리 사회에 팽배해 있는 인본주의를 반영한다. 그런 입장에 대해 비판하는 교리 설교를 준비할 수 있다. 그러나 만일 교회에 이런 말을 계속해왔던 어떤 교인이 있다면, 그 문제의 목회적 차원이 고려되어야 한다. 공개적으로 그 아이의 말에 대해 반박해서는 안 된다. 또한 자칫 의도와는 다르게 이단적 분위기에 노출될 수도 있기 때문에 그러한 해석을 직접 인용하는 것도 바람직하지 않다.

다음과 같은 사소한 질문들을 접할 경우도 있다. "왜 예배 때 죄 고백 시간이 있는 건가요? 내가 하지도 않은 것을 고백하는 것 같아서 개운치 않네요. 어쨌든 목사님이 대신 고백해주니까 상관없지만, 우리들 전부를 아주 심각한 죄인으로 단정하고 있음에 틀림없다고 봐요." 이런 질문은 무언가에 불만스러워하는 교인의 시각을 보여준다. 불만스러워하는 내용 전부를 설교의 주제로 삼을 수는 없지만, 이 경우엔 설교의 주제로 가치가 있다. 죄의 공동체적 성격과 공동체적 고백의 필요에 대한 교리 설교는 이러한 불만을 해결하기 위한 좋은 방법이다. 공동체적 고백을 담은 시편을 소개함으로써 시선을 성서로 돌릴 수 있다. "왜 교회에서 찬송을 불러야하는가?"와 같은 질문은 어떤 이에게는 사소한 질문으로 들리겠지만, "밤중에 찬송을 불렀던" 마르틴 루터나 사도 바울에게는 사소한 것이 아니다. 우디 앨런(Woody Allen)이 던진 "내가 알고 싶은 것은 천국에 들어갈 때 20살이 넘을 수 있을까 하는 것이다" 같이 확실히 사소한 질문도 있지만, 어떤 질문의 경우에는 천국에 대한 교리 설교의 시작에 사용될 수도 있다.

어떤 것은 너무 폭넓은 주제여서 설교하기에 알맞지 않는 것도 있다. "하나님에 대해 설교하기"는 "인생에 대해 설교하기"처럼 너무 모호하다. 당신은 그 주제에 대해서 어떻게 설교할 수 있겠는가? 너무 할 것이 없을 수도 있고, 너무 많을 수도 있다. 이 점에서 가장 중요한 질문은 그 주제를 더욱 구체적으로, 또는 더욱 자세히 만들 여지가 있는가 하는 것이다. 이 질문에 답하는 두 가지 방법이 있다. 하나는 어떤 사람에게 이 요청이 무엇을 의미하는지에 대해 말하도록 하는 것이다. 다른 하나는 이 주제에 대한 기독교적 관점을 탐구하고 그것을 좁혀 구체화하는 것이다. 가장 적절한 응답은 설교를 시도하는 것이 아니라, 그 요청을 교인의 성장의 기회로 사용하는 것이다.

2. 개인의 비밀스런 상담내용을 설교의 주제로 사용할 수 있는가? 한마디로 하지 않는 것이 좋다. 그 문제를 간접적이든 직접적이든 설교하는 것은 비밀을 드러낼 수 있고, 상담했던 교인과의 관계뿐 아니라 앞으로 상담하려고 생각했던 사람들과의 관계도 어긋나게 할 수 있기 때문이다. 어떤 설교자들은 지혜롭게도 그 사람에게 설교해도 되겠는지 묻기도 한다. 그러나 어떤 이들은 비록 허락을 해줘도 이러한 내용을 설교해서는 안 된다고 주장한다. 다음은 몸의 부활에 대한 교리에 대해 설교할 때 매우 적절한 서론이다. "저는 죽은 후 제 몸을 의학의 발전을 위해 기증하고 싶은데, 가족이 반대합니다. 저는 죽으면 몸은 다 사라진다고 생각하는데, 가족들은 몸은 어떻게 해서라도 천국에 연결될 것이라고 믿고 있습니다. 그들은 화장하는 것도 반대입니다. 어떻게 하죠?" 목회적으로 예민한 감각을 가진 설교자라면 그 사람이 완전히 무명이고 회중에게 제시해도 좋다고 하지 않았으면 이러한 내용을 사용하지는 않을 것이다. 목회적 성격의 질문에 대해 설교할 것인가를 결정하는 것은 신학적 질문이 사소한 것인가 모호한 것인가를 결정하는 것보다 훨씬 더 어렵다.

3. 설교가 그 주제를 다룰 가장 좋은 장인가? 이 질문은 사소함이나 비밀스러움과 관계된다기보다, 적절한가와 관련해 판단해야 할 문제다. 중

요한 이슈라고 모두 설교의 주제가 되는 것은 아니다. 어떤 주제는 설교보다는 성인들의 그룹 토의나 사회 모임의 공적 포럼에서 더 잘 다루어진다. 다음 세 가지 질문을 잘 사용하면 설교의 주제가 될 만한지 판단할 수 있을 것이다.

a. 이슈가 너무 예민해서 회중들이 잘 경청하지도 않고 너무 감정적으로 응답하지는 않겠는가? "우리 유치원이 이제 많은 교인들이 골치 아프게 생각하는 곳이 되었습니다. 어떤 분들은 계속 운영하기를 원하지만, 운영을 외부인들에게, 특히 그 유대인 여자에게 맡기는 것에 대해서는 반대하는 분들도 많습니다. 제 생각에는 목사님께서 이 문제에 대해서 설교해서 한 번에 정리해주실 필요가 있다고 생각합니다." 그럴 가능성이 있는지 생각해보자. 우리는 이런 제안 속에 담겨있는 반유대주의(antisemitism)와 마르키온주의(Marcionism)을 경계하는 목적으로 그리스도 안에서 하나 됨에 대해, 그리고 히브리/구약 성서에 대한 믿음 안에 있는 우리의 뿌리에 대해 언급할 수 있다. 그러나 그것이 얼마나 유익할 것인가? 아마도 해당되는 그 한사람에게 직접 말하는 것이 더 적절할 수 있다. 만일 이런 생각이 교인 전체의 생각이 아니라면, 괜히 설교해서 교인들의 마음을 상하게 할 수 있다. 만일 대다수의 교인들의 생각이라면, 이 이슈에 대한 교리 설교가 적절하다. 최근 이슈에 대해 자신의 감정을 쉽게 노출해서는 예언자적 역할을 할 수 없다. 다윗 앞에서 나단 선지자가 자신에 대해 생각하면서 "아니, 내가 너무 감정적으로 격해있는 것은 아닌가"라고 스스로 묻고 있는 것을 상상해보라. 실제로 나단 선지자는

그렇게 했다. 그럼에도 불구하고 다윗에게 말해야 한다는 것을 느꼈던 것이다. 아모스 선지자의 경우는 "너 바산의 암소들아!"라고 외쳤던 것을 생각해보라. 감정을 그대로 노출하고 있다. 그러나 그 예언자들과 오늘날 권면하는 이들, 비난하는 이들 사이에는 큰 차이가 있다. 그 예언자들은 자신들의 분노가 아니라 하나님의 분노하심을 설교했던 것이다. 이런 차이는 다음 두 번째 질문과 연결된다.

b. 이 주제가 설교자 자신의 적대감을 분출시키게 될 주제이거나 아니면 복음의 빛 안에서 문제를 분석함으로써 하나님의 심판을 불러일으킬 주제인가? 이 질문은 주제보다는 설교자에게 더 해당된다. 지혜로운 설교자인 경우, 자기 입장을 관철시키기 위해 회중들에게 상처를 주지는 않지만, 그럴 수 있는 가능성은 항상 열려있다. 군목 출신의 목사에게 어떤 교인이 이런 질문을 할 때가 있다. "목사님, 성경에 '네 원수를 사랑하고 너를 핍박하는 자들을 위해 기도하라'고 나옵니다. 그런데 핵무기 개발은 원수를 사랑하는 방법이 아닌데, 그러면 모든 무기를 부수고, 군대를 해산하고 공산주의자들을 위해 매일 기도회를 해야 하는 것 아닙니까?" 또는 당신이 평화주의자인 경우 이런 질문을 받을 수 있다. "이스라엘 백성들은 강력한 국가 방위에 의지했는데, 우리는 왜 그러지 말아야 합니까? 우리도 하나님의 백성들입니다. 우리 화폐에 '우리는 하나님을 믿는다'(In God We Trust)라고 새겨져 있지 않습니까?" 설교자의 견해에 반대되는 질문들을 다루는 설교는 매우 주의를 기울여야 한다. 만일 여러분 설교가 하나님의 능력과 뜻이 아니라 단지 자신의 분노 폭발에 불과

하다면, 다루어야 할 주제가 설교할 주제인지에 대해 재평가해야 한다. 이것은 설교자가 그 주제에 대해 완전한 중립 입장에 서야 한다는 것을 의미하는 것은 아니다. 중요한 것은 설교자의 열정과 의로운 분노는 성경의 영감을 받으며 목회적 동기에서 비롯된 것이어야 한다는 말이다.

c. 내가 이 주제를 제대로 분석하고, 질문하고, 탐구할 수 있을까? 이 질문은 설교란 분석, 질문, 탐구 그 이상이 되어야 한다는 것을 의미하는 것이다. 설교 강단은 시험적 가설을 위한 장소도 아니고, 문제를 조사하는 장소도 아니다. 여기서는 "그런 것 같습니다"라는 표현은 어울리지 않는다. 이것은 설교자가 모든 답을 가지고 있다는 것을 말하는 것이 아니라, 하나님과 하나님의 심판과 자비에 대해 어떤 것을 확신 있게 말해야 한다는 것을 의미한다. 너무 복잡하거나 난해한 질문들은 그룹 토의 시간에 다룰 수 있다. "성경은 말하기를, '눈에는 눈, 이에는 이'라고 말한다. 그러므로 성경은 사형 제도를 지지한다." 표면적으로는 그런 주장에 대해 예수 그리스도의 말씀으로 고쳐줄 수 있을 것 같다. 그러나 실제로는 매우 복잡하다. 사형제도의 율법적이고 도덕적인 측면은 한 설교 안에서 다루기에는 불가능하지는 않지만 매우 어렵다. "낙태는 살인 행위와 다를 바 없다"는 명제는 설교하기 매우 어려운 명제다.

내가 설교할 만한 주제인가를 선택하는 기준 대신에 세 가지 질문을 제안한 것은 그 기준을 적용하기 어렵기 때문이다. 설교자는 내담자의 비밀을 드러내지 않으면서, 다른 곳에서 다루는 것보다 더욱 효과적으로 다룰 수 있는 질문과 명제가 어떤 것일지 스스로 결정해야 한다. 일단 어떤 질문이나 명제를 설교의 주제로 결정했으면, 다음 두 질문을 점검해야 한다. '이 이슈에는 어떤 교리가 가장 적절할까?' 그리고 '성서적 증거가 그 주제에 대해 말하는 것처럼 어떻게 교리를 설명할 것인가?' 예를 들면 이런 질문을 생각해보라. "만일 우리가 세 하나님을 말한다면, 많은 신들을 가진 고대 그리스와 로마의 신들과 무엇이 다른가?" 이런 질문은 세 가지 테스트를 통과한다. 그것은 사소하거나 비밀스럽지도 않고, 다루기에 너무 예민하거나 복잡하지도 않다. 확실히 쉽지 않은 질문이지만, 다룰 만한 주제다. 그것은 또한 신학적 성격의 질문이다. 그 질문에 적절한 교리는 무엇인가? 대답은 삼위일체다. 성경은 삼위일체에 대해 무엇이라고 말하는가? 성경은 삼위의 하나님을 말하는데, 독립된 세 하나님이 아니라 한 하나님을 말한다. 이 교리의 어려움은 직접적인 성서 본문을 찾는 일인데, 왜냐하면 삼위일체 교리는 성서에 직접적인 본문이 없는 교리이기 때문이다.

또 이런 질문이 가능하다, "왜 예수께서 죽으셔야 했는가?" 이것은 신학적인 질문이다. 속죄(atonement)가 바로 이 질문을 다룬 교리다. 각각 특별한 관점을 지니고 있는 로마서와 히브리서는 성서적 응답을 찾기에 적절한 곳이다. 만일 "왜 의인이 고통을 당하는가?"라는 질문이 있다면, 하나님의 섭리와 악에 대한 질문을 하게 된다. 성경으로 돌아가서 욥의 생애를 다시 조사할 수 있는데, 그 이유는 욥은 확실히 이 질문에 대해서 알고 있었기 때문이다. 니버(Niebuhr)는 구체적인 섭리에 대해 반대함으로써 고통의 문제를 다루었다. 그리고 나서 그는 하나님은 "해를 악인에게도 선한 자에게도 비추시며, 의로운 자나 불의한 자에게 비를 보내신다"고 말하는 마태복음 5:43-48로 되돌아 갔다.[3]

만일 우리가 설교를 위한 질문이나 명제의 정당성을 확보하고, 그것을 잘 표현한 교리와 성서적 확신을 주는 구절들을 준비했다면, 설교문을 작성할 수 있다. 이때 모든 교리 설교에 지적, 감정적, 의지적인 요소들이 있지만 설교마다 강조하는 측면이 다를 수 있다는 사실을 기억하자. (1) **신학적** 질문에 답하는 설교에서 일차적 관심은 지적인 가르침이다. 예를 들면, **"내가 이해하고 있는 기독교 신앙의 내용은 어떤 것인가?"**라는 질문에 대답하는 것이다. (2) **목회적 질문**에 답하는 설교에서 일차적 관심은 감동을 주는 것이다. 예를 들면 **"나는 이 문제를 어떻게 다루어야 할까?"**, **"복음, 교회, 공동체 안의 자료들을 어디서 발견할 수 있는가?"** 이러한 질문은 감정적인 측면의 것들이다. (3) **윤리적 질문**에 답하는 설교에서 일차적 관심은 **"내가 무엇을 해야 합니까?"**라는 질문에 대해 의지적 결단을 촉구하는 대답을 하는 것이다.

아우구스티누스적 변증학과 리드의 수사학적 접근

변증학에서는 항상 믿음을 신학적으로 정의할 때 "마음의 신비로부터

---

3) Reinhold Niebuhr, *Justice and Mercy*, ed. Ursula M. Niebuhr (New York: Harper & Row, 1974), 14-22.

이성의 밝은 빛으로 옮기는 것"이라고 보았다. [4] 브루너는 이것을 성당이 아니라 학교나 시장에서 논쟁하는 행위를 뜻하는 "쟁론"(爭論, eristics)이라고 불렀다. 변증학은 안셀무스의 "이해를 추구하는 믿음" 이상이다. 그것은 이해를 **제공하는**(offering)하는 믿음이다. 우리는 그러한 예를 신약에서 확인할 수 있다. 바울이 베스도 앞에 서서 믿음의 진리를 말했다(행 26:25). 베드로전서 3:15에서 신자들은 자신의 소망의 이유에 대해서 답변할 준비가 되어 있어야 할 것을 말하고 있다. 그리스도인들은 항상 믿음의 증거뿐만 아니라 믿고 있는 진리도 믿지 않는 세상에 말할 준비를 해야 한다.

아우구스티누스의 『하나님의 도성』과 파스칼의 『팡세』는 변증학 분야의 고전들이다. 개신교인들은 로마 가톨릭 교인들처럼 변증적이지 못했는데, 특히 종교개혁 시대에는 주석적이고, 교리문답적이고, 논쟁적으로 교리를 정비하는 데 초점을 맞추느라 더욱 그러했다. 그러나 슐라이어마허(특히 그의 『종교론: 문화화된 경멸자들을 향한 강연』), 키에르케고르, 니버, 틸리히와 같은 개신교 학자들은 문화의 문제를 진지하게 다룬 신학자로 크게 자리를 잡았다(물론 바르트는 여기에 속하지 않는다. 이러한 접근을 분명히 확인하기 위해서 바르트의 비판을 참고하면서 함께 생각해야 할 것이다. 바르트는 변증학적 신학을 가장 부정적인 인간중심적 설교학으로 이끄는 것이라 여겼다).

많은 설교학자들과 설교가들은 기독교 신앙에 대항하는 공격과 질문

---

4) G. C. Berkouwer, *A Half Century of Theology* (Grand Rapids: Wm. B. Eerdmans, 1977), 26.

들을 다루면서, 확신 있게 단도직입적으로 미지의 바다로 들어왔다. 그들은 그렇게 함으로써 새로운 토론의 장을 열 뿐만 아니라, 신자들이 그들이 믿는 것을 더 잘 알 수 있도록 도움을 주었다. 감리교의 창시자인 존 웨슬리는 "참된 기독교를 변호하며"라는 제목의 교리 설교를 하기도 했다.[5] 19세기의 위대한 성공회 설교자인 로버트슨(F. W. Robertson)은 변증적 설교를 하면서 교리를 적극적으로 다루었다. 기독교에 대한 잘못된 이해를 공격하는 대신에 교리를 확신 있게 선포하고, 청중(신자나 비신자)들로 하여금 그들 스스로 결정할 수 있게 했다. 그의 설교의 역설적 개념들은 항상 청중들로 하여금 생각하게 만들었다. "도마의 의심"은 (경험적인 질문들을 지니고 있는) 현대 청중의 마음을 열고 난 다음 부활에 관한 구절에 대해서 정직한 의심을 직접 언급하는 것이다.[6]

조지 아더 버트릭(George Arthur Buttrick)이 하버드 대학 기념교회 강단에서 전국에서 가장 지적인 회중들에게 매주 설교했던 것을 생각해보자. 버트릭은 결코 적절한 문화적 질문들을 비켜가지 않았다. 그러므로 그의 설교는 기독교 신앙 중심에 더욱 깊게 들어갈 수 있었다. 그가 현대인의 마음에 귀를 기울이는 만큼, 그리스도의 마음을 설교할 수 있었다. 그의 책, 『대학교회에서 선포했던 설교들』(Sermons Preached in a University Church)[7]

---

5) Clyde E. Fant, Jr., and William M. Pinson, Jr., ed., *Twenty Centuries of Great Preaching* (Waco, Tex.: Word Books, 1971), 3:20-28.
6) Gilbert E. Doan, Jr., ed., *The Preaching of F. W. Robertson* (Philadelphia: Fortress Press, 1964), 181-94.
7) George Arthur Buttrick, *Sermons Preached in a University Church* (Nashville: Abingdon Press, 1959).

은 바로 그 사실을 증명하고 있다. 그의 다른 설교인 "낯선 세계에서의 하나님의 임재"를 보면 신학과 역설적인 관계에 있는 문화에 대한 그의 포용성을 잘 알 수 있다. [8]

W. E. 생스터는 자신이 "철학적이고 변증적인" 설교라고 명명한 설교의 중요성을 말하는데, 이런 설교는 일반적으로 큰 질문들, 즉 '하나님이 거기 계시는가?', '하나님은 인간을 배려하시는가?'와 같은 질문에 답을 준다. [9] 이런 질문들과 바르트의 질문 사이의 유사점에 대해 관찰해보라. 바르트는 불신자들도 이러한 질문을 하고 있다고 말한다. 차이는 접근하는 방법이다. 바르트는 기독교 신앙의 진리에 대해 논쟁하지 않는다. 다른 선택의 여지가 없는 것처럼 청중에게 제시할 뿐이다. 이런 방법은 어떤 면에서 매력 있지만, 의심 많은 도마 같은 유형의 사람들에게 항상 설득력 있는 것은 아니다. 바르트는 예수께서는 도마와 논쟁하지 않으셨다는 점을 강조한다. 예수께서는 단순히 자신을 제시하셨다는 것이다. 바르트는 바로 이것이 설교자가 해야 할 방법이라고 생각한다. 단순히 그리스도를 제시하고 그 나머지는 성령께 의지하는 것이다. 바르트의 이같은 자세는 예수께서 여러 번 바리새인들과 논쟁하셨다는 사실을 간과하는 것이다. 예를 들면, 대표적인 것으로 '가이사와 하나님'(막 12:13-17)에 관한 논쟁이 바로 그것이다.

---

8) Fant and Pinson, *Twenty Centuries*, 10:268-72.
9) W. E. Sangster, *The Craft of Sermon Construction* (Philadelphia: Westminster Press,1951), 405-48.

바르트의 입장에 대한 다른 두 가지 대안이 있는데, 하나는 고대의 신학자 아우구스티누스이고, 다른 하나는 현대의 설교자 데이비드 리드(David H. Read)다. 이들을 선택한 이유는 이들이 신학적 통전성(integrity)과 수사학적 기술을 가지고 변증적으로 설교함으로써 오늘날 그런 설교를 하고 싶어 하는 설교자들에게 좋은 모델이 될 수 있기 때문이다. 아우구스티누스의 설교는 논쟁적이거나 변증적일 때가 많다. 그의 설교집 가운데 "이교도와 이단자들"(pagans and Heretics) [10]이란 제목의 설교집이 있다. 제목을 제대로 붙인 것이다. 그 설교집의 첫 번째 설교는 "교회로 돌아온 어느 도나투스주의자"에 대한 기쁨의 설교다. 두 번째 설교는 성육신을 주제로 하는데, 마니교도와 아리우스주의자들, 유노미우스주의자, 사벨리우스주의자, 포티니우스주의자, 도나투스주의자, 펠라기우스주의자에 대해 논쟁과 변증으로 공격하는 설교다. 그 설교들 중 가장 논리적이고 설득력 있는 설교는 바울이 아테네에서 에피쿠로스 학파 및 스토아 학파와 논쟁하는 본문(행 17:16-34)을 다루는 설교인데, 교회 밖에 있는 이들을 위한 설교라는 점이 특별하다. [11] 여기서 제기된 가장 중요한 질문은 '참 행복으로 이끄는 것은 무엇인가?'이다. 에피쿠로스 학파는 "육체의 쾌락"이라고 말하고, 스토아 학파는 "정신의 평온"이라고 대답한다. 아우구스티누스는 이 두 가지 대답이 두 종류의 고전적인 인간의 응답, 즉 "인

---

10) Quincy Howe, Jr., trans. and ed. *Selected Sermons of St. Augustine* (New York: Holt, Rinehart and Winston, 1966), 71-110.
11) 위의 책, 89-100.

간이 자신의 내면을 들여다 보는 것은" 에피쿠로스 학파처럼 몸을 통해 행복해지기 위해서라는 응답과 스토아 학파처럼 영혼을 통해 행복해지기 위해서라는 응답과 일치한다는 사실을 잘 보여주었다. 그 다음 그는 이 두 대답의 문제점들을 보여준다. "육체의 쾌락"이나 "정신의 평온" 어느 것도 충분하지 않지만, 그렇다고 둘 다가 잘못된 것은 아니라는 것이다. 아우구스티누스는 마니교의 영지주의적 올무에 빠지지는 않는다. 육체는 그 자체로 악한 것이 아니다. 순수한 인간의 영이라고 그 자체로 선한 것은 아니다. 문제는 쾌락과 평온으로는 충분치 않다는 데 있다. 예수 그리스도 안에 있는 "하나님의 선물"만이 참된 행복으로 이끈다.

아우구스티누스는 한 설교에서 당대의 쾌락주의와 자유주의에 대해 일단 그들의 가치를 인정하고 난 다음 그들의 문제점을 지적하면서 교묘하게 묵살하는 한편, 동시에 예수 그리스도의 복음을 설교했다. 그가 이 설교에서 사용한 것은 단순한 논리, 목회적 감수성, 기독교 전통에 입각한 성경 본문에 대한 충실성이었다. 이 모든 것을 한 설교에 담았다니 놀랍지 않은가! '참된 행복에 이르게 하는 것은 무엇인가'라는 질문은 문화에 대한 질문이었는데, 아우구스티누스의 신학적 대답은 하나님의 선물이신 예수 그리스도다. 그러나 그는 진지하게 철학적인 대답 없이 바로 그런 대답을 한 것이 아니었다. 아우구스티누스는 모든 철학과 기독교 신학은 이런 질문에 깊이 관여한다는 것을 말하면서, 위대한 두 철학 학파가 같은 주제로 바울과 논쟁하는 것을 보여주는 사도행전 17장 본문을 다뤘다. 이 본문은 두 위대한 철학 학파뿐 아니라 인간 본성 전체를 드러내준다. 아우구스티누스에게는 아주 반가운 본문이었을 것이다. 이 본문은 아우구스티누스의 논점을 더욱 설득력 있게 해준다.

아우구스티누스는 우리에게 다음 사실을 상기시킨다. 즉, 기독교 설교는 설득력 있는 수사적 논쟁이나 논리를 사용하고 있다는 사실이다. 그러나 어떤 경우도 수사적 주장을 논쟁에 이기기 위해서 악의적으로 또는 부정직하게 사용해서는 안 된다. 법정 웅변술로 기울어진 설교는 강단을 법정으로 만들게 된다. 임마누엘 칸트 이래로 강단에서 하나님의 존재를 증명하기란 역부족이다. 교인들은 하나님과 인간의 존재에 대한 설교를 들을 때 연역적인 논리로만 받아들인다. 이것은 설교자들이 어느 정도 논리 연구를 해봐야 도움이 되지 않는다고 말하는 것이 아니다. 적절성(relevance)과 모호성(ambiguity)의 오류가 주일 아침에 자주 일어난다. [12]

그러면 그 논점을 모른다는 것에서부터 생각해보자. 신이 존재하지 않는다는 것을 입증하지 못했으므로, 신은 존재한다. 선결문제 요구의 오류(*petitio principii*, 논점을 옳은 것으로 가정해 놓고 논하는 오류)가 설교에 얼마나 자주 나타나는가? 다음이 좋은 예다. "하나님은 존재한다. 왜냐하면 성경에 그렇게 쓰여 있기 때문이다. 그리고 우리는 성경이 말하고 있는 것이 하나님의 계시된 말씀이기 때문에 진리임에 틀림없다는 것을 안다." [13] 논점을 너무 성급하게 일반화하게 되면 더욱 분명히 문제가 노출

---

12) Irving M. Copi, *Introduction to Logic* (New York: Macmillan Co., 1982), 92-137.
13) 위의 책, 133.

된다. '그리스도인의 모델인 사도 바울은 지중해를 여행했던 선교사였다. 그러므로 모든 그리스도인들은 지중해를 여행하는 선교사들이 되어야 한다. 따라서 모든 목회자들은 성지에 가서 걸어 다녀봐야 한다.' 이것이 좋은 예가 되는데, 이렇게 성급한 일반화는 항상 더욱 난해한 신학적이슈를 불러일으킨다.

설교에 오류가 있게 되면 회중에게 다음 세 가지 중 한 가지 상황이 발생한다. (1) 교인들이 설교를 이해하지 못하고 오히려 무시한다. (2) 교인들이 설교를 이해는 하지만 믿지는 않는다. (3) 교인들이 설교 말씀을 믿지만 매일의 삶에서는 다른 생각을 좇아 산다. 폴 쉐러(Paul Scherer)는 복음 메시지를 이럴 수도 있고 저럴 수도 있다는 식으로 해석하는 설교에 대해 교인들은 달가워하지 않는다고 말한다. 교인들은 다음 두 가지로 반응하는데, 첫째는 "그것은 사실이 아니지만 나는 사실이기를 원한다"이고, 둘째는 "사실이지만 사실이 아니기를 원한다"는 반응이 그것이다. [14] 첫 번째 문장은 설교가 훌륭하지만 종교적 일반화 또는 종교적 언어나 이야기로 가득 찼다는 것을 의미한다. 그것은 삶과 거리가 먼 비논리적인 것일 수 있다. 아마도 하나님에 대한 설명의 설득력이 부족했든지 혹은 묘사된 인간의 죄에 대한 내용이 진부했을 것이다. 또는 진리처럼 들리지 않을 수도 있다. 두 번째 문장은 설교가 이성적이며 경험적인 내용으로서 삶의 현장을 다루고 있고 또한 은혜도 있어서 교인들의 마

---

14) Paul Scherer, *Lectures on Doctrinal Preaching* (Union Theological Seminary, Richmond, Va., August 1956).

음을 감동케 하는데, 한편으로 하나님의 자비하심에 감동이 되면서 피할 수 없는 제자도의 길에 부담을 느끼고 있는 모습이다.

이렇게 논리의 중요성을 강조하는 것은 칼라일 마니(Carlyle Marney), 프레드 스픽만(Fred Speakman), 프레드릭 뷰크너(Fredrick Buechner), 죠셉 돈더스(Joseph Donders)가 사용하는 시적이고 풍부한 언어로부터 돌아섰다는 것을 의미하는 것은 아니다. 오히려 그러한 강조는 더 진지한 신적 논리와 세속적 논리로 하여금 이러한 설교자들의 신적이고 시적인 탁월한 감수성에 실질과 명료함을 제공하는 것을 의미한다. 기독교 역사에서 아우구스티누스, 루터, 칼빈, 에드워즈, 니버, 틸리히 같은 모든 위대한 설교가들은 논리적인 면과 시적인 면을 고루 지니고 있었다. 그들은 건전한 이성의 눈과 웅변을 위한 귀를 가졌다. 머리와 가슴은 만났다. 거친 이성적 사고는 담백하게 등장하는 언어의 웅변술로 울려 퍼진다. 이는 조지 버트릭이 말하곤 했던 "비범한 방법으로 전달되는 평범한 언어들"(usual words presented in unusual ways)이다.

변증적 설교에서 수사적 논점과 논리적 사고를 이해하는 목회자는 뉴욕시에 있는 매드슨 애비뉴 장로교회 목사인 H. C. 리드(Read)다. 리드의 설교는 문화적 감수성과 신학적 깊이를 담고 있다. 모든 설교에 성경, 「뉴욕 타임즈」, 그리고 신학적 고전이 등장한다. 그는 문화의 질문들을 이해하고 있었다. 그는 기독교에 관한 사회의 불안과 불편에 대해 귀를 기울였다. 그의 설교는 이러한 문화적 질문에 대한 대답에 충실했다. 그의 저서 『엿듣기』(Overheard)에서도 이 점을 다루었는데, 기독교에 대한 의 문젯들과 공격에 대해 명료하게 분석하면서 라디오 강단에서 설교했던 내용을 중심으로 명쾌하게 답하고 있다.

리드 목사의 설교를 듣는 사람들은 지역 교회 교인뿐 아니라, 기독교인을 현대 문명에서 별난 사람처럼 생각하는 문화적 교인이나 방관자 교인들, 그리고 복음의 내용이 어리석다고 생각해서 교회로부터 멀어져 간 낙심한 교인이나 냉소적인 교인들도 포함된다. 그들이 교회로부터 멀어지게 된 것은 헬라인처럼 지혜를 구하려다가 그렇게 된 것이 아니라, 자신들 속에 있는 진지한 신학적 질문들에 대해 대답을 듣지 못했기 때문이다. 그들은 고넬료처럼 신앙이란 무엇인지 알기를 원한다. 그래서 계속 질문하고 비난하는 것이다. 리드 목사는 그 질문과 그들의 생각에 귀를 기울인다. 사실 그는 '엿듣기'(overhear)를 하는 것이고, 바로 그들의 다음과 같은 질문에 대답하는 것이다. "신앙을 가지고 있으면 되지, 교회에는 왜 나가야 하는가?", "난 제법 괜찮은 삶을 살고 있는데, 뭐가 더 필요하다는 거지?", "솔직히 말해 난 성경이 싫다", "죽음 이후의 삶에 대해 난 알지 못해, 아니 관심이 없다", "신앙은 약자들을 위한 거라 난 싫고 필요하지도 않다", "기도를 해봤지만 소용이 없어", "난 예수는 신화라고 생각해."[15]

이 같은 질문과 명제들이 리드 목사의 변증적 설교의 출발점이 된다.

---

15) David H. C. Read, *Overheard* (Nashville: Abingdon Press, 1971). 또한 Robert J. McCracken, *Questions People Ask* (New York: Harper & Brothers, 1951)를 보라. 문학에서 제기된 질문들과 문제들에 대해 검토하려면 다음의 책과 비교해보라. Charles L. Rice, *Interpretation and Imagination* (Philadelphia: Fortress Press, 1970).

리드의 설교 작성 과정을 보면, 첫째로 교인들이 비난하는 것을 이해하기 위해서 명제를 정해둔다. 둘째, 그 명제에 대한 교리를 준비해둔다. 그 대신 그는 성경 말씀의 해설자로서 말한다. 리드 목사의 접근은 슐라이어마허가 『종교론』(On Religion: Speeches)에서 했던 것과 동일하다. 슐라이어마허처럼 그는 "그들이 거절하고 있는 것은 신앙의 본질적인 것이 아니라 시정해야 할 고정관념이라는 것을 드러내줌으로써 종교 비판"을 해제한다.[16]

리드의 방법은 『수사학과 해석학』(Ad Herennium)이란 책을 저술했던 무명의 라틴 수사학자의 접근을 재배열한 것이다. 이것은 로마 상원에서 사용됐던 방식이었다. (1) 토의 중에 있는 케이스의 진술이나 주해 (narratio), (2) 논점 반대에 대한 반박, (3) 논점 전개의 개요, (4) 사례에 대한 증거.[17] 리드는 아우구스티누스처럼 고전적 수사학의 훈련을 받았다. 리드의 방법은 이러한 패턴을 따르면서 다음과 같은 메시지를 주고 있다.

1. 교회 또는 문화 속에서 들리는 질문이나 진술을 반복하라.

2. 질문/진술을 위한 준거 또는 증거들을 목록으로 만들라.

3. 진술의 정당성을 인지하라(이것은 그가 그 진술을 어리석은 것으로 묵살하지 않는다는 것을 보여주는데, 그렇게 묵살하는 것은 목회적으로 둔감할 뿐 아니라 수사학적으로 어리석은 일이다).

---

16) C. W. Christian, *Friedrich Schleiermacher* (Waco, Tex.: Word Books, 1979), 46.
17) Edward P. J. Corbett, *Classical Rhetoric for the Modern Student* (New York and London: Oxford University Press, 1971), 36.

4. 다음 두 가지 방법으로 준거와 증거들에 질문을 던지라.

    (a) 문화나 인간의 본성에 대한 그릇된 설명을 밝히고, (b) 하나님과 기독교에 대한 그릇된 설명을 밝힘.

5. 기독교적 입장을 명확히 하는 질문이나 대안적 진술에 대한 답변을 제시하라.

리드의 설교 "기독교는 이제 곧 사라질 것이라 생각한다"[18]는 이러한 방법의 좋은 예다. 이 설교에서 세계의 논쟁점은 두 가지 논점으로 나뉜다.

논점 1
전제 1: 교회 통계에서 성장 감소
결   론: 기독교는 퇴출 위기에 놓여 있다.

논점 2
전제 1: 기독교는 배타적인 면을 극복해야 할 필요가 있다.
전제 2: 배타적인 면을 강조했던 다른 종교들은 사라졌다.
전제 3: 기독교는 20세기 이전 시대에 잘 해왔지만, 더 이상 통하지 않는다.
결   론: 기독교는 퇴출 위기에 놓여 있다.

---

18) Read, *Overheard*, 11-19.

이 논점에 대한 리드의 대답은 네 가지 논점으로 나뉜다.

논점 1

전제 1: 사람들이 기독교가 끝났다고 말했던 것은 역사상 이번이
　　　　처음은 아니다.

전제 2: 그러나 교회는 지금까지 존속하고 있다. 교회는 많은 망
　　　　치를 닳게 만든 대장간의 모루(anvil)처럼 견뎌왔다.

결　론: 기독교는 퇴출 위기에 놓여 있지 않다.

논점 2

전제 1: 살아 있는 신앙인 기독교(Christianity)와 사회인 기독교
　　　　왕국(Christendom)은 동일하지 않다.

전제 2: 기독교 왕국은 퇴출 중이다.

결　론: 기독교는 퇴출 중이 아니다. 사실 기독교는 이제 시작일
　　　　수도 있다.

논점 3

전제 1: 배타적인 주장에 대한 대답은 당신의 기독론에 의존한다.

전제 2: 만일 그리스도가 여러 선한 인물 중에 한 명이라 여긴다면,
　　　　기독교는 퇴출 중이다.

전제 3: 만일 당신이 살아계신 그리스도를 만나고 그를 과거, 현재,
　　　　미래의 주님으로 여긴다면, 기독교는 퇴출 중이 아니다.

전제 4: 나는 살아계신 그리스도를 만났고, 그분을 과거, 현재, 미
　　　　래의 주님으로 여긴다.

결 론: 내게 있어 기독교는 퇴출되지 않는다.

논점 4
전제 1: 수많은 이들이 그리스도를 살아계신 주님으로 만나고 있다.
결 론: 기독교는 퇴출되지 않는다. 오히려 이제 막 시작이다.

리드는 이 설교에서 성공적으로 사회의 비난을 벗겨내고, 그것을 잘 정리하면서 복음을 전파한다. 그의 설교 "나는 나만의 종교를 가지고 있다. 도대체 누가 교회를 필요로 하겠는가?"는 비슷한 패턴을 보여준다.

변증적 설교라고 항상 공격에 응답하는 것이 아니라는 것을 주목하는 것이 중요하다. 때때로 공격적이기도 하지만, 우리는 공격적이지 않기를 바라고 있다. 변증적 설교는 세상을 향해 나가면서 사람들에게 알리고 기독교 신앙을 명료하게 만든다. 그러므로 리드는 1976년 3월 7일에 "무엇이 나로 하여금 그리스도인(Christian)이 되게 했는가?"라는 설교를 했다. 후에 좀 더 폭넓은 용어로 "무엇이 나로 하여금 신앙인(believer)이 되게 했는가?" [19]라는 설교를 했다. 한 유니테리언 친구는 말하기를 자신의 교회는 정기적으로 기독교인과 유대인들을 초대해서 "왜 나는 ……이 되었는가?"라는 대화를 나눈다고 했다. 리드는 이러한 초대를 이해하고 환영할 것이다. 매디슨 애비뉴 장로교회의 경우, 기독교인과 비신자들을 초대해서 그리스도와 문화에 대해 함께 탐구한다.

---

19) David H. C. Read, *Unfinished Easter: Sermons on the Ministry* (New York: Harper & Row, 1978), 1-7.

리드의 변증적 설교의 강점은 숙련된 논리 사용, 신학적 통찰과 깊이, 그리고 슐라이어마허처럼 세상의 질문들을 통해서 기독교 신앙을 오도하고 곡해한 공격들을 바라보는 능력이다. 그는 우리로 하여금 우리의 질문들을 명확히 하고 기독교를 더 깊은 수준에서 볼 수 있도록 도와준다. 그리고 아우구스티누스의 경우처럼 리드의 설교는 가르칠(teach) 뿐 아니라, 마음을 어루만져주고(touch), 감동시킨다(move). 수세기를 걸쳐 내려오면서 아우구스티누스식 변증학은 힘 있고 설득력 있는 선포를 만들어냈다.

리처드 포스딕의 형식

주위에 있는 교회들 중에 "노하우 방식"(how to)으로 시작하는 설교를 자주하는 교회가 있다. 예를 들면 "결혼 문제를 다루는 방법", "더 나은 가족의 삶을 이루는 방법", "슬픔을 이기는 방법" 등이다. 이러한 제목의 베스트셀러 서적들이 하루가 멀다 하고 쏟아져 나오는 상황에서 이런 제목은 뿌리칠 수 없는 매혹을 지니고 있다. 모든 교인들은 분명히 문화적 환경에 영향을 받는다. 문화적 교인이나 관망하는 교인은 물론이고, 낙심했던 교인, 심지어 믿음은 없지만 신비적 치유에 귀를 기울이는 냉소적인 교인조차도 사회적 흐름에 영향을 받고 있다. 적어도 설교자와 같은 시대를 살고 있다는 것에 친근함을 느낄 수도 있을 것이다.

해리 에머슨 포스딕(Harry Emerson Fosdick)은 최초로 설교에서 문제-해결 접근(problem-solution approach)을 시도했다. 이 접근은 노먼 빈센트 필, 로버트 슐러, 그리고 잘 알려지지 않은 수많은 설교가들에게 영향을 주었다. 설교자는 이 방법을 사용함으로써 사회의 문제나 한 개인의 삶에서 질문들을 확인하고 대답이나 해결책을 제시한다. 필(Peale)에게 해결책은 "긍정적 사고방식"(positive thinking)이고 로버트 슐러에게는 "할 수 있다"(possibility thinking)이다. 이러한 '투사 방법'(project method)은 포스딕이 명명한 것처럼, "인생 상황 설교"(life situation preaching), [20] "상황 설교"(situational preaching), [21] "치유 설교", "목회 상황 설교" [22] 등의 이름으로 다양하게 알려져 왔다. 애드가 잭슨(Edgar N. Jackson)과 에드먼드 홀트 린(Edmund Holt Linn)과 같은 포스딕의 추종자들은 포스딕 방법을 선전하는 책들을 출판했다. [23] 루엘 하우(Reuel Howe) 같은 학자들은 독백적인 설교를 지양하고 보다 대화적인 설교를 원하는 포스딕의 의견에 공감

---

20) Charles F. Kemp, *Life-Situation Preaching* (St. Louis: Bethany Press, 1956); Halford E. Luccock, *In the Minister's Workshop* (Nashville: Abingdon Press, 1934), ch. 6; Robert J. McCracken, *The Making of the Sermon* (New York: Harper & Brothers, 1956), 62 이하를 보라.

21) Lionel Crocker, ed., *Harry Emerson Fosdick's Art of Preaching: An Anthology* (Springfield, Ill.: Charles C. Thomas Publisher, 1971); David G. Buttrick, "On Preaching a Parable: The Problem of Homiletic Method," *Reformed Liturgy and Music*, 17,1 (Winger 1983): 18을 보라.

22) Wayne E. Oates, *The Christian Pastor* (Philadelphia: Westminster Press, 1977), 118-20; Ernest Edward Hunt, *Sermon Struggles* (New York: Seabury Press, 1982), 70-92. John R. Claypool의 설교와 서적들도 이러한 치유적 방향으로 다루어왔다. 그의 예일 대학교의 라이먼 비처 강연과 다음 두 권의 책을 보라. *The Preaching Event* (Waco, Tes.: Word Books, 1980); *Tracks of a Fellow Struggler* (Waco, Tex.: Word Books, 1976).

23) Edgar M. Jackson, *How to Preach to People's Needs* (Grand Rapids: Baker Book House, 1972); Edmund Holt Linn, *Preaching as Counseling* (Valley Forge, Pa.:Judson Press, 1966).

했다. [24]

포스딕은 자신의 접근법에 대해 확신이 있었다. "설교는…공동체 그룹 단위에서 행하는 개인 상담이어야 한다." [25] 사람들은 여부스 족속에게 무슨 일이 있었는지에 대한 관심을 가지고 교회에 오는 것이 아니라, 자신들의 문제, 필요, 상처를 가지고 나온다는 것이다. 그는 설교자가 이들에게 직접 말해야 한다는 점을 강조한다. 그렇게 하면 설교는 거대한 그룹 치료 세션이 된다. 블랙우드(Blackwood)는 그것을 "강단 상담"(pulpit counseling)이라고 불렀다. [26] 포스딕은 이 분야의 훌륭한 전문가였다. 교회에 출석만하는 신자들이나 심지어 비신자들도 그의 통쾌하고 설득력 있는 메시지를 듣기 위해 주일마다 라디오 옆에 앉아서 귀를 기울였다. 포스딕은 첫 문장에서부터 교인들을 사로잡았다. 몇 문장 지나지 않아서 교인들은 그가 자신들이 어디 있는지 바로 알고 있다고 말하게 되었다. 포스딕의 설교 중에 "사태를 꿰뚫어보는 능력"과 "인생의 두 번째 기회를 다루는 법"은 그의 설교방법론의 전형적인 예다.

포스딕의 자유주의적 입장 때문에 문제에 대한 그의 해결책은 다소 인본주의적이었다. 그리스도는 어떤 상황에서는 답이 될 수 있는데, 어떤 때는 위대한 예술과 음악이 그리스도만큼 중요하게 강조되기도 한다. 포스딕의 기독론은 예수의 인간성을 강조했는데, 그것은 아벨라르식의

---

24) Reuel Howe, *Partnes in Preaching* (New York: Seabury Press, 1967).
25) Crocker, *Fosdick's Art of Preaching*, 13.
26) Andrew W. Blackwood, *Doctrinal Preaching for Today* (Grad Rapids: Baker BookHouse, 1975), 65.

모범으로서의 그리스도를 향하도록 하는 것이었다. "긍정적이고 불가능 없는 사고방식"을 주장하는, 거의 펠라기우스적인 빈센트 필이나 로버트 슐러와는 다르게 포스딕은 회중들의 영적이고 개인적인 문제들 안에 하나님의 자비를 위한 더 많은 공간을 만들었다.

만일 변증적 설교가 일찍이 가톨릭 전통에서, 그리고 최근에는 개신교회 안에 나타난 것이라면, 포스딕의 문제-해결 접근 설교는 개신교 강단, 특히 미국 감리교회에서 자주 나타났다. 이런 접근은 존 웨슬리의 아르미니우스적인 신학과 당시 문제들에 대한 그의 직접적인 설교에 잘 나타나 있다. 그러나 웨슬리는 처음부터 성경 본문을 설교했고, 설교 전체에 걸쳐 그 본문에 충실했다는 점이 강조되어야 한다. 이 같은 맥락에서 연합감리교도들은 최근 성서정과(lectionary)와 강해 설교에 더욱 관심을 보이는 분위기다. [27]

이런 설교 접근은 대체로 20세기 현상이다. 기독교 설교는 항상 교인들의 필요에 대한 설교를 추구해왔다. "황금의 입"으로 알려진 교부 크리소스토무스도 이런 방식으로 설교했다. [28] 그렇지만 항상 설교의 시작부터 교인의 필요를 다룬 것은 아니었다. 그런데 19세기의 유명한 설교가 필립 브룩스(Phillip Brooks)는 교인의 필요에 집중했고, 포스딕의 모델이 되었던 인물이다. [29] 브룩스는 그 시대의 대표적인 설교가도 아니었고,

---

27) Robert W. Duke, *The Sermon as God's Word* (Nashville: Abingdon Press, 1980), 48-63.
28) Chrysostom의 설교, "Excessive Grief at the Death of Friends" in Fant and Pinson, *Twenty Centuries*, 1: 70-79.
29) Crocker, *Fosdick's Art of Preaching*, 246-54.

그렇다고 그 이전 시대에 속한 설교자도 아니었다. 아마도 그는 다가오는 20세기의 선구자 위치에 있었던 것 같다. 왜냐하면 19세기는 종교에서 심리학으로, 서양 종교 문화의 종말시대에서 필립 리프(Philip Rieff)가 "심리학의 출현"으로 부르는 시대로 옮겨가는 시대였기 때문이다. [30] "종교적 인물들은 구원받기 위해서 태어났다. 심리적인 인물들은 즐거워하기 위해 태어났다." [31] 이것은 실제로 "치유의 승리"이다. 리프는 주장하기를 "나는 믿는다"는 "나는 느낀다"로 대치되어 왔고, 프로이드의 영향 아래 성장해왔던 전체 문화권에서 심리치료사가 "세속적 영적 인도자"가 되었다고 한다.

기독교 설교는 항상 회중들의 영혼에 관심을 가지고 있었다. 그러나 지난 2세기 동안 영혼(soul)이란 헬라어 프쉬케(psyche)는 약간 의미가 바뀌었다. "심리학적"(psychological)이란 단어는 더 이상 "신학적"(theological)이란 단어의 우산 아래 있지 않고 자신의 영역을 구축하고 있다. 목회적 돌봄을 가르치는 이들 중에는 이 두 단어를 함께 사용하는 이들도 많아졌다. [32] 우리 문화는 이 두 단어를 구분하고 있음은 분명하다.

---

30) Philip Rieff, *Freud: The Mind of the Moralist*, rev. ed. (New York: Harper & Row, 1961), 361-93.
31) Philip Rieff, *The Triumph of the Therapeutic* (New York: Harper & Row, 1966), 26.
32) 신학과 상담을 분리하지 않는 목회 신학 담당 교수들은 다음과 같다. William V. Arnold, *Introduction to Pastoral Care* (Philadelphia: Westminster Press, 1982); Don S. Browining, *The Moral Context of Pastoral Care* (Philadelphia: Westminster Press, 1976); Alstair Campbell, *Rediscovering Pastoral Care* (Philadelphia: Westminster Press, 1981); Seward Hiltnes, *Theological Dynamics* (Nashville: Abingdon Press, 1972); William Hulme, *Pastoral Care and Counseling* (Minneapolis: Augsburg Publishing House, 1981); Wayne E. Oates, *The Christian Pastor* (Philadelphia: Westminster Press, 1982); William B. Oglesby, Jr., *Biblical Themes in Pastoral Care* (Nashville: Abingdon Press, 1980)

이러한 분리는 중대한 설교학적 분열증세(schizophrenia)를 보여주고 있다(문제를 묘사하기 위해 내가 심리학적 용어를 사용하는 것을 참고하라). 이런 현상은 틸리히가 신학적 용어 대신 심리치료적 언어를 사용했다고 해서 완전히 해결되지 않는다. 어떠하든지 이러한 설교에 대한 심리학적 접근은 이 시대적 현상이다.

이러한 접근에 많은 문제들이 있다. (1) 개인적의 모든 문제가 설교 강단에서 다루어질 수도 없고, 다루어져야 하는 것도 아니다. 사례에 따라서 장기간의 상담이 더욱 도움이 되는 문제가 많다. (2) 제기된 문제들이 비신학적인 대답들을 요구하는 경우에 설교자들은 조언자(adviser) 역할에 머물게 된다. (3) 이런 설교 접근법으로 하면, 교인들로 하여금 대답을 자신들 안에서 찾게 한다든지, 그들로 하여금 『조나단 리빙스턴 시걸』(*Jonathan Livingston Seagull*, 후에 「갈매기의 꿈」이란 제목으로 영화화되었다)이란 소설에서처럼 위대한 고지를 향해 날아오를 것을 요구할 수 있는데, 이런 방식으로는 적절한 결론이 나올 수 없다. 이것이야말로 펠라기우스주의다. 조지 버트릭(George Buttrick)은 『조나단 리빙스턴 시걸』이란 책을 읽고 이런 말을 남겼다. "저 불쌍한 작은 새"(that wretched little bird).

도날드 캡스(Donald Capps)는 포스딕의 접근은 상담과의 관계로 볼 때 그렇게 구체적이지 않다고 말한다. "포스딕은 어떤 종류의 상담을 활용하고 있는가? 지시적 상담인가 아니면 비지시적 상담인가? 통찰이나 행동적 변화를 강조하고 있는가?" [33] 도날드 캡스의 지적은 설교와 목회 상담 사이의 유사성에 대한 분석을 포함한다. 목회 상담은 흔히 다음네 단계를 통해 작동한다. (1) 문제 파악(identification), (2) 문제 재구성(reconstruction), (3) 진단적 해석, (4) 목회적 중재(intervention). [34] 그는 존웨슬리, 마틴 루터 킹, 존 헨리 뉴먼의 설교들을 예로 사용하면서 문제-해결 설교가 이와 유사한 사중구조(fourfold)의 접근법을 어떻게 따르고 있는지를 보여준다. [35] 그의 분석은 교훈적이며 유익하다.

설교자가 심각한 질문이나 이슈—강단에서 설교할 수 있을 만큼의 보편적이고 중요하지만 너무 크지 않은 목회적 문제—를 다루려 할 때, 교리 설교를 위해 가능한 몇 가지 단계들을 시도해볼 수 있다. 이러한 종류의 설교에 어떤 효과가 있는가? 목회적 문제를 가진 교리 설교를 건전한 목회 상담의 이론을 따라 작성할 때 다음 세 가지 효과를 얻을 수 있다.

1. 교리 설교는 설교자를 경청하는 목회자로 만들어준다. 목회상담에서 가장 중요한 기술은 듣는 능력이다. 어떤 가정에 장례식이 행해진다고 생각해보자. 먼저 목회자가 등장한다. 먼저 무슨 말을 하겠는가! 바로 이때가 듣는 시간, 즉 임재(presence)의 사역을 하는 때다. 목회 상담가는 도와주는 말들을 성급하게 말하지 않는다. 고통 중에 있는 사람이 먼저 그 상처에 대해 말하도록 해야 한다. 목회 상담가는 들을 뿐이다. 그

---

33) Donald Capps, *Pastoral Counseling and Preaching* (Philadelphia: Westminster Press, 1980), 18.
34) 위의 책, 37.
35) 위의 책, 41-61.

러나 훌륭한 로저스적 상담가(Rogerian, 비지시적 상담법[상담시 직접 지시를 하지 않고 환자가 자발적으로 장애를 극복하도록 유도하는 방법])는 이 단계에서 발생하고 있는 문제에 대해 벌써 알아차리기 시작했다는 사실을 이해한다. 그렇다면 경청한다는 것은 단순히 아무 말 없이 앉아 있는 것 이상을 뜻하며, 이것을 설교로 잘 담아내기란 참으로 어려운 일이다. 우리는 그 사람의 상처에 집중함으로써 그 사람에게 온전한 관심을 주고 싶어 한다는 것을 보여줄 수 있다.

포스딕이야말로 이를 성공적으로 해냈던 사람이다. 포스딕은 자신의 청중들의 상처를 그가 목회자로서 경청하고 있다는 인상을 주는 도입부로 설교를 시작했다. 포스딕은 청중을 이해했다. 그는 그들의 상처가 무엇인지 콕 집어주었다. 포스딕이 설교를 시작한 방식은 말로 표현할 수 없는 개인적이고 영적인 문제들에 대해 비지시적으로 응답하는 것이 무엇인지를 보여주는 대표적인 방식이었다.

도날드 캡스가 사용한 용어를 빌리면, 문제의 "식별"(identification)과 "재구성"(reconstruction)은 그 회중을 용납하는 것뿐만 아니라 그 또는 그녀가 실제로 잘못했다면, 잘못된 것을 행했다는 인식도 포함하고 있다. 강단에서 이렇게 비지시적으로 경청하는 데 있어 달콤한 말로 넘어가는 일은 없다. 예를 들면, 이혼과 재혼의 옳고 그름에 대한 문제가 그런 예일 수 있다. 이혼한 회중들은 아마 그들의 영원한 결별에 대해 죄의식을 느끼면서 성경에 언급된 이혼과 재혼에 대한 그리스도의 명령 때문에 불안해하고 있을 것이다. "나는 그리스도의 명령을 따라서 간음죄를 범하지 않고 재혼할 수 있을까?' 이 상황에서 회중들을 공개적으로 용납하는 것이 설교에서 필요하다. 우리는 문제에 대한 이해로부터 시작해야 하지만 문제에 대한 지적을 빠뜨리지도 말아야 한다. 우리의 행함이 곧 결과를 낳는다. 그것을 소홀히 하는 것은 인간의 죄를 곡해하는 것이다. 어떤 일을 잘못 행하게 되면 그 결과는 미래에 나타나는데, 특히 어린이가 포함될 경우는 더욱 그러하다. "당신은 혼인관계를 해소할 수는 있으나, 아이는 취소할 수 없습니다."

첫 단계는 문제의 식별과 재구성, 그 사람에 대한 용납과 무엇인가 잘못되었다는 것을 인정하는 것이 포함된다. 그러나 만일 설교나 상담 세션이 여기서 멈춘다면, 그 사람은 거의 도움을 받지 못할 것이다. 문제의 식별과 재구성만으로는 충분하지 않다. 설교는 다음 단계로 이어져야 한다.

2. 교리 설교는 성경과 전통에 기반을 둔 유익한 자료를 제공하는 것이다. 설교는 여기서 비지시적 접근에서 직접적인 접근으로 선회한다. 목표는 경청하는 데 그치지 않고 도날드 캡스가 "진단적 해석"(diagnostic interpretation)과 "목회적 중재"(intervention)라고 명명한 데까지 옮겨가는 것이다. 여기서 설교자는 답변을 위해서 성경과 전통을 탐구한다. 목적은 행동의 변화를 이끌 수 있는 통찰을 제공하는 것이지만 행동의 변화 자체를 추구하지는 않는다.

설교에 따라서는 지시적 접근으로 더 빨리 옮겨가는 것이 필요하다. 한번은 암 투병 중인 부인이 목회적 도움을 위해 찾아왔다. 그녀는 무심

결에 말하기를, "그동안 수많은 상담가를 만났을 때, 그들이 한결같이 내가 한 말을 되풀이하고 내 문제를 자기 일처럼 동일시하는 것을 느꼈습니다. 목사님도 그렇게 하지는 않으실 거죠? 제가 여기에 온 것은 목사님은 하나님의 사람이시기 때문에 뭔가 제게 주실 것이 있겠다는 기대감 때문입니다." 틀리든 맞든 나는 서랍에서 성경을 꺼내서 해당 구절을 뒤적이기 시작했다. 이 부인은 문제 식별 단계(identification) 이상의 단계에 와 있었다. 자신의 문제를 알고 있었다. 문제에 해당되는 성경구절을 주었을 때, 그녀 자신에 대한 이해, 자신의 한계, 염려에 대한 이유들을 깊이 알게 되었다. 이것이 바로 "진단적 해석"이다. 진단적 해석은 그녀에게 임박한 죽음의 사실을 은혜와 위엄으로 보고 받아들일 수 있도록 도와주었다. 하나님의 섭리에 대해 깊이 이해할수록 죽음에 직면해도 살 수 있는 힘을 얻을 수 있었던 것이다.

이혼 문제에 대해 우리는 결혼이 하나님 편에서 의미하는 바에 대해 보다 폭넓은 마음으로 바라볼 필요가 있다. 그것을 이해하기 위해서 창조의 교리를 더욱 깊이 연구해야 한다. 창조 교리에서 우리는 결혼의 참된 의도를 알 수 있다.[36] 창조에서 남자와 여자는 동일하지만 차이가 있는 관계로 불렸다. 하나님은 남자와 여자를 함께 두기 위해 창조하심에 있어서 하나님과 인간의 관계에 대한 메타포를 주셨다. 그것이 영속성(permanence)의 메타포다. 이혼은 그 영속성을 파괴하는 것이다. 간음 또

---

36) William V. Arnold, 이혼/재혼에 대한 강의 (Union Theological Seminary, Richmond, Va., December 1982).

한 그렇다. 그 이미지는 호세아서에서 이스라엘을 나타내는 호세아의 아내인 고멜에게서 나타난다. 이 주제를 다룬 본문들은 신명기 24:1-4, 마태복음 1:18-20, 19:3-8, 마가복음 10:2-9이다. 신명기에서부터 마태복음까지를 보면 이혼에 대한 합법적인 조항이나 수용은 없으나 그 문제를 인간적 입장에서 다루려는 진보적 시도들이 있다. 사실 예수님의 의도는 여인들을 격려하려는 것이었다. 성경의 말씀은 현대에 적용하기에는 어렵지만, 그 초점을 법률적 차원보다 신적 의도에 맞춰야 한다.

이 문제에 대한 설교는 어느 특정 본문에 한정되지 말고 성경에 있는 구절들을 모두 다루어야 한다는 것이 중요하다. 또한 한 교리에 머무르지 않고 그 이상의 교리들을 드러낼 수 있어야 한다는 것도 중요하다. 창조 교리에 머무르지 않고 회개와 은혜의 교리도 함께 다룰 수 있는 것이다. 인간의 실수가 결혼에 대한 신적 의도를 방해할 수 있으나, 결혼 제도의 영속성을 폐지하지 못한다. 그러므로 하나님의 용서에 대한 인식은 죄 고백을 동반한다.

3. 교리 설교는 회중들에게 유익한 영적 자원을 제공한다. 위에서 말한 대로 설교에서 문제에 대해 듣고 동일시하고, 성서적이고 신학적인 평가를 제공하는 것만으로 부족할 때가 있다. 한 단계 더 나갈 필요가 있는데, 유용한 자료들을 제공하는 일이다. 설교자는 성례전과 교회에 나타난 하나님의 선물들을 소개할 수 있다. 성찬을 자주 행하는 교회에서는 성례전에 나타난 하나님의 선물이 보다 의미가 있다. 이혼 같은 문제를 다루는 데 있어서 화해에 대한 분명한 언급과 함께 교회에 나타난 하나님

의 선물을 강조하는 것이 확실히 바람직하다. 이혼한 가정의 경우, 사람의 인생이 산산이 부서졌을 뿐만 아니라 그런 슬픔을 겪는 동안 교회가 종종 등을 돌리기도 하기 때문이다. 어린 딸이 이혼한 엄마에게 물었다. "엄마, 사람들이 언제 먹을 것을 가지고 올 거야?" 그 아이의 엄마는 의아해하며, "그게 무슨 말이니?" 하며 되물었다. 그러자 그 아이가 대답했다. "할아버지가 돌아가셨을 때, 사람들이 접시에 먹을 것을 가지고 왔잖아요." 그리스도의 몸인 교회에 대한 언급은 이혼한 사람들에게 교회가 어떤 돌봄의 공동체가 될 수 있는지를 상기시켜줄 뿐 아니라, 교구민들로 하여금 상처 입은 자를 돌보아야 한다는 것을 인식시켜준다. 이것에 초점을 맞춘 설교는 사람들로 하여금 그리스도를 통하여 이미 하나님의 화해 안에서 시작된 화해의 과정에 참여케 할 수 있다.

설교자는 모든 사람들이 가지고 있으면서도 사용하지 않는 영적 자원들을 자극할 수 있다. 브룩스는 회중들로 하여금 하나님의 도움으로 시련을 견뎌냈던 때를 기억할 것을 촉구한다. [37] 노만 필과 로버트 슐러는 항상 그렇게 하는데 이는 제법 효과적이다. 물론 종종 노만 필과 로버트 슐러가 하나님을 인정하긴 하지만, 우리는 도대체 누가 그 칭찬을 받을지 되려 의아해 하게 된다. 하지만 포스딕, 브룩스, 필, 슐러가 다 같이 이해하고 있는 한 가지는 "사람이 자신의 한계만을 보는 한, 하나님에 대한 그의 지식과 이해는 심각하게 왜곡된다"는 사실이다. [38]

---

37) Capps, *Counseling and Preaching*, 98-100.
38) 위의 책, 100.

포스딕의 문제-해결 설교를 우리도 시도할 수 있을 것이다. 교회와 문화에 호소하는 인간중심적 설교의 한 형태지만 성서적이고 신학적 기초 위에 행할 수 있다면, 목회적 문제로 시작하는 교리 설교는 목회적 예민성을 가진 건전한 기독교 설교가 될 수 있을 것이다.

코핀의 개선책

"내가 무엇을 해야 합니까?"(What ought I do?)라는 질문은 강단이 직면한 모든 도덕적 질문을 종합하는, 그리스도인은 어떻게 행동해야 하는지 묻는 질문이다. 지그문트 프로이트(Sigmund Freud)와 칼 융(Carl Jung)의 그늘에서 점진적으로 변화한 포스딕의 문제-해결 설교와는 달리, 도덕적 행동이라는 이런 질문에 대한 설교학적 대답은 수세기동안 교회를 오염시켰다. 정의와 불의에 관한 질문들은 교회에 새로운 것이 아니다. 실제로 그들은 예언적 전통과 그것을 넘어 율법 전통에까지 확장된다. 유대 기독교 전통에서 신앙인들은 항상 옳은 것과 그른 것, 그리고 그 차이를 말하는 방법에 관심을 가져왔다.

도덕적 문제들은 자주 강해 설교에서 제기되어 왔다. 예를 들면 사순절(Year C) 다섯 번째 주일 복음서 본문은 요한복음 8:1-11이다. 간음에 대한 질문과 간음이 우리 문화에서 의미하는 것이 무엇인가를 묻는 질문은 우리로 도덕적 문제에 깊이 들어가게 한다. 누가복음의 본문은 우리로 하여금 과부, 나그네, 고아를 도울 것을 촉구하면서 적절한 그리스도인의 행동에 대해서 권면하고 있다.

지난 2세기 동안 달라진 것이 있다면 설교의 시작에 도덕적인 문제들, 질문들, 선언들을 사용하는 것이다. 특별히 눈에 띄는 것은 아시시의 프란체스코가 가난한 자와 어려움에 처한 자에게 보여준 관심, 마르틴 루터의 탐식가와 술주정뱅이에 대한 꾸짖음,[39] 대각성 운동 기간에 조나단 에드워즈와 조지 윗필드(George Whitefield)의 도덕적 방종에 대해 경책한 것 등이다. 산업 혁명과 미국의 노예제도 폐지운동에 발맞추어 개인적이고 도덕적인 문제를 넘어서 불의와 같은 전 세계적인 도덕적 죄에 대한 규탄의 움직임이 일어났다. 19세기의 찰스 피니와 헨리 비처는 설교 중에 노예제도를 직접적으로 비난했던 대표적인 설교자들이다. 월터 라우쉔부쉬(Walter Rauschenbusch)는 20세기에 "예언자적 설교"로 명명된 흐름에 영향을 준 인물이다. 라인홀드 니버, 마틴 루터 킹, 윌리엄 슬로언 코핀과 같은 설교자들은 이런 접근을 사용한 이 시대의 모델들이다.

윌리엄 코핀은 라우쉔부쉬보다 자기 삼촌인 헨리 코핀(1915년에 『진보적 복음주의의 실천적 목표』란 책을 썼다)과 니버의 영향을 더 많이 받았다. 니버의 기포드 강연(특히 죄에 대한 장)은 코핀에게 절대적인 영향을 주었다. 니버의 설교들은 코핀의 설교보다 더욱 예리하고 감명을 주지만 일반 교인들에게는 다소 난해했다. 그럼에도 불구하고 스타일에 유사성이 있었

---

39) Luther's *Works*, 51:291-99.

는데, 이는 니버 자신도 인식하고 있을 정도였다. 코핀은 그것을 다음과 같이 설명한다.

> 내가 라이니(Reinie)의 임종을 보기 위해 스탁브리지에 갔을 때… 그는 미소를 지으며 소리쳤다. "얼마 전에 네가 출연한 라디오 방송을 들으면서, 우르술라(Ursula—영국의 전설적인 순교자)에게 말했지. '코핀 이야기를 들으니 내 젊은 시절의 유머, 양심, 선동적 행동들이 생각나는구나!'"[40]

그러나 코핀과 니버 사이의 유사성은 스타일 그 이상이다. 그들 둘 다 정치적 무저항와 무분별한 행동주의를 거부하고 성서와 전통, 그리스도께 대한 충성에서 나오는 적극적인 정치적 자세를 격려한다. 이런 점에서 둘 다 마틴 루터 킹과 같은 입장에 있다.

윌리엄 코핀의 "개선책"(corrective)은 19세기 말에 복음전도(evangelism)와 사회적 관심(social concern) 사이에 있었던 분열을 그의 설교에 함께 등장시켰다. [41] 코핀은 『정치적 전도』(Political Evangelism) [42] 의 저자인 리처드 마우(Richard Mouw), 『젊은 복음주의자들』(The Young Evangelicals) [43]의 저자인 크리스천 리처드 퀘베도와 같은 입장에 있다. 복

---

40) William Sloane Coffin, Jr., 1977년 2월 8일에 나에게 보낸 개인 서한.
41) David O. Moberg, *The Great Reversal: Evangelism Versus Social Concern* (Philadelphia and New York: J. B. Lippincott Co., 1972).
42) Richard Mouw, *Political Evangelism* (Grand Rapids: Wm. B. Eerdmans, 1973).
43) Richard Quebedeaux, *The Young Evangelicals* (New York: Harper & Row, 1974).

음주의와 사회적 관심 사이의 대화에 대한 코핀의 입장은 1973년 애틀랜타에서 행한 연설, "사회적 예언으로서 복음주의"에 잘 나타나 있다. 코핀은 교리와 윤리의 대화에 깊은 관심이 있었고, 개인에만 치중하고 공동체에는 무관심한 설교를 싫어했다. 개인과 공동체 이슈는 특히 오늘날 뒤엉켜 있다. 현 시대는 더 이상 중세의 어느 마을과 같을 수 없다. 국경의 중요성이 약해지는 지구촌 시대를 살고 있다. 게다가 상대편 없이 일방적으로 혼자 중얼거릴 수 없는 세상이다. 그런데 빌리 그레이엄처럼 이 둘을 분리하는 이들에 대해서 코핀은 당황해 한다. 그러나 최근 빌리 그래이엄도 개인 문제와 지구촌의 도덕적 문제 사이에 긴밀한 대화를 시도하기 시작했다.

코핀의 방법은 개인적이고 세계적인 도덕 문제에 대한 교리 설교를 위해 지침을 주는 세 가지 패턴을 따르고 있다. 그 방법은 인간중심적 설교학에서 신중심적 설교학으로의 전환을 특징으로 한다. 코핀은 설교 처음부터 현대인의 문제로 시작하면서 하나님의 정의와 자비로 풀어간다.

1. 문화 속에 있는 문제를 식별하라. 그 문제가 설교의 주제가 될 만한가? 그리고 그것이 충분히 이해될 수 있는 문제인가를 결정하기 위해서 연구하라.

코핀이 설교에서 다루어야 한다고 생각하는 문제는 거대담론이고 논의의 여지가 있는 것들이다. 그것들은 세계 질서를 위협하는 문제에서부터 교인들의 실존의 문제와 진실한 삶의 문제들을 말한다. 코핀은 "논쟁적 이슈들을 피하는 유일한 방법은 꼭 다루어야 하는 중요한 이슈(vital issue)를 피하는 것이다"라고 말한 헤럴드 보슬리(Harold Bosley)와 같은 생각일 것이다. [44] 복음주의자 존 스토트(John Stott)도 이런 지적에 공감하면서 오늘날 설교자들이 어려운 도덕적 문제에 대해 너무 소극적이라고 하였다. [45] 존 스토트가 지적한 것처럼 설교자는 사회적·정치적 이슈들을 다루어야 한다. 예수께서도 그렇게 하셨다. 성경은 개인 구원의 문제를 넘어서 전 인류공동체에 대한 이슈를 다루고 있다. [46] 코핀의 생각의 분명하다. 마틴 루터 킹 목사의 생일에 코핀은 다음과 같이 말했다.

> "목회자들이 정치에 참여하지 말아야 한다는 것은 월리스(Wallace) 주지사가 마틴에게 처음으로 한 말이 아니다. 이미 파라오가 모세에게 했던 말이다." [47]

이런 사람들은 까다로운 도덕적 문제일수록 설교해야 한다고 생각하는 설교자들이다. 코핀은 설교자들이 도덕적 문제들을 함께 토의하고, 연구하며, 모임을 만들어 행동지침까지 낼 수 있어야 한다고 생각한다. 그는 과감하게 설교 강단에서 다루어야 한다는 점을 강조한다. 설교자는 교인들이 지침을 필요로 하기 때문에 어려운 문제라도 다루어야 한다. 그들로 하여금 그 문제에 대해 깊이 생각하고 행동에 옮기도록 격려

---

44) Harold A. Bosley, *Preaching on Controversial Issues* (New York: Harper & Brothers, 1953), 115.
45) John R. W. Stott, *Between Two Worlds: The Art of Preaching in the Twentieth Century* (Grand Rapids: Wm. B. Eerdmans, 1982, 『현대 교회와 설교』, 생명의 샘 역간), 169.
46) 위의 책, 159-68.
47) William Sloane Coffin, Jr., "Evangelism as Social Prophecy" (Atlanta: Forum House, 1973).

할 필요가 있는 것이다. 이런 이유로, 코핀은 "감정적으로 폭발하는" 것을 피하지 않는다. 오히려 그는 그것에 불을 붙인다.

그러나 코핀은 너무 무리하게 또는 교리적으로 하지는 않는다. 그 이유는 다루는 내용이 너무 예민하기 때문이다. 그 문제에 대한 코핀의 해결책에 모든 사람이 동의하지는 않지만, 그 문제에 대한 깊은 지식에 대해서는 이의가 없다. 코핀은 한 문제를 알기 위해 할 수 있는 한 최선을 다한다. 시간을 내서 그 문제에 관한 글과 서적을 읽으며 얻을 수 있는 것들을 정리한다. 이슈의 양면을 모두 보고 문제의 역사, 정치적이고 사회적 측면들, 현대 그리스도인들이 생각해야 할 논점들과 질문들을 정리한다. 여기까지 설교자가 해야 할 기본적인 작업이다. 논쟁적 이슈를 설교자들이 피하는 가장 큰 이유는 회중이 보수적이기 때문이 아니라, 설교자가 그 이슈에 대해서 연구하지 않기 때문이라고 코핀은 지적한다.[48]

코핀의 솔선수범하는 모습은 교훈적이고 유익하다. 주요한 도덕적 이슈들을 매주 다루는 것은 아니다. 사실 그는 한동안 중요한 이슈에 몰두한 적이 있다. 그것은 60년대 초의 민권 운동(civil rights movement)이었다. 그것은 60년대 후반에서 79년 초반의 베트남 전쟁이었다. 또한 79년 후반의 기아 문제와 엘살바도르와 같은 국가에 대한 미국의 개입이었고, 80년대에는 무기경쟁에 대한 것이었다. 코핀은 다른 이슈들도 다루었지만, 주요 이슈는 바로 이런 것들이었다. 그는 이 주제들에 대한 철저한 연

---

48) William Sloane Coffin, Jr., "Preaching in the Eighties" in Lyman Beecher Lectures (Yale University Visual Education Service, 1980).

구만이 해결책이 된다고 믿었다. 예일 대학과 리버사이드 교회에서 설교할 때마다 철저한 연구로 이슈에 대한 명쾌한 해결책을 제시했는데, 회중에게 단 1회만 설교했지 매주 설교해서 회중들을 괴롭히지는 않았다. 예일 대학에서는 베트남전에 대해 거의 설교하지 않았는데, 자신의 입장을 단 한번 제시한 후에는 거리로 나갔다.

내가 강조하고 싶은 것이 바로 이것이다. 설교자는 매주 세계적/도덕적 문제들을 설교할 수 없다. 그러나 중요한 한 주제를 찾아서 연구하고, 배우고, 비판할 점도 인지하면서 과연 설교할 만한 주제인지를 결정할 수 있다. 이러한 과정은 코핀의 경우처럼 몇 달이 걸릴 수도 있고, 심지어 몇 년이 걸릴 수도 있다. 그다음 단계로 회중들도 이 과정에 참여시키는 것이다. 이미 많은 회중들이 이 문제에 대한 전문적인 지식이 있다. 만일 설교자가 그 이슈를 설교하려는 것을 알게 되면 자원해서 도우려는 교인들이 상당수 있을 것이다.

2. 코핀의 두 번째 단계는 보통 도덕적 문제에 대해 성서적이고 신학적 입장을 이해하는 것이다. 그 이슈에 대해 기본적인 연구를 마쳤다면 그 다음 단계는 성서적이고 신학적인 관점으로 들여다보는 것이다. 비록 코핀이 너무 구체적인 성경 본문으로 설교하곤 하지만(예, 막 2:1-12을 본문으로 한 "베트남: 한 설교" [49] 및 요 8:2-11과 시 9:15을 본문으로 한 "핵무기 제

---

49) Michael P. Hamilton, ed., *The Vietnam War: Christian Perspectives* (Grand Rapids: Wm. B. Eerdmans, 1967), 63-71.

조는 죄다" [50]등), 그는 브루스 버치(Bruce C. Birch)와 래리 라스무센(Larry L. Rasmussen)과 궤를 같이 한다. 그들은 성서 안의 수많은 다양성을 인정하고 하나의 본문으로는 너무 제한된다고 주장한다. [51] 넓은 성서적 그림을 그리려면 성경을 전체적으로 볼 수 있어야 한다. 성경구절들은 여러 이슈들에 대해 서로 다른 언급으로 상충되는 경우가 많다. 구약에는 오늘날이라면 두 번 생각할 필요도 없는 범죄에 대한 사형 제도가 있다는 것을 알면서, 십계명의 "살인하지 말라"는 구절을 가지고 어떻게 사형 제도를 설교하겠는가? 성경에 나타난 인간의 생명의 신성함은 고대 이스라엘과 현대 미국의 사법제도와 긴장관계에 놓여있을 수밖에 없다.

코핀은 구스타프슨과 차일즈의 생각과 같은데, 성경은 도덕적 담화에서 가장 중요한 권위이지만 유일한 권위는 아니라는 사실이다. 그렇지 않으면 한 문제에 대한 일반 사회에서 보는 측면에 대한 연구를 하지 못할 것이다. 성경은 설교자가 자연 과학과 사회 과학으로부터 얻은 지식과 대화한다. 버치와 라스무센이 지적한 바처럼, 처음 우리의 관심을 모으는 자료들은 대개 성서 밖의 자료들이다. [52] 이것은 코핀이 그의 목회 사역에서 얻은 경험이었다. 그러나 일반 자료들이 그 이슈들을 직면하게 하고 성서적 증언과 대화할 수 있도록 도움을 준다 하더라도, 도덕적 결

---

50) Ronald J. Sider and Darrel J. Brubaker, ed., *Preaching on Peace* (Philadelphia: Fortress Press, 1982), 34-38.
51) Bruce C. Birch and Larry L. Rasmussen, *Bible and Ethics in the Christian Life* (Minneapolis: Augsburg Publishing House, 1976), 47-54, 67-71.
52) 위의 책, 156-57.

정을 내리는 데 있어서 성서의 권위보다 앞서지 말아야 한다. 버치와 라스무센은 "구명선 윤리"(lifeboat ethics)를 예로 들면서 설명한다. [53] 모두 다 구명선에 타지 못하므로, 죽는 사람도 생긴다. 이런 현상은 오늘 세상에서도 마찬가지로 일어난다. 이 예시는 훌륭한 실용주의적 윤리학이다. 동시에 이기적(self-serving)이다. 이기적 윤리학은 성서적 윤리학과는 정면으로 배치된다. 바로 이 점을 코핀은 말하는 것일 것이다. 성서는 유일한 권위는 아니지만, 가장 중요한 권위이다.

코핀의 설교가 본받을 만한 설교 유형의 한 모델이 된 것은 그의 철저한 성서 연구뿐 아니라 분명한 교리적 관점을 계속 추구한다는 점 때문이다. 이것 때문에 그의 설교는 인본주의적이라는 비판 속에서도 견딜 수 있었다. 코핀이 교회를 도덕적 담론의 공동체로 보았던 것은 구스타프슨과 같았지만, 도덕적 문제에 접근할 때 확실히 그리스도 중심적이었다는 점은 구스타프슨과는 다른 점이다. 코핀의 기독교적 교리는 그의 설교마다 잘 드러나 있다. 그의 "베트남: 한 설교"라는 제목의 설교에서 율법/복음/순종으로의 부르심(call-to-obedience) 패턴이 분명히 드러나 있는데, 여기서 코핀은 미국 사회를 향해 예수 그리스도의 은혜에 응답하고 일어나서 우리의 침상을 들고 걸어갈 것을 외쳤다. 이것이 코핀의 세 번째 단계를 보여준다.

3. 공적 삶과 정책으로 연결되도록 신앙적 목표를 세우고, 동시에 목회

---

53) 위의 책, 152.

적으로 그렇게 하라. 코핀이 강조하고 싶은 것은 우리의 공통의 인간성으로는 결코 충분하지 않는다는 것이다. 그 이유는 우리가 우리 존재의 뿌리로부터 모두 죄 속에 있기 때문이다. 우리 자신의 힘으로는 악과 싸우려고 하지 않을 것이다. 사실상 어떤 사람들은 전혀 시도하려 하지도 않는다! 코핀이 권장하는 것은 설교자들이 교회적이고 정치적 이슈들에 대해서 신학적으로 설교해야 한다는 점이다. 그래서 그는 교회에서든, 또는 지역 로터리 클럽에서든 항상 "목사"로서 말하곤 했다.

설교자는 교리적 메시지를 가지고 그것을 분명하게 전해야 한다. 신본주의적 목회 가운데 신본주의적 설교가 있다. 베트남 전쟁 당시에 코핀은 전쟁에 대한 정치적 입장을 토론하는 것이 아니라 종교적 비전을 제시하는 것이 설교자의 책임이라고 생각했다. 그에게 전쟁이 합헌인지를 토의하는 것은 설교자의 책임이 아니었다. 그것은 설교자의 전문영역이 아니라는 것이다.

그러면 설교자는 어떤 것을 말할 수 있는가? 코핀은 전쟁에 대해 깊이 연구했다. 그는 베트남을 방문해서(이는 모든 설교자가 할 수 있는 것은 아니다) CIA가 얼마나 잘못된 보고를 해오고 있는지 조사했다. 이것은 종교인의 영역이 된다. "네 이웃에게 거짓 증거를 하지 말라." 이것은 회개해야 할 일이다. 이것은 정치적 메시지가 아니라 신앙적 메시지다. 모두가 코핀의 신학적 해석에 동의하는 것은 아니지만, 누구도 그가 하나님 중심적으로 그리고 그리스도 중심적으로 설교한다는 것은 부정하지는 않는다. "핵무기 제조는 죄다"라는 설교에서 코핀은 그리스도인들은 무기 경쟁에 대해서 소리를 내야 한다는 것을 분명히 한다. "하나님만이 지구상의 생명들을 다스리는 권세가 있는 것인데, 인간이 그 힘을 가지려고 한다." 이 설교에 두 가지 교리가 나타나는데, 하나님의 창조와 보존하시는 섭리, 그리고 그것에 대항하는 인간들의 위협이 그것이다. 코핀은 우리 인간들이 회개하고 새로운 삶을 살 것을 촉구하는데, 이것은 확실히 종교적 메시지다. 그의 순종으로의 부름은 단순히 '선한 사람이 되는 것'이 아니라, 칼빈에 의한 율법의 제3용법에 해당하는 바로 그것이다. 세계적이고 도덕적인 문제에 대한 그의 설교 대부분은 우리를 회개와 중생으로 이끈다.

코핀의 설교에는 목회자의 마음이 담겨있다. 때로 그는 억세고 교리적으로 보이지만, 모든 문제를 해결할 수 있는 사람처럼 말하지는 않는다. 단지 그 문제를 깊이 다루고 있는 사람으로서 설교하는 것이다. 그가 유머를 사용할 때면 인간적인 면이 보일뿐 아니라, 조지 윗필드처럼 딱딱한 메시지를 부드럽게 해주는 능력도 있다. 그의 설교들을 보면 목회적 설교가 어떤 것인지 알 수 있다.

코핀은 때로 지나치게 단순화시키기도 한다. 니버가 말했던 것처럼 국가와 다른 사회단체들은 코핀이 기대하는 것과 같은 회개로의 부름에 같은 방식으로 응답하지 않을 것이다. 게다가 성경 본문에 대한 그의 창의적 주석은 알레고리적 해석에 가깝다. "나도 너를 정죄하지 않겠다. 가서 다시는 핵무기를 만들지 말라." 다음 세 가지, 곧 세계적/도덕적 문제에 대한 교회의 말할 권리, 성서적이며 신학적인 선포, 하나님의 섭리에 대한 철저한 신뢰에 대해 교회의 말할 권리에 대한 코핀의 관심은 그의 삼촌의 믿음을 되풀이 하고 있다. "시위와 계획 뒤에는 살아계신 하나님이 계신데, 그에게 이루어져야만 하는 것은 이루어질 것이다."[54]

설교에 있어서 그리스도와 문화

리처드 니버의 『그리스도와 문화』(Christ and Culture, IVP 역간)는 이 점에서 매우 중요한 책이다. 이 책은 설교자로서 우리가 문화로 시작해야 할지 뿐만 아니라 어떻게 다루어야 하는지에 대한 이해를 돕는다. 니버에게 문화는 본질적으로 다원적 성격의 사회, 인간의 업적, 인류를 위한 가치 실현과 보존을 의미한다.[55] 우리가 문화에 대한 변증적, 목회적, 윤리적 설교에서 하는 것은 니버의 다섯 가지 유형 중에 하나에 의존한다. 문화와 대립하는(against) 그리스도, 문화에 속한(of) 그리스도, 문화 위에 있는(above) 그리스도, 문화와 역설적 관계(paradox)에 있는 그리스도, 문화를 변혁(transformer)하는 그리스도.

니버가 다룬 기본 문제는 기독교 역사에서 새로운 것이 아니다. 그것은 이중 시민권 문제다. 신자들이 하나님의 왕국과 현 시대의 문화를 동시에 어떻게 살 수 있는가? 그 둘의 관계는 무엇인가? 이것은 모든 신자

---

54) Henry Sloane Coffin, *What to Preach* (New York: George H. Doran Co., 1926), 115.
55) H. Richard Niebuhr, *Christ and Culture* (New York: Harper & Row), 29-39.

에게 해당되는 내면적 문제로서, 교회 역사에 항상 있어 왔다. "가이사의 것은 가이사에게"라는 말씀이 우리에게 어떤 관계가 있는가? 로마서 13장 말씀대로 산다는 것은 어떤 것이며, 어떻게 하는 것이 하나님의 권위에 순종하는 것일까? 우리는 두 종류의 가치들 속에, 그리고 두 국가 안에서 동시에 사는 것 같다. [56]

이 이중적 충성은 변증적이고 목회적인 설교에서 설교자들이 계시와 이성의 문제를 다루는 방식으로 가장 예리하게 나타난다. **문화 대립**(Against-Culture) 설교자들은 계시와 이성이 나란히 놓인 것으로 본다. 이성은 거짓이고, 하나님의 정의와 자비의 표시를 위해 계시만 바라보아야 한다고 생각한다. 그 결과 그들은 변증학에 전혀 관심이 없다. 그들의 설교는 폐쇄된 어휘로 이루어진다. 그들은 죄를 예로 설명할 때 이외에는 문화로부터 어떠한 예를 사용하지 않는다. 바르트의 교리 설교는 이러한 접근의 가장 좋은 예다. 그는 인간의 이성이나 경험과 "접촉점"(point of contact)을 만드는 데 관심이 없었다.

문화 역설(Paradox)의 설교자들은 루터파 목회자에게서 많이 나타나는데 그들 역시 이성의 한계를 정하지만, 이성을 완전히 거부하는 것은 아니다. 이성은 한계를 넘지 않는 선에서 옳은 것이다. 그렇지만 계시는 이성이 제공할 수 없는 것을 그리스도를 통하여 공급하기 때문에 실제로 이성을 대체한다고 본다. 문화로부터 오는 예화들은 문화의 한계가

---

56) Douglas F. Ottati의 그리스도와 문화에 대한 강연에서 얻은 통찰(Union Theological Seminary, Richmond, Va., May 1981).

어디고, 복음은 문화의 한계를 어떻게 넘는지 보여준다. 칼 브라튼(Carl Braaten)은 루터파 설교에서 율법/복음 접근의 토의에서 이것을 명료하게 설명한다.

> 설교자들은 율법의 보조로서 눈에 보이는 모든 것, 즉 철학, 소설, 잡지, 신문, 개인적 경험 등을 자유롭게 사용한다. 복음에 있어서 우리의 통찰들은 우선 성경으로부터 오고, 또한 기독교 전통으로 부터도 온다.

> 루터파 설교에서 율법의 개념은 질문 형식으로 세상에서 가능한 넓은 범위의 인간경험에 무제한적 접근을 말하고, 반면에 복음 개념은 대답 형식으로 예수 그리스도의 인격에 나타난 하나님의 구원 계시에 가능한 한 가장 성실하고 충실하게 초점을 맞춘다.[57]

그러므로 루터파 설교는 세상의 질문들을 기꺼이 다루지만, 전적으로 성경과 전통으로만 답변한다. 인간 경험은 복음을 표현하는 데 있어서 필요하다고 생각하지 않는다.

문화에 속한(Of-culture) 설교는 인간 이성중에 가장 좋은 것과 계시는 상호 작용한다고 믿는 자유주의적 전통에 속한다. 선한 이성과 계시는 일치한다. 데이비드 흄(David Hume)은 성경과 동일하지는 않지만, 아주 가깝다. 그리스도는 인간이 될 수 있는 가장 완벽한 인물이다. 그는 좋은

---

57) Carl E. Braaten, *The Future of God* (New York: Harper & Row, 1969).

도덕 교사다. 그는 사람들을 돌볼 줄 아는 선한 인격자다. 기독론은 이 그룹의 가장 급진적인 개념—거의 유니테리언적 개념—이다. 이 그룹의 모든 설교자들이 기독론 개념이 약한 것은 아니다. 예를 들면, 필립 브룩스와 에머슨 포스딕의 기독론은 인류의 모형으로서 그리스도를 넘어서지만, 이 그룹에 속한 자들이다. 왜냐하면 그들은 세상의 신학적이고 목회적 질문들을 답하기 위해서 인간의 이성과 경험을 그리스도와 결합시키는 방법을 사용했기 때문이다. 필(Peale)과 슐러는 확실히 이 그룹에 속한다. 사회복음운동과 해방신학은 둘 다 계시와 이성을 혼합한 것이다. 계시에 있어서 첫 번째 경우는 인간의 진보 이론과 결합되고, 두 번째 경우는 마르크스 이데올로기와 결합한다. 그러므로 두 가지 사고 방법으로 성장한 설교는 문화에 속한 그리스도형 설교다.

문화 위에 있는(Above-culture) 설교는 전통적으로 로마 가톨릭교회에서 나타난다. 토마스 아퀴나스가 여기에 속한다. 인간 이성 중 가장 좋은 것과 문화는 계시에 완전히 반대하지 않는다. 이성과 계시의 진리는 같은 근원, 곧 하나님으로부터 온다. 계시는 이성을 같은 방향으로 끌어당기지만, 더 멀리 가버린다. 율법인 이성은 "도적질 하지 말라"라고 말하는 반면 복음인 계시는 "가서 네가 가진 것을 팔아 가난한 자에게 주라"고 말한다. 복음으로서의 계시는 율법으로서의 이성을 초월하지만, 루터파 신학이나 문화 대립적 설교에서처럼 율법을 부정하거나 바꾸려고 하지 않는다.

폴 틸리히는 계시와 이성의 관계에서 문화 위의 그리스도형 설교자에 속한다. 그는 죄를 설명할 때뿐만 아니라 은혜를 설명할 때도 문화로부터 나온 예화를 사용하고, 전통적인 신학적 용어로 묘사된 경험들을 다시 명명하기 위해서 문화로부터 심리치료적 언어를 사용한다. 그는 교회에서 사용해왔던 죄, 구원, 그리스도라는 단어를 소외(estrangement), 치유(healing), 새로운 존재(new being)라는 언어로 묘사하는 것이다. 두 경우에 있어서 방향은 같다.

문화 변혁(Transformation) 설교는 계시와 이성이 서로 변증법적 관계에 있다. 계시는 이성을 부정하지도 않고 잘못되었다고 하지도 않는다. 그 대신 새로운 출발점을 제시함으로써 이성을 변혁시킨다. 변혁적 설교는 복음이 문화를 어떻게 변화시킬 수 있는가를 보여준다. 칼빈, 에드워즈, 브루너, 리드가 여기에 속한다. 문화 위의 그리스도형 설교에서처럼 인간 이성과 경험에서 나온 예화로 율법과 복음을 보여줄 수 있지만, 여기서 강조하고자 하는 것은 문화의 전환과 변형이다. 사회복음과 해방신학에 속한 이들처럼 문화에 속한 설교자들은 변혁에 관심 있지만 어떤 형식의 문화를 더 높게 보는 다른 견해를 가지고 있다. 게다가 문화에 속한 설교의 초점은 변혁(transformation)보다 개혁(reformation)에 있는 경우가 많다. 비록 어떤 해방신학자들이 전통적인 칼빈주의 설교가 서방 문명화로부터 따로 분리될 수 없다고 주장하지만, 변혁적 설교는 인간의 진보나 사회정치적 이데올로기와 관련성이 적다. 만일 어떤 경우에 이러한 비평이 유효하다면 칼빈주의 신학 자체 때문이라기보다 설교자들이 서구 문화와 관계를 맺고 있는 방식 때문이다. 반면에 해방신학은 본질상 더 이데올로기적이다.

리처드 니버가 분석한 이중적 충성심은 교회/세계 또는 교회/국가 관계 그리고 지구촌/도덕적 문제들에 대한 교리 설교 문제에서 생생하다. 문화 대립형 설교는 대개 분리주의자들일 것이다. 세계(국가를 포함하여)가 악하기 때문에 당파심이 강한 설교자들은 국가를 비판하고, 교인들로 하여금 군대에 입대하거나 정치가로 출마하는 것을 권장하지 않는다. 니버는 이런 그룹으로 메노파를 든다. 이중 시민권은 문화 대립형 설교자들을 위한 문제와 같은 것은 아니다. 그들의 교인들은 자신들의 율법—공동체 안에 있는 자들을 위한 사랑의 율법—을 가진 새로운 거룩한 공동체에서 산다.

역설적 관계 또는 루터파 입장은 교회/국가 관계를 두 왕국 사상으로 다룬다. 두 왕국 사상은 어떤 면에서 아우구스티누스의 "하나님의 도성"과 "지상의 도시"(City of Earth)으로 돌아간다. 신자들은 영적 인간으로서 하나님의 왕국에서 산다. 신자들은 세속적 인간으로서 이 세상의 왕국에서 산다. 그들은 자신들의 국가를 위해 봉사할 수 있지만, 비난하지는 않는다. 정치계에 있는 신자들은 선한 동기와 의도를 갖고 있어야 하며, 공공의 선한 청지기가 되어야 한다. 바로 이것이 자신의 종교적 신념이 자신의 정치철학에 영향을 미치는 방식이다. 국가에 대한 비판은 부적절하다. 세계적/도덕적 문제들에 대한 교리 설교는 이런 전통을 벗어나는 경향이 있다. 제2차 세계대전까지 주류였던 독일의 루터파에 대한 죠셉 흐로마드카(Josef Hromadka)의 비판은 루터의 주관주의(subjectivism)—신도들에게 있는 칭의의 내적 경험에 대한 그의 관심—와 루터의 두 왕국 사상이 많은 독일 그리스도인들로 하여금 히틀러에 대해 비판을 가하지 못하도록 했다는 그의 분석에 기반을 두고 있다. 흐로마드카는 이렇게 말한다.

> 나는 이 사상을 쉽게 비판하고 싶지 않다. 왜냐하면 공적인 영역에서 그리스도의 복음의 권위를 보호한다는 것이 얼마나 어려운지 알고 있기 때문이다. 나는 일부 그리스도인들이 그리스도께서 온 세상을 통치하신다는 신앙을 얼마나 순진하게 다루는지 알고 있다. 그러나 우리가 정치적 사건에 대한 개신교 신앙고백의 허약성을 고려할 때, 그리고 우리가 신앙의 깊은 내면적 삶과 세계 정세에 관한 무관심을 얼마나 쉽게 표현하고 있는지를 볼 때면, 이런 성향이 루터에게서부터 온 것이 아닌가 묻기 시작한다. [58]

이것은 진지한 고발이다. 칼 브라튼(Carl Braaten)이 히틀러와 루터 사이에 직선을 긋는 것은 과장됐다고 말한 것은 옳다. [59] 그러나 그는 두 왕국 사상에서 "하나님 왕국의 성서적 상징이 갖는 정치적이고 사회적 특징은 개인의 종교적 경험 앞에 상대적으로 위축되어 왔다"고 믿는다. [60] 두 왕국 사상으로부터 더 적극적인 정치적 개입, 그래서 결국 히틀러 암살 기도까지 가담했던 본회퍼의 전환은 흐로마드카와 브라튼을 지지한

---

58) Josef L. Hromadka, *Impact of History on Theology* (Notre Dame: Fides Publishing, Inc., 1970), 54.
59) Carl E. Braaten, *The Future of God* (New York: Harper & Row, 1969).
60) 위의 책, 147-48.

다고 볼 수 있다. [61] 두 왕국 사상으로부터 새로운 이해나 새로운 운동으로 전환하는 것만이 문화 역설 설교(paradox preaching)를 위한 길을 열게 될 것이다. 그러나 그렇지 않으면 설교에서 현 정부를 지지하는 설교에 머무르고 말 것이다. 리처드 뉴하우스(Richard Neuhaus)와 존 반노르스달 (John Vannorsdall)과 같은 루터파 학자들이 그들의 교리 설교에서 국가에 대해 공개적으로 언급했던 것을 보면, 이러한 문제를 인식하고 있었던 것 같다.

니버의 나머지 세 가지 유형은 교회/국가 관계에 대해 이해하기가 더 쉽다. 문화에 속한(Of-culture) 설교는 그 설교가 지상에 하나님 왕국을 세우고 있다는 입장이다. 교회와 세계는 이러한 사명에 함께 동역한다. 이러한 그리스도인들은 그리스도께서 그들의 문화적 목적을 성취하신다고 믿는다. 문화의 최고의 통찰과 기독교의 최고의 도덕적 통찰은 상호 부합한다. 사회복음과 해방 설교는 지상에 하나님 나라를 세우고자 하는 것이다. 월터 라우쉔부쉬와 돔 헬더 카마라(Dom Helder Camara)가 여기에 속한다. [62] 문화 위의(Above-culture) 설교는 교회가 세상의 최고의 것을 넘어서고 성취한다는 입장이다. 그러므로 교황 요한 23세나 요한 바오로 2세과 같은 이들도 사회 정의에 대해서 언급했지만, 해방신학적 용어는 아니었다. 문화 변혁(transformation) 설교는 교회와 국가 모두 하나님

---

61) Eberhardt Bethge, *Dietrich Bonhoeffer* (New York: Harper & Row; London: William Collins Sons, 1970, 복있는 사람 역간 예정), 525-26.
62) Gladys Weigner and Bernhard Moosbrugger, *A Voice of the Third World: Dom Helder Camara*, trans. John Miles (Ramsey N.J.: Paulist Press, 1972).

의 주권 아래 있다는 입장이다. 이 설교는 세계를 율법의 제3용법에 맞는 참된 선으로 바꾸고자 노력한다. 바르멘 선언에 나타난 바르트의 히틀러 비판이나 체코슬로바키아의 마르크스주의에 대한 흐로마드카의 논쟁은 교회/국가관계에 대한 개혁파와 루터파 전통 사이의 차이를 보여준다. 문화 변혁 설교는 어떤 특별한 정치적 프로그램이나 이데올로기에 맞추지 않고, 국가에 대해 신학적 관점에서 비판하거나 지지하고자 한다. 미국의 경우, 라인홀드 니버, 마틴 루터 킹, 윌리엄 슬로언 코핀 등이 여기에 속한다.

마태복음 20:1-16에 있는 포도원 일군의 비유는 그리스도와 문화의 다섯 가지 유형의 관점에서 살펴볼 수 있는 훌륭한 구절이다. 그 이유는 이 비유 설교는 반드시 사랑과 정의에 대한 신학적 주제로 다루어야 하기 때문이다. 이 설교는 우리로 하여금 교회와 문화의 문제를 가지고 씨름하는 교리 설교로 향하게 한다. 이때 대면하게 되는 질문은 "이 본문으로 니버의 다섯 가지 유형대로 설교를 만들면 어떤 설교가 될 것인가?" 하는 것이다.

문화 대립(against-culture)과 문화 역설(paradox) 입장들은 세상의 방법들과 하나님의 방법, 세상의 정의와 하나님의 사랑 사이를 구분하게 될 것이다. 이 두 입장에서 세상의 정의는 "각자 받기로 되어 있는 대로", "각자 유익이 되는 대로", "각자 자기 권리에 따라"이다. 당신은 그만한 액수를 받을 자격이 있다. 왜냐하면 그것을 손수 벌었기 때문이다—이것이 세상 돌아가는 이치다. 그러나 하나님이 계산하는 방식은 아니다.

문화 대립 설교는 세상적 접근을 꺼린다. 이 설교는 필요한 것이든 권리이든 계약이든 모든 형태의 문화적 사회정의를 거부한다. 이 설교는 거룩한 공동체 안에 형성된 새로운 사랑의 율법의 맥락에서 맺은 새로운 관계만을 제시한다. 예를 들면 조셉 돈더스(Joseph Donders)의 설교에 잘 나타나는데, 자신의 설교에서 그는 권리에 대한 세상적 주장을 비판한다. 그런데 우리도 세상이 말하는 대로 "그것은 우리 것이다"라고 소유권을 주장하고 싶어 한다. 그러나 "하나님 나라에서는 그런 것이 통하지 않는다. 권리 주장이나 공평에 대한 요구는 하나님의 사랑 앞에서 무기력하게 사라진다."[63] 바로 이것이 진정으로 우리가 가지고 있는 것이다. 돈더스가 특별히 독특한 것은 아니다. 그는 무조건 문화를 혹평하지는 않는데, 여기서는 문화적 정의(cultural justice)의 문제점을 들춰 보이고 있을 뿐이다. 문화 대립 설교는 세상의 어떤 정의에 대해서도 선한 것이 없다는 입장이다. 돈더스는 이 본문을 영적으로 해석하고 있다.

문화 역설 설교는 세상의 정의를 "각자 받기로 되어 있는 대로"로 보고 있다. 스타임리(Steimle)는 그의 책 『하나님의 심판, 그리고 우리들』에서 고전적 루터파 설교를 제시한다.[64] 세상의 정의는 선하다는 것이다. 우리 사회가 질서 있으려면 우리는 정의가 필요하다. 그러나 그것만으로는 위험하다. 수평선은 우리가 서로 판단하기에 너무 짧게 끝난다. 하나님이 우리를 판단하시는데, 업적이 아니라 동기에 따라 심판하신다. 여기

---

63) Joseph Donders, *Jesus, Heaven on Earth* (Maryknoll, N. Y.: Orbis Books, 1980), 254.
64) Edmund A. Steimle, *Are You Looking for God?* (Philadelphia: Muhlenberg Press, 1957).

서 행동이 아니라 의도가 핵심이다. 외모로 보이는 것이 아니라 하나님의 자비에 대한 내면적인 경험이 중요하다. 그래서 우리는 이 두 왕국에서 산다. 둘 다 중요하다. 문화 역설 설교는 문화 대립 설교보다 세상을 진지하게 대하지만 다른 세 가지 유형보다는 못하다.

문화에 속한(Of-culture) 설교는 특히 세상 방법에 대해 진지하다. 해방신학적 설교는 서구 문화적 관점이 아니라 핍박당하고 힘없는 자들 입장을 대변하는 제3세계 문화적 관점에 집중한다. 해방신학적 설교는 "각각의 권리에 따라"를 지지하지만, 또한 포도원 일군의 비유와 관계해서 보면, "각각 그의 필요에 따라, 그리고 모든 이들이 한 데나리온이 필요하다"고 말한다. 다시 말하면 아무리 일을 많이 한다고 해도 받는 것은 모두 같은 액수를 받는다는 것이다. 이것이 복지—세계의 부를 균형 있게 나누고 동등한 혜택을 누리도록 계획된 제도—이다. "열한 시에" 고용된 일군을 "멕시코계 노동자"로 해석함으로써 곤잘레스(Gonzalez) 부부는 이 구절에 대해 색다른 교리적 관점을 부여했다. 그는 이 비유가 "하나님의 불공정을 말하는 것이 아니라 위대한 정의"를 표현하고 있다고 해석한다. [65] 사랑과 정의는 함께 간다. 하나님의 사랑은 힘없는 자들을 위한 정의에서 발견된다. 그러나 설교자들이 한 쪽의 문화적 관점(서구 제국주의)을 다른 문화적 관점(제3세계 해방신학사상)으로 어떻게 대체하였는지 주목하라.

---

65) Justo L. Gonzalez and Catherine Gunsalus Gonzalez, *Liberation Preaching: The Pulpit and the Oppressed* (Nashville: Abingdon Press, 1980), 100-101; 1978년 미국의 산 안토니오에서 모인 미국그리스도교회협의회(National Council of Churches of Christ) 총회 주제로 채택된 "창조와 정의" 아래 이 본문에 대한 곤잘레스의 설교 와 성경연구를 보라.

칼 라너의 설교 "한 데나리온은 우리 그리고 하나님을 나타낸다"[66]에는 포도원에 있는 일군에 관한 문화 우월(above-culture) 입장이 나타나있다. 여기서 사랑과 정의는 다른 것이 아니라 충돌하고 있다.[67] 사랑은 문화 대립이나 문화 역설 입장에서 보는 것처럼 정의를 대체하지 않는다. 그것은 문화에 속한 입장에서처럼 세상의 정의와 부합하지 않는다. 칼 라너와 같은 로마 가톨릭 신학자에게 사랑은 정의를 초월하고 정의에 대한 이해를 설명하고 깊게 한다. "받기로 한만큼 받는다"와 같은 사회 정의는 폐지되는 것이 아니라 더욱 확대된다. 사랑과 정의는 모두 같은 근원에서 나왔지만 사랑은 정의를 더욱 폭넓게 포함한다. 이 비유를 이러한 관점에서 해석하면 계약은 계약서대로 이해되었다고 보게 된다. 선한 법률은 공동체의 선을 위한 것이다. 그러나 하나님의 사랑은 선한 율법을 더욱 폭넓게 품는다. 사회 정의는 하나님의 셀 수 없는 자비에 의해 더욱 깊은 의미를 갖게 된다. 몇 시간 일하고, 하루 품삯 이상을 받았다. 칼 라너의 토마스주의(토마스 아퀴나스의 신학체계)적 접근은 이 비유로 하여금 전통적이고 문화 우월(above-culture)형으로 사랑과 정의에 대한 교리 설교로 향하게 한다.

문화 변혁(transformation) 설교는 문화 우월 설교처럼 사랑과 정의를 함께 추구한다. 문화 대립 입장에서와 같은 세상의 불의와 하나님 사랑

---

66) Karl Rahner, *Biblical Homilies*, trans. Desmond Forristal and Richard Strachan (New York: Herder & Herder, 1966), 22-25.
67) David H. C. Read, *Religion Without Wrappings* (Grand Rapids: Wm. B. Eerdmans, 1970), 128-36.

사이의 구별이 없으며, 문화 역설 입장에서처럼 세상의 정의와 하나님의 사랑 사이의 구별도 없다. 하나님의 사람은 문화에 속한 입장처럼 정의에 대한 어떤 특별한 문화적 입장과 부합하지 않는다. 그러므로 문화 변혁 설교는 토마스주의와 가장 같은 입장이고 또는 교리 설교에서 문화 우월 설교와 같다. 바로 이것이 리드(Read)가 포도원 일군의 비유 본문을 "하나님이 불공평하신가?"라는 제목으로 설교할 때 정확히 말하고자 한 것이다.

리드는 라너처럼 정의와 사랑 모두 하나님의 권한 안에 있음을 강조한다. 두 사람 모두 세상에서의 계약, 공정거래, 계약 이행의 중요성을 강조한다. 그러나 리드는 라너보다 더욱 강조하는데, 그는 이 계약이 우리가 하나님과 관계하는 방법 중의 하나라고 보았다. 강렬한 항의에 대한 주인의 대답은 "법률과 정의로 직접 맞대응"이다.[68] 리드는 두 가지 요점을 제시한다. (1) 세상이 때로 아무리 불공평하게 보여도 하나님은 세상이 할 수 있는 최선의 방식, "받기로 한 만큼 받는다"를 존중한다. 이것이 하나님의 정의다. (2) 우리가 아무리 우리 자신이나 다른 이들이 받는 대우를 많이 생각한다고 해도 하나님은 공평하심 이상을 행하신다—"각자는 그가 받기로 한 것 이상 받는다." 이것이 하나님의 사랑이다. 하나님의 자비로운 정의는 계약과 같은 선한 정의를 초월한다. 사실 그것은 세상의 정의를 변혁할 수 있고, 변혁한다. 이러한 방식으로 하나님의 자비

---

68) 위의 책, 131.

로운 정의는 우리와 다른 이들과의 관계에서 우리가 바라보아야 할 모델이 된다.

리드는 라너와는 다른 입장이다. 리드의 설교에서 이 비유의 암묵적인 모델링은 결국은 "우리의 정의 실천방법에 그들을 더욱 많이 사랑하는 것이 포함되어야 한다"고 결론짓게 되는 문화변혁 접근에 의해 뒷받침 된다. 그러나 리드의 기독론적 접근은 문화에 속한 입장에서 보인 것처럼 본보기로서의 예수는 묘사하지 않는다. 그 대신 계속해서 문화 변혁에 대해 강조한다. 그리스도는 십자가에서 가장 불공평한 죽음의 고통을 당하시고, "스스로 모든 불공평함"을 담당하셨던 구세주요 주님이시다. 하나님의 이러한 특별한 행위는 공정함이었고, 공정함 그 이상이었다. 그러므로 리드는 말한다. "성찬에서 우리가 만난 하나님은 공평하실 뿐 아니라 무한히 친절하시다." 설교를 통하여 교인과 독자들은 변혁하는 경험을 한다. 하나님의 용서하시는 사랑은 서로를 향한 우리의 동기를 바꿀 뿐 아니라 우리의 행동도 바꾼다. 정의에 대한 우리의 견해를 확대할 뿐 아니라 변혁시킨다.

요약하면, 이번 장에서 우리가 발견한 것은 변증적이고 목회적이고 도덕적인 문제의 상황에서 교리적 설교를 하는 방법은 부분적으로 우리의 문화에 대한 견해에 크게 좌우된다는 것이다. 우리는 그리스도와 문화의 관계에 대해서 어떤 입장인가?

선교 사명을 고취하는 교리

이제 다시 5장 처음으로 돌아가 보자. 누가-행전 전통이 표현하려고 하는 것은 무엇보다도 선교다. 기독교 설교에서 교리와 문화에 대한 우리의 관심은 다음 세 가지, 즉 신학적 진술, 목회적 질문들, 도덕적 문제들에 의해 촉발된다. 이제 여기서 우리는 변증학과 윤리학으로부터 복음 전도로 옮겨 이것을 다루려고 한다. 누가-행전에서 위의 세 가지 주제들이 등장하지만, 그것들보다 다른 한 가지를 든다면 복음 전도일 것이다. 그러면 왜 이런 중요한 주제를 이 책의 맨 나중에 다루려고 하는가? 두 가지 이유가 있다. (1) 브루너는 복음 전도를 맨 나중에 두어야 한다는 점을 매우 강조한다. (2) 교리 설교의 일차적 목적은 신자를 가르치는 것이다. 교리 설교의 두 번째 목적이 비신자를 전도하는 것이다.

브루너는 논증법을 위해서는 다음 두 가지가 고려되어야 한다고 생각한다. 하나는 변증학(apologetics)인데, 그것은 문화의 질문들에 대한 신학의 관계의 부정적 측면이다. 또 하나는 선교 신학(missionary theology)인데, 그것은 비신자에 대한 신학의 관계의 긍정적 측면이다. [69] 우리가 살펴보았던 것처럼 변증학은 공세를 취함으로써 명료화 하려는 것이다. 그것은 기독교 신앙에 대해 명확히 구별하려 한다. 선교 신학은 변증학처럼 비신자의 질문을 진지하게 다룬다. 그것은 "무엇보다도 교인의 필요,

---

69) Emil Brunner, *The Christian Doctrine of God*, trans. Olive Wyon (Philadelphia: Westminster Press, 1950), 102.

무력감, 회의적 태도, 그리고 기대에 전폭적인 관심을 둔다."[70] 그러나 일차적 목표는 예수 그리스도의 복음의 제시다. 바르트는 브루너가 "교인의 영적 상황으로부터"라는 구절을 추가할 때 비로소 그의 정의에 동의할 것이다.

브루너는 선교 신학을 신자와 비신자 사이의 대화로 보는데, 거기서 신자는 비신자의 입장에 진지하게 귀를 기울이고 그리스도의 복음을 직접 전하는 것을 추구한다. 사도행전 2장과 사도행전 17장은 이 점에서 교훈적이다. 사도행전 2장에서 베드로는 그리스도를 따르는 이들이 술에 취했다는 비난에 응답한다. 베드로는 이것을 전도를 위한 기회로 삼았다. "그들은 술 취하지 않았습니다. 아침 9시인데 술 취할 수가 없습니다. 여러분에게 예수 그리스도에 대해 말하고자 합니다." 베드로의 설교는 요엘과 다윗을 인용하면서 교인들 자신의 그리스도에 대한 경험에 호소함으로써 유대인들과 즉각적인 교감을 나눈다. "이스라엘 사람들아 이 말을 들으라 너희도 아는 바와 같이 하나님께서 나사렛 예수로 큰 권능과 기사와 표적을 너희 가운데서 베푸사 너희 앞에서 그를 증언하셨느니라"(행 17:22). 바울은 교인들이 믿는 신을 비난하지 않고 "알지 못하는 신"에게 예배하는 것에 대해서도 멸시하지 않는다. 그와는 반대로 그는 그들의 예배에 경의를 표하면서, 기술적으로 세상의 창조주이시며 구원자이신 하나님을 소개하기 위한 길을 열고 있다.

---

70) 위의 책.

훌륭한 선교 신학—전도에 초점을 둔 교리 설교—은 선교의 대상이 속한 문화를 진지하게 다룬다. 그것은 예수 그리스도의 교리를 문화적 교인, 관망하는 교인, 낙심했던 교인의 질문들과 함께 제시한다. 현 시대의 다원화 현상에 대해 충분히 인식한다. 남침례교가 이런 형태의 교리 설교 형식을 더욱 강조하는 경향이 있는데, 그 외 모든 교회도 복음을 세상에 선포해야 할 책임을 항상 인식하고 있다. 전도는 교단적 충성을 넘어서는데, 그 이유는 모든 교회가 그리스도를 지향하고 있기 때문이다. 빌리 그레이엄으로부터 브라이언 그린에 이르기까지 이것은 누구나 인정하는 것이다.

또 하나의 과제가 있다. 교리 설교에서 가르침(teaching)과 명료히 하는 것(clarifying)은 신자들로 하여금 그들이 누구인지 그리스도인으로서 어떻게 행동해야 하는지 알게 할 목적으로 행해지지만, 또한 세상에 복음을 전하는 선교의 목적도 포함된다. 이러한 "성도를 온전케 하는 것"(equipping of the saints)은 "봉사의 일을 하게" 할 뿐만 아니라 "그리스도의 몸을 세우려"(엡 4:12) 하는 것이다. 이런 방법으로 교리 설교는 선교에 관한 주제를 다룬다.

누가-행전 안에 있는 선교는 신자들로 하여금 전도, 목회적 돌봄, 그리고 사회적 관심에 참여하게 한다. 예수께서 자신의 제자들을 파송하실 때(눅 9:1-6), 그 제자들은 온 마을을 다니며 복음을 전파하고 사람들을 치유했다(전도와 목회적 돌봄). 그들이 돌아왔을 때, 예수께서 그의 제자들에게 능력을 주어 오천 명을 먹이는 데 돕는 자로 삼았다(사회적 관심). "너희들이 그들에게 먹을 것을 주라." 그것은 단지 예비적 선교일 뿐이다. 더 많은 가르침을 받은 뒤, 십자가에 죽으시고 부활하신 주님이신 그리스도와의 깊은 만남 뒤, 다락방으로 돌아가고 나서 그들은 온 세상으로 들어갔다. 교리 설교는 예배 상황에서 부활하신 그리스도를 가르치고 만나게 함으로써 선교를 지향하게 한다. 그리스도는 교리 설교를 통하여 책임 있는 교리 설교의 최종 목적인 그리스도인의 삶으로 이끄신다.

더 생각할 문제

1. 아우구스티누스와 리드의 접근방법을 사용하면서 다음 질문과 진술 중의 하나에 대한 설교를 작성하라.

   a. 예수께서 왜 죽으셔야 했는가?

   b. 그리스도인은 모든 게 계획되어 있기 때문에, 무엇을 행해야 하는지는 중요하지 않다고 생각한다. 만일 당신이 무엇을 하든지 관계없다고 한다면 교회에 가는 이유는 무엇인가?

   c. 그리스도인은 너무 많은 죄 가운데 거한다.

2. 5장에서 제시된 방법들을 사용하여 당신이 다음의 목회적이고 도덕적인 문제에 대해 설교해야 할 것인지, 또한 설교한다면 그 설교를 어떻게 준비해야 할지에 대해 결정하라.

   a. 나는 그녀가 죽기 전에 미안하다고 말하지 않는 것에 대해 죄의식을 극복하지 못할 것 같다.

   b. 그리스도인은 사형제도에 찬성할 수 없다.

3. 로마서 13:1-7을 본문으로 한 설교문을 작성하되, 니버의 그리스도와 문화의 다섯 가지 유형 중에 세 가지를 적용한 서로 다른 세 가지 설교의 개요를 만들어보라.

더 읽어볼 자료

Merrill R. Abbey, *Living Doctrine in a Vital Pulpit*. Nashville: Abingdon Press, 1964: 185-202.

Andrew W. Blackwood, *Doctrinal Preaching for Today*. Grand Rapids: Baker Book House, 1975:51-85.

Bruce C. Birch and Larry L. Rasmussen. *Bible and Ethics in the Christian Life*, Minneapolis: Augsburg Publishing House, 1976.

Carl E. Braaten, *Stewards of the Mysteries*. Minneapolis: Augsburg Publishing House, 1983.

Donald Capps, *Pastoral Counseling and Preaching*. Philadelphia: Westminster Press, 1980.

William Sloane Coffin, Jr. *The Courage to Love*. New York: Harper & Row, 1982.

Robert W. Duke, *The Sermon as God's Word*. Nashville: Abingdon Press, 1980: 48-63.

Harry Emerson Fosdick, *Riverside Sermons*. New York: Harper & Brothers, 1958.

Ernest Edward Hunt, *Sermon Struggles*. New York: Seabury Press, 1982.

H. Richard Niebuhr, *Christ and Culture*. New York: Harper & Row, 1975.

David H. C. Read, *Overheard*. Nashville: Abingdon Press, 1971.

부록
세 편의 설교문

거울에 담긴 수수께끼

브루스 로버트슨

"우리가 지금은 거울로 보는 것 같이 희미하나 그때에는 얼굴과 얼
굴을 대하여 볼 것이요 지금은 내가 부분적으로 아나 그때에는 주
께서 나를 아신 것 같이 내가 온전히 알리라" _고린도전서 13:12

잉마르 베리만의 고전영화 「거울을 통해 어렴풋이」(*Through a Glass Darkly*)
는 오늘 본문 말씀에 영감을 줍니다. 이 영화에 등장하는 네 명의 인물들
은 소설가인 아버지 데이비드, 아들 마이너스, 딸 카린과 의사인 카린의
남편 마틴인데, 그들은 스웨덴 해안에서 좀 떨어진 섬으로 가족 여행을
왔습니다. 영화가 시작되면 카메라는 해변을 비춥니다. 네 명의 키 큰 배
우들이 해변을 향해 걷고 있습니다. 그들의 이미지는 괴기스러운 형태로

파도에 투영됩니다. 베리만 감독은 처음에는 영화를 칼라로 만들려고 했다가 흑백영화로 바꾸었습니다. 관객들은 감독이 영혼의 어두운 영역을 잘 표현할 것이라는 것을 이내 알게 됩니다. 그 영화는 흑백으로, 특히 흑색으로 잘 표현했습니다. 영화감독이 영화에서 그런 방법을 사용했다는 것이 놀랍습니다. 그 감독의 비전, 시적 표현, 정직성은 어쩌면 낙천적인 수식어로 가득 찬 설교보다 더 진정성 있어 보이기까지 합니다.

사도 바울은 우리에게 거울을 보여주었습니다. 우리가 그 거울을 들여다 볼 때 그 속이 얼마나 깊은지 모릅니다. 거울을 바라봄으로써 공포심이 덜어지고 사악한 자기 고발이 드러납니다. 그 거울에서는 외로움과 병들어가는 과정뿐만 아니라 피곤함과 유한성도 볼 수 있습니다. 지나친 상상이라고요? 글쎄요. 거울에서 기껏해야 인생의 모호함이나 당황스러움만을 보게 될 것이라고 생각하십니까? 아까 그 영화감독이 오늘 본문을 읽는다면 흠정역본(KJV)이 보여주는 은유적 감각으로 읽을 것입니다. 그것은 어두움이라고 말입니다. 그렇지 않다면, 우리의 거울은 공허함이라고 불리는 거울일 것이며, 그럴 경우 어둠은 여전히 더 커다랄 것입니다.

또 다른 작가 한 분을 소개하겠습니다. 이 분은 더 유쾌하고, 단순하게 표현하시는 분인데, 보스턴 심포니 오케스트라의 작곡가 데이비드 델 트레디치(David Del Tredici)입니다. 그는 2백주년 축하공연을 위한 뮤지컬을 작곡했습니다. 그 뮤지컬의 주제는 거울을 통과해 들어갔던 루이스 캐럴(Lewis Carroll)의 엘리스(Alice)로부터 영감을 얻었다고 합니다. 그 작곡가는 노래와 낭독과 기발한 연극으로 항상 차분한 보스턴 관객들을 거울을 통해서 판타지의 영역으로 이끌었습니다. 그러나 아주 이상하게도 연주의 마지막 부분에서 이탈리어로 1에서 13까지 분명한 어조로 크게 세면서 마치는 것입니다. "13"은 이탈리어로 "트레디치"(tredici)입니다. 그래서 그 작품이 작곡가의 자서전이라고 생각할 수도 있습니다. 그러나 그 작곡가가 다음과 같이 말한 의도를 알 수 있을 것 같습니다. "이것은 재미있게 해본 것입니다만, 우리는 실제로는 거울 뒤로 갈 수 없습니다. 모든 것은 거울 앞에 존재합니다. 만일 트레디치가 거울 앞에 서있다면 그가 다시 얻는 것은 사랑스런 13이란 숫자, 곧 트레디치의 투영일 뿐입니다."

성경 본문의 현대 번역본들은 바울이 거울을 통해서 보고 있는 것이 아니라, 거울 안에 있는 어떤 것을 보고 있는 것이라고 해석합니다. 당시 거울은 동으로 만들어졌기에 아주 불투명했습니다. 최근 번역은 그 거울에 비친 것을 "희미한 이미지"라고 부릅니다. 더 좋은 번역은 "수수께끼" (riddle)라고 할 수 있습니다. 저는 바울이 사용했던 '아이니그마'(ainigma)라는 단어를 좋아합니다. 영어로는 "enigma"(희미함, 수수께끼)라는 단어가 이에 해당할 텐데, 바울이 의미하려고 했던 정확한 뜻을 다 표현한다고 할 수는 없지만 '희미함'(enigma, 수수께끼)이라고 표현한 것은 적절합니다. 거울 속에 있는 희미함은 우리를 가리키는 말입니다. 우리 각자를 보게 되면 거울 속에 있는 희미함은 결국 "나"라고 불리는 희미함입니다.

이런 희미함이 영감 있는 메시지를 선포했을 수 있지만, 그런 메시지가 교인들에게 잘 전달될 수 있을지는 의문입니다.

이렇게 희미한 우리들이 오순절적 성령 충만을 받을 수 있지만, 그 혀와 입술은 이내 굳어지고 침묵하게 될 것입니다.

이렇게 희미한 우리가 이해하기 어려운 고상한 지식을 소유한 자로 알려질 수 있지만, 이때조차도 참된 진리의 모습과는 거리가 먼 부스러기 한 조각일 뿐입니다.

이렇게 희미한 우리가 하나님의 율법과 말씀을 알 수도 있지만, 교회 역사를 보면 둘 중의 하나 또는 둘 다를 거절해왔던 것을 볼 수 있습니다.

이렇게 희미한 우리가 눈에 띄지 않는 곳에서 잠들어 있는 이들을 사랑할 수 있지만, 배반의 우를 범할 수도 있습니다.

사도 바울 시대의 거울은 부자들이 선호하는 귀한 장식품이고 세련된 고가의 소품이었습니다.

우리가 더 세련되게 하려고 매력적인 것에 몰두하고 있는 모습에 대해 세상의 가난한 자들이 어떻게 생각하겠습니까?

그러면 당신은 어떻습니까! 5살 때 배고파서 울었던 것과 특히 험난한 중년의 위기의 상황과 비교할 때 어떻습니까?

장로교 노회에서 연장자 문제로 논쟁을 벌이는 모습을 테헤란의 길거리에서 죽음을 목격한 사람의 입장에서 볼 때 어떤 생각이 들까요? 이웃 풀장 옆에서 문란한 성생활에 대해 잡담하는 사람과 동네 건너편 판잣집에서 원인모를 병으로 혼수상태에 있는 환자를 생각해보십시오. 시외의 이혼 사건에 대한 최근 토픽 기사와 아이티 사람 또는 베트남 사람의 바다에서의 전복사고를 생각해보십시오.

하나님께서는 슬픔에 잠기지 않도록 그리고 다른 사람의 비극에 냉담하지 않도록 거울을 내 앞에서 치우십니다. 존 파울스(John Fowles)는 『다니엘 마틴』(*Daniel Martin*)이란 새 책을 썼는데, 그 내용은 높은 개런티를 받는 주연배우 다니엘 마틴이 삶과 연기의 차이를 혼동하고 있는 것을 다루고 있습니다. 저자는 그 배우의 딜레마를 이렇게 묘사하고 있습니다.

> 그는 대화를 두 가지 범주로 나누었다. 자신이 말할 때의 대화와 자신이 말하는 것을 듣는 대화다. 최근에는 두 번째 대화, 즉 자신이 말하는 것을 듣는 것에 집중해왔다. 나르시시즘의 상태에 들어간 것이다. 자신이 독특하다는 것을 인정하지 않을 정도로 나이가 많아질 때, 자신의 복잡한 세계에 심취하게 된다. 거짓말로 덮인 공간이 녹색 문화의 공간이 될 수 있을 것처럼 생각되고, 실패를 정당화하거나 성공의 역겨운 냄새를 풍기기도 한다.

우리 자신의 복잡성에 심취하는 또 다른 경우가 있습니다. 하나님은 단순한 마음을 가진 존재라고 믿는 자들을 비판하기 위해서 하나님의 복잡성에 심취하는 경우입니다. 단순한 마음을 가진 하나님의 경건한 백성들을 비판하면서 입으로는 주님을 찬양하고, 손으로는 돈을 계산하고 있는 자들을 경계해야 합니다.

> 하나님은 어둡고 캄캄한 데 거하신다고 그들에게 말하라.

주님 주위에 빽빽한 구름이 있다고 그들에게 말하라.

주께서 거룩한 산에 오실 것이라는 것을 그들에게 말하라.

그리고 그 산에 오르는 이스라엘 백성들에게 반드시 죽을 것이라

경고하셨다는 것을 말하라.

그리고 당신이 그곳에 있는 동안, 예수께서 우리가 듣고 견딜 수 없을 것이기 때문에 말씀할 수 없는 많은 것들이 있다고 언급하신 것을 상기하십시오. 그들에게 제임스 스마트가 성경에 대해 다음과 같이 말한 바를 전하십시오. "성경은 계시되는 만큼 하나님에 대해 숨긴다는 것을 기억하라."

그렇습니다. 하나님 역시 수수께끼입니다. 자기 자신과 선지자들에게만, 그것도 오직 수수께끼를 가지고 사막에서 말씀하시는 하나님은 사람들로 하여금 고민하게 하시며, 근심하게 하시고, 놀라게 만드는 분입니다.

바울은 바로 이 사실을 알고 있었습니다. 바울은 예언자들이 갖고 있는 하나님에 관한 문제들을 알고 있었습니다. 그는 그리스도를 만나 그리스도의 일군이 되기 오래전부터 가말리엘 학파의 중요한 학자였습니다. 그는 구약 전통에서 난해한 신학적 문제, 그리고 랍비적 문헌의 모든 이슈들에 대해 해설할 만한 실력자였습니다. 랍비 전통에 의하면, 예언자들은 아홉 개의 거울을 포함하는 배열을 통해서 하나님을 볼 수 있고, 모세는 오직 한 개의 거울만으로도 어느 때나 하나님을 볼 수 있다고 합니다(키텔 사전[TDNT]의 *"ainigma"*를 참조하라).

바울은 이런 랍비 전통을 알았던 것 같습니다. 그래서 오늘 고린도전서 본문에서 모세의 거울을 우리에게 설명해주고 있는 것 같습니다. 바로 이런 언급이 바울의 탁월한 점입니다. 바로 이 거울로 우리는 우리 자신의 수수께끼를 봅니다. 그 안에서 완전히 다른 어떤 것을 보는 것입니다. 이것은 미래의 거울이고 약속의 거울이며, 예언적 비전의 거울입니다. 장래에 모세처럼 우리가 하나님을 얼굴과 얼굴을 맞대고 볼 때, 우리는 알았던 것을 더욱 분명히 알게 될 것입니다. 이 거울은 두려움이 아니라 변치 않는 사랑입니다.

그 이상 더 알려고 하지 마십시오. 너무 조급해 하지 마십시오. 하나님의 신성한 영역을 침범하지도 마시고, 너무 자신만만하게 좇으려고 하지도 마십시오. 대신 수수께끼 같으신 하나님을 즐거워하십시오.

베리만의 영화에서 카린이라는 젊은 부인은 정신적으로 문제가 있습니다. 밤마다 잠을 못 이루고 깨어서 무언가를 합니다. 카린은 작가인 아버지 서재로 가서 책상 위에 있는 일기장을 열고 읽습니다. "카린의 질병은 가망이 없다. 가끔 제 정신으로 돌아올 때가 있을 뿐이다. 놀랍게도 나는 호기심이 발동했다. 질병의 진행과정을 기록하고자 하는 충동으로 그녀가 질병이 심해지는 것을 자세히 기록하기 시작했다. 그녀를 이용하게 된 것이다."

그것은 카린의 죽음을 의미합니다. 그녀는 죽어가고 있습니다. 그 섬에서 스웨덴에 있는 병원까지 가려면 헬리콥터를 불러야 합니다. 이제 병원으로 후송되면 다시 돌아올 수 없습니다. 여기에 한 교훈이 있습니다.

수수께끼를 지니고 사는 것은 감내해야 할 일입니다. 멀지 않은 장래에 수수께끼가 벗겨지고 사랑 안에서 완성됩니다. 우리가 소화할 수 없는 지식에 대한 바람을 위해서는 수수께끼로 남는 것이 더 좋을 것입니다.

에드워드 엘가(Edward Elgar) 경이 한번은 자신의 동료를 위해 수수께끼를 냈습니다. 자신의 가장 위대한 작품, 오리지널 테마 변주곡(Variations on an Original Theme) 36번에서 그는 가장 가까운 친구들에게 감미로운 14개의 변주곡을 헌정합니다. 각 변주곡은 친구들을 묘사합니다. 소위 프로그램 음악입니다. 이 친구들의 성격에 대한 힌트와 정보는 아주 분명합니다. 첼로 연주자인 바실 네빈슨(Basil Nevinson)은 그의 악기의 특색을 보여주는 변주곡입니다. 베토벤 소나타 비창(Pathetique)의 느린 박자처럼 사랑의 삶을 살았던 A. J. 재거(Jaeger)는 그 음악 스스로부터 긴 인용을 가진 변주곡입니다. 엘가의 친구들에게 헌정된 매우 사랑스런 곡입니다. 에드워드 경의 개인적 교제를 알았던 이들에게 설명은 분명했습니다.

그러면 엘가의 동료 음악가들이 밝혀낸 수수께끼는 어디 있습니까?

오리지널 테마와 모든 변주곡이 연주되지는 않지만 의미를 담고 있는 한 멜로디에 맞춰 대위법으로 쓰였습니다. 엘가는 숨겨져 있으면서 대위법으로만 표현된 테마는 모두에게 알려진 사랑받는 테마라고 주장했습니다. 브람스나 베토벤이나 알 수 있는 것을 그 외에 누가 알 수 있겠습니까? 그가 죽을 때까지, 그리고 지금까지 제가 아는 한 어느 누구도 수수께끼를 풀어서 이 변주곡에 숨겨진 테마를 발견한 사람은 없습니다. 런

던 관객들은 그 악보를 마음에 두고 그것에 이름을 붙였는데, 수수께끼 변주곡(Enigma Variations)이라고 했습니다.

오! 작가이든 음악가이든 설교자이든 시인이든, 여러분은 대위법을 연주하고 있다는 것을 잊지 마시기 바랍니다.

요나

윌리엄 칼 3세

제가 볼 때 요나는 선교사입니다. 저항하고, 수줍고, 고집이 센 선교사입니다. 니느웨에는 절대로 가고 싶어 하지 않았습니다. 성경에 등장하는 인물들은 세워지면 언제나 하나님의 부르심에 응답하며 떠났습니다. 아브라함은 약속을 믿고 나아갔습니다. 모세는 목동의 막대기와 설교를 써줄 아론과 함께 이집트로 나아갔습니다. 엘리야는 450명의 바알 선지자들 앞에 담대하게 섰습니다. 그러나 요나는 그렇지 않았습니다. 다시스로 가는 티켓을 가지고 선착장에 그대로 서있습니다.

신약성서에 등장하는 인물들은 세우심을 받고 예수님을 따랐습니다. 사람들이 예수님을 보았을 때 한 눈에 매혹된 것처럼 보였습니다. 그들은 자신들이 무슨 일을 해야 하는지 이해하기도 전에, 특별히 마가복음에서 어부들은 자기 그물을 버려두고 따랐습니다. 세리들은 차용증서를 잊어버리고, 또 다른 이들은 그들의 부모를 떠났습니다. 바울이라고 불리는 사람은 말씀을 전파하기 위해 지중해를 여행했습니다. 그러나 요나는 그렇지 않았습니다. 다시스로 가는 티켓을 가지고 선착장에 그대로 서있습니다.

요나의 매력은 무엇입니까? 우리가 왜 요나에 대해 그렇게도 관심이 많습니까? 두 가지 이유가 있다고 생각합니다. 하나는 요나에게는 하나님의 부르심을 거절할 수밖에 없게 만드는 어떤 한 가지가 있다는 것입니다. 하나님의 부르심에 전적으로 응답할 수 없게 만드는 어떤 한 가지가 있는 겁니다. 그리고 두 번째는 하나님의 구속적 해방에도 불구하고 요나는 결코 변하지 않았다는 사실입니다. 요나를 붙들고 있는 어떤 것이 있는 것이 확실합니다. 바로 이것 때문에 그가 우리들에게 사랑을 받는 것 같습니다. 왜냐하면 우리 자신들에게도 우리를 붙들고 있는 어떤 것이 있기 때문입니다. 성경의 다른 인물들에게도 이것을 발견할 수 있습니다. 모세가 이집트의 파라오의 궁정으로 향해 가는 내내 불안해 했습니다. 엘리야의 경우, 그가 바알 선지자와의 대면 후에 이세벨의 살해 위협으로 굴에 숨어 있었던 것을 보면, 두려움이 그들을 붙잡았음이 분명합니다.

그러나 요나의 문제는 두려움이 아닙니다. 모세나 엘리야와 비교해 보면 그것을 알 수 있습니다. 요나의 문제는 하나님의 부르심에 관한 것도 아닙니다. 요나는 말합니다. "주님, 주님을 위하여 전파할 준비가 되어 있습니다. 저를 보내신다면 가겠습니다. 니느웨만 아니라면 어디든지 가겠습니다." 도대체 왜 요나는 니느웨에만은 가지 않으려고 하는 걸까요? 니느웨가 너무나 다른 외국 땅이기 때문입니까? 물론 외국 땅으로 간다는 것은 결코 쉬운 일이 아닙니다. 외국 땅에 도착하는 사람마다 익숙하지 않은 낯선 곳에 도착한 그 느낌을 알 것입니다.

버지니아에 있는 유니온 신학교의 이전 학장이었던 닐리 맥카터(Neely McCarter)는 남부 토박이입니다. 저는 그분이 아침에 일어날 때마다 딕시(Dixie, 남북 전쟁 때 남부를 찬양하는 노래)를 부를 것이라고 상상했습니다. 그가 퍼시픽 종교대학원(Pacific School of Religion)의 총장이 되어 캘리포니아에 갔을 때, 외국 땅을 밟은 것처럼 낯설어 했습니다. 샘 마틴(Sam Martin)이 맥카터 총장이 버지니아를 분명히 떠났구나 하고 생각한 계기가 있었는데, 캘리포니아로 이사 와서 살고 있는 맥카터 총장을 공항에서 만나 그의 차로 집으로 가는 도중에 라디오에서 흘러나온 뉴스를 듣게 됐을 때였습니다. "게이 해방 전선은 군중집회를 계획하고 있는데, 주일 아침 11시에 피넬 카스트로 공원에서 살바도르 구제 기금을 위한 집회가 열릴 것입니다." 그때 이런 생각을 했습니다. '아! 분명 맥카터 총장이 버지니아를 떠나 외국 땅에서 살고 있구나!'

그러나 요나의 문제는 외국 땅이라는 것이 아닙니다. 그의 문제는 그곳이 니느웨라는 것입니다. 요나는 왜 니느웨에 가지 않으려고 하는 걸까요? 다른 선교지에 비해서 열악한 환경이기 때문일까요? 그렇지 않습니다. 니느웨는 티그리스 강 동편에 위치한 도시이고, 아마도 바벨론 시대에 세워지고, 앗시리아의 수도로 보강된 도시였을 겁니다. 앗시리아는 이스라엘의 적대국이었습니다. 기원전 7세기, 8세기에 앗시리아는 팔레스타인을 침공해서 도시를 약탈하고 불태우고 거주민들을 쫓아냈습니다. 기원전 722~721년에 북 이스라엘 왕국은 앗시리아 침공으로 정복당했고 나라를 잃었습니다. 요나 이야기를 듣는 청중들에게(이것은 한 이야기지만 그 영향에 있어서 실제적이고 강한 흥미를 돋우는데, 찰스 디킨슨의 유명한 역사 소설처럼 요나 이야기는 인간적 삶과 열기가 물씬 풍기는 드라마 같기 때문이다) 니느웨는 증오와 적대감의 대상입니다. 비교를 해본다면, 미국의 남북전쟁 후 남부 각 주가 미합중국에 재통합이 되고 있을 때(1865-77), 남부 설교자에게 서면(Sherman) 장군이 다니는 교회에게 가서 설교하라고 하거나 남부 흑인 설교자에게 백인우월주의자모임(Ku Klux Klan, 약칭 KKK)에 가서 설교하라고 한다면 어떨까요? 하나님께서는 "니느웨로 가라"고 말씀하십니다. 그때 요나는 말하기를 "주님, 니느웨 빼고는 어디든지 가겠습니다." 그러기에 요나는 다시스로 가는 티켓을 들고 선착장에 서있는 것입니다.

요나는 이스라엘의 우월성을 믿는 일급 국수주의자이고, 속 좁은 인물임이 분명합니다. 요나는 골란 고원, 서안(West Bank), 그리고 가자 지구를 사수하기 위해 목숨 걸고 싸울 인물입니다. 선민의식으로 가득 찬 사람입니다. 이방인들이 어떻게 되든 그는 전혀 개의치 않을 사람입니다. 회심 후에 이방인인 고넬료의 집을 심방하던 유대인 중의 유대인인 베드로처럼 결코 하지 않을 것입니다.

그러나 요나를 그렇게 매몰차게 몰아붙일 필요는 없을 것 같습니다. 왜냐하면 인간 본성의 복잡한 면을 고려해본다면 특별한 일이 아니기 때문입니다. 우리 모두도 다 싫어하는 대상들을 다 가지고 있기 때문에 요나를 이해할 수 있습니다. 마치 오클라호마 사람들에게 동부사람일 수 있고, 어떤 텍산(Texan: 미식축구 클럽)팀 팬들에게 액기스(Aggies)팀일 수 있고, 남부 사람에게는 재수 없는 양키사람들일 겁니다. 요나에게는 니느웨 사람들입니다. 20세기 초 미국의 유명한 카우보이며 코미디언인 윌 로저스(Will Rogers)는 자신을 좋아하지 않은 사람은 한 번도 만난 적이 없다고 말했는데, 보통 사람들로서는 공감하기 어려운 말입니다. 예수님조차도 원수가 있었습니다. 예수님은 원수를 사랑하라고 분명히 말씀하셨지만, 윌리엄 슬로언 코핀(William Sloane Coffin)이 한 말이 공감이 됩니다. "그들을 원수로서 사랑하십시오. 이것에 대해서 감상에 젖지 마십시오."

요나는 과격하지 않은 사람입니다. 니느웨 사람들을 죽이려들지 않았고, 그들을 차별하고 있지도 않습니다. 단지 그들에게 설교하고 싶지 않은 것뿐입니다. 요나의 이런 입장을 너무 확대 해석하지 말아야 합니다. 니느웨 사람들이 요나의 가족들을 죽였기 때문입니다. 대학살의 현장에서 겨우 기어 나왔는데, 하나님께서 그를 부르시고, "니느웨에 가서 복음을 전하라" 말씀하고 계신 것입니다.

외국인에 대한 경멸이 언제나 악의적인 것은 아닙니다. 여기서 인간 경험의 한 단면, 인간의 삶의 모호성은 인생의 복잡함을 드러냅니다. 한 여자 신학생이 지역 교회에서 설교하게 된 것에 대해 설레며 기대하고 있습니다. 그런데 학생처장이 와서 그 교회는 강단에 여자를 세운 일이 없어서 그 여학생을 초청하는 것을 꺼려하고 있다고 알려줍니다. 그 교회는 강단에 여자가 서있다는 것을 본 적도 없고, 앞으로도 그렇게 하지 않으려고 합니다. 그러나 만일 남자 신학생을 구하지 못하면, 계속해서 그 여학생에게 말할 것입니다. "요나! 당신 그것을 좋아하든지 싫어하든지 간에 니느웨로 가라!"

자, 이제 요나 이야기의 다음 장면은 성도들을 위한 패러다임 하나를 소개합니다. 그것은 수세기를 걸쳐 오면서 유대-기독교 전통을 믿는 이들의 경험을 위한 패턴입니다. 그것은 이스라엘이 하나님과 언약을 맺었다가 또 깨트리는 것에 대한 패러다임입니다. 그것은 죄, 용서, 그리고 새로운 삶의 시작을 말합니다. 새로운 삶 자체뿐 아니라, 새로운 삶의 시작도 포함합니다. 다시 말씀드리자면, 죄, 용서, 그리고 새로운 삶의 시작입니다. 그야말로 요나는 전형적인 인간의 본성을 보여줍니다. 그에게는 누구에게나 있는 인간 본성의 뿌리 깊은 결함이 있습니다. 요나가 자기 힘으로 지울 수 없는 것이 있습니다. 자신의 운명을 조정하고 누구에게 복수할지를 결정하고 싶어 했을 것입니다. 이것은 일반적인 인간의 목표이기도 하지만 특히 당시 이스라엘의 바람이었습니다. 많은 주석가들은 요나가 조국 이스라엘의 애국자라고 생각합니다. 히브리어로 요나는 "비둘기"를 의미합니다. 비둘기는 이스라엘의 상징입니다. 이스라엘은 하나님과의 언약에 따라 행하지 못했습니다. 하나님은 이스라엘로 하여금 여호와 하나님만을 예배하게 하고 또한 열방의 빛이 되도록 부르셨지만 다른 길로 갔습니다. 그래서 하나님은 이스라엘을 심판하신 것입니다. 바벨론 제국이 예루살렘을 강점하고 거주민들을 포로로 잡아갔습니다. 많은 주석가들은 요나 이야기에 등장하는 고래는 바벨론을 나타낸다고 해석합니다. 이스라엘과 요나는 절망의 나락으로 깊이 떨어졌습니다. 포로의 삶이 시작된 것입니다. 바로 이것은 역사적 교회가 그들의 사명을 망각했을 때 경험했던 바입니다.

그러나 이스라엘이 구원받은 것처럼, 요나도 회복되었습니다. 큰 물고기의 입으로부터 건져냄을 받았습니다. 출생 때의 경험처럼 바닷물로부터 건져냄을 받은 것입니다. 그리고 하나님께서는 요나에게 다시 명령하시며 다시 갈 것을 종용하십니다. 이와 같은 은혜와 도전이 합하여 놀라운 한마디가 됩니다. 두 번째 기회(a second chance)! 본문 말씀을 다시 보시기 바랍니다. "그때에 여호와의 말씀이 요나에게 두 번째 임하니라. '일어나, 니느웨로 가라!'" 두 번째로! 이곳 외에 이렇게 친절한 단어가 또 있습니까? 말씀이 요나에게 두 번째로 임했습니다. 하나님은 결코 우리를 포기하지 않으십니다. 하나님은 눈감아주시거나 포기하지 않으십니다. 은혜와 도전, 용서와 책임이 뒤얽혀 있습니다. 우리의 죄와 행동을 촉구하는 하나님의 사랑의 부름은 여기서 완전히 대조되어 나란히 놓여 있습니다.

이제 새로운 삶을 위한 가능성이 보입니다. 죄, 용서, 그리고 새로운 삶의 시작입니다. 그러나 요나에게 이것은 다만 새로운 삶의 시작일 뿐,

그 이상은 아닙니다. 우리 목회와 신앙에서처럼 이 이야기는 재미있는 낙천적 이야기(원문에는 1913년경 인기 소설인 *Pollyanna Story*)도 아니고, 판타지 소설도 아닙니다. 요나는 지금 차분하게 말하고 있습니다. "좋습니다. 니느웨로 이제 떠나겠습니다." 여기에는 바울과 같은 극적인 반전이 없습니다. 요나는 바울이 고린도후서에서 언급한 "새로운 피조물"이 아닙니다. 저는 때론 자신은 중생했다(born again)고 말하는 사람에 대해 의구심을 가질 때가 있습니다. 그들이 실제로 얼마나 변화한 것일까? 바울 자신을 보십시오. "오호라 나는 곤고한 사람이로다. 누가 나를 이 사망의 몸에서 건져내랴!"

이것이 진정한 인간 드라마입니다. 요나 이야기는 마치 아우구스티누스식의 극작가나 니버식의 극작가가 작성한 것처럼 무리 없이 잘 전개되어 갑니다. 요나는 니느웨로 가고 있지만, 가는 내내 발걸음은 무겁습니다. 그는 억지로 간 것입니다. 요나의 마음속에는 감사의 마음이 있지만, 무거운 명령이 불쑥 내려진 것입니다.

군대에서 장교가 부사관에게 무얼 좀 하라고 부탁합니다. 그 부사관은 요나처럼 말합니다. "장교님, 명령이십니까?" 그러자 장교는, "그렇다. 명령이다"라고 답을 합니다. "글쎄요, 그렇게 말하신다면, 알겠습니다!" 어느 부모가 자기 아이에게 옆집에 이사 온 여자 아이를 환영하고 잘 대해주라고 말합니다. 그 아이가 묻습니다. "엄마, 꼭 그렇게 해야 돼요?" "그럼." 우리는 교회에 나오지 않은 이들을 예배에 초청하라는 도전을 받습니다. 집에 초대해서 함께 식사할 것 같지 않은 사람들과 함께 성찬식

식탁에서 부활하신 주님의 초대를 받습니다. "원수의 목전에서 상을 베푸시는 도다"(시 23:5).

제가 신학교 다닐 때 한번은 세인트루이스 공항에서 몇 시간동안 기다리고 있었습니다. 옆에 앉아 있는 젊은이가 몹시 피곤하고 괴로워하는 듯 보였습니다. 마침 신학교 과정 중에 임상목회 과목(Clinical Pastoral Education, CPE)을 들었던 터라, 그에게 말을 걸었습니다. "젊은이, 몹시 피곤해보입니다." 그러자 그는 그렇다고 대답했습니다. 그때 저는 전도할 사람을 만났다고 생각했습니다. 그가 말하기를 자기는 몰몬교 선교사인데 정해진 2년의 사역을 마치고 집으로 복귀하는 중이라고 합니다. 그는 몹시 지쳤다고 하면서, 자전거 타고 얇은 검정색 넥타이를 매는 것도 지겹다고 했습니다. 그러나 그에게는 선택의 여지가 없었는데, 그가 다니던 교회에서 누구나 선교지를 의무적으로 가야만 했기 때문이었습니다. 모든 이들이 니느웨에 가야만 했습니다.

그렇게 요나는 니느웨로 떠났습니다. 가면서도 마음은 반반입니다. 또 한편으로는 니느웨 사람들이 회개하지 않을 것이고, 하나님은 그의 진노하심으로 그 도시를 멸하실 것이라고 은근히 바랐습니다. 고집 센 설교자 요나는 비틀거리며 그 도시로 들어가면서 자기를 거들떠보지도 않거나 추방되기를 은근히 바랐습니다. 이럴 수가 있나, 어떤 곳도 메시지를 받지 않았습니다. '우리는 있는 그대로가 좋다. 어떤 메시지도 필요 없다'고 잘라 말합니다. 요나는 니느웨로 들어가서 무엇을 해야 할지 알지 못했습니다. 요나는 하나님께서 그 도시를 하늘 높이 불어서 날려버리기를 바랐습니다. "주여, 그들을 멸하소서. 저는 의로운 일을 행해왔지만, 저들은 죄악 중에 있나이다." 1970년대에 어떤 도시에 태풍이 몰아쳤을 때, 그 도시에 있는 신학교를 강타했습니다. 그 신학교에서는 설교 때마다 시내 유흥가를 정죄하는 설교를 강하게 하곤 했는데, 태풍이 왔을 때 유흥가는 비켜가고 신학교를 강타한 적이 있습니다. 요나는 말합니다. "저는 의로우나 저들은 죄인입니다."

요나는 하나님의 위대한 용서에 대해서 한 번도 생각해본 적이 없습니다. 원수를 사랑하는 자들은 인간의 증오심을 초월합니다. 사랑은 정말 이해하기 어렵습니다. 저는 미국에서 공부한 적이 있는 남아프리카 흑인 목사인 조나단 마산고(Jonathan Masango)를 결코 이해할 수 없을 것 같습니다. 투옥의 가능성도 있는 니느웨와 같은 남아프리카에 돌아가면서 그가 보여준 용서와 포용심을 결코 이해할 수 없을 것 같습니다. 마산고 목사는 요나와는 달리, 보통 아프리카 흑인들이 가지고 있는 증오심을 초월하는 하나님의 광대한 자비에 대한 비전을 가지고 있었습니다. 왜냐하면 그의 모델은 요나가 아니라 예수님이었기 때문입니다. 그의 모토는 "그들을 멸하소서"가 아니라, "아버지여, 저들을 용서하소서. 자기들이 하는 것을 저들은 알지 못하나이다"였기 때문입니다.

결국 요나는 햄릿의 리어 왕처럼 비극의 주인공이 됩니다. 요나는 끝까지 자기 성격대로 갑니다. 그러나 여러분은 그래서는 안 됩니다. 복음은 여기에 있습니다. "그리스도 안에서 누구든지 새로운 피조물이 되었도다." 왜냐하면 여러분은 하나님의 형상으로 지음 받았기 때문입니다.

또한 하나님의 은혜로 여러분은 우리 마음을 이웃에게 열 수 있게 되었기 때문입니다.

신조

마르틴 루터

여러분은 지금까지 기독교 신조 중에 첫째인 십계명에 대해 말씀을 들었습니다. 저는 여러분의 가족들이 이 신조들을 한 단어 한 단어 배우도록 격려하라고 여러분에게 조심스럽게 권면했습니다. 여러분의 가족들이 하나님과 여러분을 자신들의 주인으로서 섬기고, 여러분 역시 하나님을 섬기기 위함입니다. 만일 여러분이 가족들에게 가르치고 권면한다면 좀 더 깊이 들어가게 됩니다. 세상에 더 이상 배울 필요가 없을 만큼 완벽한 사람은 없습니다. 배우는 만큼 지식이 있는 사람이 됩니다. (여기서 십계명 전체를 암송한다)

이제 우리는 기독교 신조 중에 두 번째인 사도신조를 다루겠습니다.

이전에는 사도신조를 12항목으로 나눈 시리즈 설교를 들어왔습니다. 사도신조를 나누려고 하면, 더 많이 나눌 수 있습니다. 그러나 무엇보다도 세 부분으로 나누어 하나님의 세 위격, 즉 성부, 성자, 성령이 한 하나님이라는 사실을 드러내야합니다. 그러므로 나머지 항목은 이 세 그룹에 속하도록 하는 것입니다. 첫 번째 그룹은 창조, 두 번째 그룹은 구속, 세 번째 그룹은 성화를 가르칩니다. 첫 번째는 우리가 모든 피조물과 함께 어떻게 창조되었는가, 두 번째는 우리가 어떻게 구원받았는가, 세 번째는 우리가 어떻게 거룩해지고, 순결해지고, 계속 순수한 삶을 살 수 있을까를 가르칩니다. 어린이들과 모든 성도들을 위해서는 배우기에 가장 단순한 것이 좋습니다. 신조는 세 부분으로 구성되어 있습니다. 첫 번째는 성부에 관하여, 두 번째는 성자에 관하여, 세 번째는 성령에 관한 것입니다. 성부에 대해 여러분은 무엇이라 믿고 있습니까? 그분은 창조주이십니다. 그렇다면 성자는 어떻습니까? 그분은 구세주이십니다. 성령은 어떻습니까? 그분은 성결하게 하시는 분이십니다. 그런데 지식인들을 위해서는 신조를 세 부분이 아니라 조금 더 세분화할 필요가 있습니다. 그러나 여기서는 어린이들과 일반 성도들을 위해 말씀을 전하려고 합니다.

I. "나는 하나님 아버지를 믿습니다"

(I believe in God the Father)

첫 부분은 하나님은 아버지이시며 하늘과 땅의 창조주이심을 가르칩니다. 이것은 무슨 뜻이며, 이 단어들은 각각 무엇을 의미할까요? 그 뜻은 내가 하나님의 창조물이고 그분은 나에게 몸, 영혼, 좋은 시력, 이성, 좋은 아내와 어린이, 들녘, 초원, 돼지, 암소, 그뿐 아니라 생존의 4대 요소인 물, 불, 공기, 땅을 주셨다는 것을 믿어야 한다는 것입니다. 그러므로 여기서 머리카락 하나라도 우리 자신들의 것이 아니라는 것을 가르치고 있습니다. 우리는 하나님이 우리를 위해 돼지의 귀를 창조하시지 않았다면 그것을 소유할 수 없을 것입니다. 존재하는 모든 것은 이 한 단어 "창조주"(creator)로 이해될 수 있습니다. 여기서 우리가 하나님을 믿는다고 말하는 것처럼 이 믿지 않는 세상 사람들이 그것을 믿게 하려면 긴 설교가 필요할 것입니다. 만일 여러분이 가진 모든 것에 대해, 그것이 아무리 작을지라도 여러분 자신이 "창조주"라고 한다면 이것을 쉽게 잊지 못할 것입니다. 저 교만한 왕이 생각하는 것처럼 우리가 우리 자신을 창조했다고 생각한다는 것은 어리석은 일입니다.

이번에 저는 피조된 것에 대해 몇 가지만 말했습니다. 그러나 전능하신 아버지, 창조주는 우리가 셀 수 있는 것보다 더 많은 것을 가지고 계십니다. 그분은 우리에게 생명, 오감(五感), 이성, 아내, 자녀들을 주셨습니다. 이들 중 어느 것도 우리들의 소유는 아닙니다. 하나님이 창조주시라는 것은 하나님께서 몸, 영혼, 모든 것을 주셨다는 말입니다. 만일 모든 것이 하나님의 선물이라면 마땅히 이 모든 것들로 그분을 섬기고, 찬송과 감사를 돌려야 합니다. 그러나 '창조주' 하나님이란 단어를 이해하고 있는 사람들이 얼마나 됩니까? 창조주로서 그분을 섬기는 이들이 얼마나 됩니까? 오히려 우리가 지닌 모든 것, 집, 가정, 자녀, 아내에 대해서 하나님을 거슬러 죄를 지을 때가 많습니다.

그러므로 이 첫 번째 구문은 우리가 그것을 믿고 있지 않기 때문에, 우리를 초라하게 만들고 놀라게 하는 것이 당연합니다. 여러분 자신은 '창조주'라는 단어에 모든 것을 걸고 있는지, 다시 말하면 하나님께서 자신에게 몸, 영혼, 오감, 옷, 음식, 집, 아내, 자녀, 가축, 땅을 주셨다고 믿는지 살펴보시기 바랍니다. 믿는다면 창조주를 섬기고, 복종하고 찬송하고 감사해야 합니다. 이 첫 번째 구문을 믿는 분들은 자신의 암소를 보면서 이렇게 말할 것입니다. "이 암소는 주님께서 내게 주신 것이다." 그 사람들은 아내와 자녀에 대해서도 똑같이 말할 것입니다.

간단히 말하면, 첫 번째 구문은 창조를, 두 번째 구문은 구속을, 세 번째 구문은 성화를 가르칩니다. 창조는 하나님께서 자신에게 몸, 생명, 이성, 자신이 소유한 모든 것을 주셨다고 믿는 것입니다. 자신이 소유하지 않았다고 한다면, 이것에 대해 교만해지지 않을 것입니다. 우리는 그것들을 우리 자신에게 줄 수도 없고, 우리 스스로 간직하고 있을 수도 없습니다. 그렇다면 하나님께서는 그 모든 것을 여러분에게 왜 주셨고 무엇을 위해서 주셨다고 생각하십니까? 수도원을 위해서 주신 것일까요? 그렇지 않습니다. 여러분이 주님께 찬송과 감사를 돌리도록 하기 위함입니다. "하나님 아버지를 믿습니다"라고 고백하는 이들은 많은데, 이 말이 무엇을 의미하는지 이해하는 이들은 많지 않습니다.

II. "나는 예수 그리스도를 믿습니다"

(And in Jesus Christ)

앞에서 어린이와 일반 성도들을 위해서 신조를 세 구문으로 나누었다고 말씀드렸습니다. 첫 부분은 성부, 둘째 부분은 성자, 셋째 부분은 성령입니다. 첫째는 창조를, 둘째는 구속을, 셋째는 성화를 말합니다. 이렇게 핵심적인 주제를 가르치면 신조를 암송할 때, 그 말이 무엇을 의미하는지 알 수 있습니다. 저는 "창조주"라는 단어를 강조했습니다. 누가 그 단어의 의미를 묻는다면 여러분은 이렇게 대답할 수 있습니다. "하나님은 창조주이시고 내 몸, 영혼, 내가 소유한 모든 것을 주신 분인줄 믿습니다. 그러므로 그분을 섬기고 감사하고 찬송합니다." 이 첫 번째 구문은 여러분의 믿음을 요구합니다. 이것이 가장 확실한 진리입니다.

이제 두 번째 구문을 보겠습니다. 만일 어린이들을 위한 설교라면 이 구문 중에서 "우리 주님"(our Lord)이란 단어만 강조할 것입니다. 만일 "나는 예수 그리스도를 믿습니다"라는 고백이 무엇을 의미하는지 묻는다면, 대답은 "하나님의 참 아들, 예수 그리스도께서 나의 주님이 되셨다는 것을 믿는다"입니다. 어떻게 그렇게 되었습니까? 나를 죽음, 죄, 지옥, 모든 악한 것으로부터 놓이게 함으로서 그렇게 되었습니다. 전에는 내게 왕도, 주님도 없었고, 사단이 왕이요 주님, 곧 암흑, 죽음, 죄, 육신적인 것, 세상적인 것들이 받들어 섬기는 주님이었습니다. 그러나 이제 그것들은 모두가 물러나고 대신 그 자리에 주 예수 그리스도께서 의로움, 구원, 모든 선한 것들의 주님으로 오셨습니다. 주일 예배에서 신조를 암송할 때 바로 이 두 번째 구문은 다음과 같이 선포하는 것입니다. "보라 너희의 왕이 너희에게 오고 계신다." 그러므로 여러분은 그분이 여러분의 주님이 되시고, 여러분을 죽음과 죄로부터 구속하시고 여러분을 품에 안으셨다는 것을 믿어야 합니다. 그렇기 때문에 저는 첫 번째 구문에서 창조를 가르치고, 두 번째 구문에서 구속을 가르쳐야 한다는 점을 강조하는 것입니다. 천지 창조에서 우리가 지음 받은 후에 사단이 우리를 속이고 우리 주인이 되었습니다. 그러나 이제 그리스도께서 죽음, 사탄, 죄로부터 우리를 자유롭게 하시고 의로움, 생명, 믿음, 능력, 구원과 지혜를 주십니다.

이 두 번째 구문 때문에 우리는 그리스도인이라고 불립니다. 왜냐하면 그리스도를 인정하고 그 이름을 부르는 자들이 그리스도의 사람들이라 불리기 때문입니다. 그 다음 이어지는 것은 "그는 성령으로 잉태되어 동정녀 마리아에게서 나시고, 본디오 빌라도에게 고난을 받아 십자가에 못 박혀 죽으시고, 장사된 지 사흘 만에 죽은 자 가운데서 다시 살아나셨으며, 하늘에 오르시어 전능하신 아버지 하나님 우편에 앉아 계시다가, 거기로부터 살아있는 자와 죽은 자를 심판하러 오십니다"인데, 이 단어들은 그리스도가 무엇이 되시고 우리를 구원하기 위해서 무엇을 하셨으며, 어떤 대가를 지불하시고 얼마나 희생하셨는가를 가르쳐줍니다. 자세히 설명하면 다음과 같습니다. 그분은 어떠한 죄도 없으시고 성령으로 잉태되셨는데, 이는 나를 구원하시고 나의 주님이 되시기 위함입니다. 그분이 나의 주님이 되시기 위해서는 거룩하셔야 했는데, 그래야 사탄이 그에게 어떠한 죄를 물을 수 없기 때문입니다. 이러한 점들은 그분이 어떤 하나님이시며, 어떠한 값을 치렀는지를 보여줍니다. 그래서 나는 그분의 주 되심 아래에 들어올 수 있었고, 비로소 그분의 소유된 몸이 되고, 그분의 왕국 백성이 되었습니다. 복음의 전 내용이 이 구문에 담겨 있습니다. 복음은 성령으로 잉태되시고, 태어나시고, 다시 사시며 승천하시고, 다시 오시는 그리스도에 대한 설교일 뿐이기 때문입니다.

그러므로 "우리 주"(our Lord)라는 단어를 이해할 필요가 있습니다. 나는 그리스도께서 나를 구원하신 나의 주 되심을 확실히 믿고 있고, 믿어야 합니다. 왜냐하면 두 번째 구문에 보면 그는 죽음과 죄를 정복하시고 그것들로부터 나를 자유롭게 하셨기 때문입니다. 무엇보다도 내가 지음받았을 때 몸과 영혼과 모든 것들을 소유했지만, 죄, 죽음, 사탄을 섬기고 있었습니다. 그때 그리스도께 오셔서 죽음의 고통을 당하시고 나를 죽음으로부터 자유롭게 하시고 그의 자녀 삼으시고 의와 생명으로 인도하셨습니다. 그러므로 "주"(Lord)라는 단어는 "구속자"(Redeemer)와 같은 의미입니다.

또 하나의 요점은 주님께서 이것을 어떻게 이루셨고, 어떤 값을 치르셨는가 하는 것입니다. 그분은 금, 은, 군대의 방법이 아니라 자신의 몸으로 값을 치르셨습니다. 그분은 성령으로 잉태되어 동정녀 마리아에게서 나신 후 여러 일을 겪으셨습니다. 저는 여기서 그 모든 것을 다 설명하려는 것이 아닙니다. 한 가지는 분명합니다. 참된 그리스도인이라면 이 고백을 믿습니다. 그러나 유대인, 교황주의자, 분파주의자들은 믿지 않습니다. 그들은 자신의 행위로 구원받았지 그리스도를 통해서 구원받았다고 생각하지 않고, 어떤 이들은 그리스도가 자신의 주 되심을 믿지 않습니다. 바로 이 점은 보통 설교에서 들을 수 있습니다.

지금까지 두 구문을 통해서 우리가 성부, 성자로부터 창조와 구속을 받았음을 알았습니다.

III. "나는 성령을 믿습니다"

(I believe in the Holy Ghost)

세 번째 구문은 성령에 대한 것인데, 성령께서는 성부, 성자와 함께 한 하나님이십니다. 그분은 거룩하게 하고, 생명력을 주는 분이십니다. 여기서 우리는 "성령"(Holy Spirit)이란 단어가 무엇을 의미하는지 이해해야 합니다. 영이라고 할 때, 인간의 영, 악한 영, 거룩한 영이 있습니다. 그렇다면 왜 성령으로 불리셨습니까? 왜냐하면 그는 성결케 하시는 분이기 때문입니다. 그러므로 저는 성령을 믿습니다. 왜냐하면 그분이 나를 성결케 하셨고, 지금도 성결케 하시기 때문입니다. 그러면 이것이 어떻게 이루어지는 것입니까? 예수께서 죽으심을 통해 주가 되신 것(lordship)처럼, 성령께서 다음 단계를 통해서 성결케 하십니다. 첫 번째 단계로 그분이 당신을 거룩한 보편적인 교회로 이끄시고 교회의 품에 두셨습니다. 이 교회에서 그가 여러분을 보호하고 계시고 설교하시고 말씀을 통하여 그리스도에게 인도하십니다. 그리스도께서 죽으심을 통해 주(lordship)가 되셨습니다. 어떻게 가능할까요? 만일 성령의 역사가 숨겨진 채로 있다면 그것은 상실됩니다. 그래서 그리스도의 죽음과 부활이 숨겨진 채로 있지 않도록 성령께서 오셔서 설교하시며 우리를 구원하신 주님에게로 인도하십니다. 성령을 믿는다는 것은 무엇을 의미합니까? 우리가 성령께서 우리를 성결케 하신다는 것을 믿는다는 것을 의미합니다. 성부께서 우리의 창조주이시고 그리스도께서 우리의 주님 되시는 것처럼, 성령은 우리를 성결케 하시는 자가 되십니다. "죄의 용서, 몸의 부활, 영원한 생명"을 통하여 우리를 성결케 하십니다.

교회는 여러분의 어머니로서 생명을 주고 말씀을 통하여 낳습니다. 이것은 성령의 사역으로 그리스도에 대한 증인이 되십니다. 교황권 아래에서는 그리스도께서 우리의 행함 없이도 전적인 은혜로 구원을 주시는 우리의 주님이시라는 것을 누구도 설교하지 않았습니다. 그 대신 사탄과 인간의 영이 설교하고 있었던 것입니다. 이 영들은 언제나 그리스도를 설교하지만, 그것과 함께 인간이 구원받기 위한 행함(works)도 설교합니다. 그러나 성령께서는 여러분을 거룩한 교회로 이끄시고, 교회가 선포하는 말씀을 전해줌으로써 성결케 하십니다.

"거룩한 공교회(the holy catholic church)와 성도의 교제(the communion of saints)." 이 구문은 후에 사도신조에 포함된 내용입니다. 여기서 교회(church)라고 할 때, 이것은 그룹(*Haufe*)을 의미하는데, 독일말로 비텐베르크 그룹 또는 회중(*Gemeine*), 즉 거룩한, 그리스도인 그룹, 모임 또는 거룩한 공동 교회를 의미합니다. 그러나 교회는 "공동체(communion; *Gemeinschaft*)라기 보다 회중(congregation, *eine Gemeine*)이라고 부르는 것이 옳습니다. 어떤 사람은 "거룩한 공교회"를 *communio sanctorum*, 즉 독일어로 성도의 회중을 의미하는 라틴어로 설명합니다. "그리스도인 교회"(Christian church)와 "성도의 회중"(congregation of saints)은 같은 말입니다. 다른 말로 말하면, "나는 거룩한 그룹과 성도로만 이루어진 회중이 있다는 것을 믿습니다"라는 말입니다. 여러분 역시 이 교회에 속해 있습니다. 성령께서 복음의 설교를 통하여 이 교회로 이끄십니다. 이전에 여러분은 그리스도에 대해 아무것도 알지 못하였으나 그리스도인들의 교회가 그리스도를 여러분에게 선포했습니다. 즉, 나는 오직 성도로만 이루어진 회중이 있는 거룩한 교회(*sanctam Christianitatem*)를 믿습니다. 그리스도인들의 교회, 즉 그 교회의 사역(*officium*)을 통해서, 여러분은 성결케 되었습니다. 성령께서 여러분을 성결케 하시기 위해서 교회 사역을 사용하십니다. 그렇지 않다면 여러분은 결코 그리스도를 알지도 듣지도 못할 것입니다.

그 다음으로 "죄의 용서"(the forgiveness of sins)가 나옵니다. 이 용어는 세례, 죽음에 대한 위안, 성례전, 죄 사함의 선언, 그리고 복음의 모든 위로의 구절들이 포함됩니다. 이 용어 안에 모든 목회사역(ministrations)이 포함되는데, 그것을 통해서 율법이나 전통이 아니라 복음이 전파되는 교회에서 죄가 용서됩니다. 이 교회와 성례전과 목회사역 밖에서는 성화됨이 없습니다. 서기관들은 교회 밖에 있습니다. 왜냐하면 그들은 그들의 행함을 통해 구원받기를 원하기 때문입니다. 여기서 우리는 개별적으로 이것을 설교할 필요가 있습니다.

세 번째 요점은 성령께서 "육체의 부활"을 통하여 여러분을 성결케 하신다는 것입니다. 우리가 지상에서 사는 한, 우리는 계속 이렇게 기도합니다. "우리가 우리에게 잘못한 사람을 용서하여 준 것같이 우리 죄를 용서하여 주시고…." 그러나 죽음 후에는 죄가 완전히 사라지고 성령께서 그의 사역을 완성하시고, 나의 성화를 온전하게 하실 것입니다. 그러므로 이 또한 생명, 온전한 생명이 될 것입니다.

이것이 세 번째 구문의 간단한 설명인데, 그 의미가 여전히 모호하게 여겨진다면, 좀 더 자세히 들여다보십시오. 나는 성령을 믿습니다. 즉, 성령께서 나를 성결케 하실 것이고, 지금도 성결케 하고 계심을 믿습니다. 그러므로 성부 하나님으로부터 창조함을, 성자 예수님으로부터 구속함을, 성령 하나님으로부터 성결케 하심을 받습니다. 성령께서 어떻게 우리를 성결케 하십니까? 그것은 하나의 거룩한 교회를 통하여 나를 성결케 하시고, 그 교회를 통하여 성령께서 설교자로 하여금 복음을 설교할 수 있도록 말하게 함으로써 성결케 하십니다. 마찬가지로 성례전을 통하여 여러분의 마음에 말씀을 믿고, 교회의 지체됨을 허락하십니다. 성령께서 지금 성결케 하는 일을 시작하십니다. 우리가 죽었을 때, 그분이 "몸의 부활"과 "영생"을 통하여 이 성화를 완성하실 것입니다. 우리[독일인들]가 "육체"(flesh)라는 단어를 들을 때, 우리는 먼저 푸줏간의 고기를 떠올립니다. 히브리인들이 "육체"(flesh)라고 의미한 단어는, 우리에게는 "몸"(body)에 해당합니다. 그러므로 나는 우리 몸(body)이 죽음으로부터 부활하고 영원히 산다는 것을 믿습니다. 그 다음 우리는 고린도전서 15장 43절처럼 "욕된 것으로"(in dishonor) 죽고, "영광스러운 것으로"(in glory) 다시 살 것입니다.

후자의 구절들은 성령께서 나를 성결케 하시는 방법들을 보여줍니다. 성령께서는 교회 주변을 돌아다니는 광신자들이 생각하는 것과는 달리 교회 밖에서 여러분을 의롭게 하지 않습니다. 그러므로 성령께서 그리스도 교회 안에 임재하실 때, 모든 은사들이 펼쳐집니다. 성령을 통하여 여러분에게 설교하고, 여러분을 부르시고 그리스도를 알 수 있게 하시고 성례전과 하나님의 말씀을 통하여 죄로부터 자유롭게 해서 이 땅위의 삶에 완전한 자유를 주신다는 믿음을 불어넣어 주십니다. 우리가 교회의 믿음 안에서 죽을 때, 성령께서 우리를 다시 살리시고 온전히 성결케 하십니다. 성령께서는 모든 것을 거룩하게 하시고 기독교 안의 모든 것을 교회를 통하여 하십니다. 그러나 악한 영은 이와는 정반대입니다. 성부 하나님의 창조 사역과 그리스도의 사역은 완성되었습니다. 그러나 성령께서는 죄의 용서가 아직 완성되지 않았기 때문에 여전히 활동하십니다.

우리는 아직 죽음으로부터 자유롭지 못합니다. 그러나 육체의 부활 이후에는 자유로울 것입니다.

　나는 나의 창조주이신 하나님과 나의 주님이신 예수 그리스도와 나를 성결케 하신 분인 성령을 믿습니다. 하나님께서는 나를 창조하시고 나에게 생명, 영혼, 몸, 모든 것들을 주셨습니다. 그리스도께서 자신의 몸을 드려 나의 주님이 되셨습니다. 성령께서는 그의 말씀과 성례전을 통해서 나를 성결케 하십니다. 그것은 교회 안에서 이루어지고, 마지막 날에 우리를 온전히 성결케 하실 것입니다. 이 가르침은 십계명과는 다릅니다. 십계명은 우리가 해야 할 것을 가르치지만, 사도신조는 우리가 하나님으로부터 받은 것을 가르칩니다. 그러므로 사도신조는 여러분에게 필요한 것을 줍니다. 이것이 그리스도인이 믿는 바입니다. 여러분이 알아야 하고 여러분에게 주어진 것이 무엇인지를 알게 해줍니다.

역자 후기

신설교학(New Homiletic), 후기신설교학(Post-New Homiletic) 등 급변하는 현대 설교의 변화 속에서 교리 설교의 중요성과 회복을 외치는 책들이 나오고 있다. 교리 설교는 교부시대로부터 이어져온 가장 오랜 전통의 설교형식으로 교회를 지켜왔지만, 현대에 와서는 새로이 등장한 화려한 설교들로 인해 잊혀지는 듯했다. 그런데 현대 사회에 부응하여 끊임없이 변화해가고 있는 설교형식과 패러다임의 전시장에 교리 설교가 새롭게 무장하고 등장한 것이다. 19세기말의 교리 설교들을 재발행하는 작업들도 진행되지만 [1], 그보다는 설교학자들에 의해 교리 설교가 현대회중들에게 필요하다는 점을 강조하는 서적들이 출판되고 있다. [2] 아래 각주에

---

1) Asa Griswold의 *Doctrinal Sermons* (General Books LLC, 2010). 이 책은 1866년 H. Kelley의 책을 재발행한 것이다.
2) 마크 엘링센(Mark Ellingsen)의 *Doctrine and Word: Theology in the Pulpit* (Westminster John Knox Press, Feb 1986)을 비롯하여 로날드 알렌의 *Preaching is Believing* (John Knox,

소개된 책들 외에 한국에 소개된 책으로는 에릭슨 교수와 헤플린 교수가 공동 저술한 『건강한 교회를 위한 교리 설교』(Old Wine in New Wineskins)가 있다. 이 책은 전통적인 교리 설교를 회복하고자 교리 설교와 관련된 문제나 교리적인 내용의 범위, 교리를 설교의 형태로 변형하여 전달하는 법 등 전통적인 교리 설교가 현대회중에게도 호소력이 있다는 점을 강조한다. 이러한 책들과 비교하여 본서가 지니고 있는 특징을 정리하면 세 가지다.

첫째는 폭넓은 신학적 지평에서 본 교리를 말한다는 점이다. 교리 설교의 중요한 이슈는 설교에서 신학적 언어를 사용하는 것에 대한 것이고, 따라서 교리 설교는 교단적 신학의 울타리를 넘어서기 어려운 측면이 있다. 본서에서 저자는 어느 한 교단과 신학에 머무르지 않고, 아우구스티누스, 루터, 칼빈, 에드워즈, 바르트, 틸리히 등 교회사적 통찰과 지혜를 견지하면서 신앙공동체를 세우기 위한 틀과 내용으로서 교리를 추구하고 있다. 이것은 저자가 오랜 시간 신학과 목회의 장에서 고민해왔다는 것을 보여주는 것으로, 이 책이 신학교뿐 아니라 목회자에게도 공감이 될 수 있는 부분이다.

2002), 로버트 스미스(Robert Smith)와 제임스 매시(James Massey)의 *Doctrine That Dances: Bringing Doctrinal Preaching and Teaching to Life* (Jan 1, 2008), 로버트 휴즈(Robert Hughes)와 로버트 카이사(Robert Kysar)의 *Preaching Doctrine: For the Twenty-First Century* (Fortress, 2009)가 바로 그것이다.

둘째는 교리 설교의 환경으로서 예전적 예배와 현대문화적 예배를 모두 고려하고 있다는 점이다. 본래 교리 설교는 조직 신학적 주제, 즉 신론, 기독론, 교회론, 구속론, 종말론 등 중요한 주제를 다루는 설교로서 이러한 주제들(질문들)에 대해 전통적 교회에서 간직해온 대답들을 소개하고 설득하는 설교형식을 지니고 있는데, 반대로 그만큼 사회의 변화와 새로운 질문(주제들)에 대해서는 소극적, 또는 부정적인 입장을 취하는 경향이 있다. 본서의 특징은 전통적 주제를 충실히 지니고 있으면서도(심지어 교회력이란 주제까지도), 현대문화의 이슈에 대해서도 적극적으로 응답하는 설교를 제시하고 있다는 점이다. 아우구스티누스의 수사학, 포스딕의 사회적 관심, 월터 라우센부쉬와 니버, 그리고 마틴 루터 킹의 사회적 복음 운동과 예전적 설교를 교리 설교의 범주 속에 넣고 있다는 것은 아주 특별하다.

셋째는 교리 설교로 제시된 세편의 설교는 교리 설교의 새로운 패러다임을 보여준다. 교리 설교는 설교전개에서 전형적인 연역법적 설교다. 즉, 결론이나 중요한 명제 또는 주제를 제시하고, 구체적으로 설명하고 적용하는 방식이다. 그런데, 마틴 루터의 "사도신조" 설교 외에 앞의 두 편의 설교는 귀납적이면서, 신설교학에서 말하는 이야기체 설교인 것이다. 저자는 교리 설교 속에 신설교학과 후기신설교학의 중요한 요소들을 접목시키는 멋진 시도를 하고 있는 것이다.

저자는 이러한 작업을 통해서 전통적 교리 설교를 현대 교회에 새롭게 부활시키고 있다. 작은 분량의 책이지만, 역자가 번역하는 과정에서 가진 경험으로 볼 때 이 책의 독서로 설교자들은 설교의 확신과 새로운 시도를 위한 용기를 얻게 될 것이다.

광주 경안골에서   김 세 광

감동을 주는 교리 설교
Copyright ⓒ 새세대 2011

초판발행 2011년 10월 20일

지 은 이 윌리엄 칼 3세
옮 긴 이 김세광

펴 낸 이 곽요셉
편   집 김병규
디 자 인 디자인 채이 | 이영순
인   쇄 학원인쇄

홈페이지 www.newgen.or.kr
이 메 일 churchgrowth@hanmail.net
출판등록 2009년 12월 18일 제2009-000055호
주   소 경기도 성남시 분당구 정자동 210-1
전   화 031) 761-0338
팩   스 031) 761-1340

ISBN 978-89-967016-0-6 03230
책값은 뒷표지에 있습니다.